CW00954466

Fukushima
Vivir el desastre

Fukushima
Vivir el desastre

Takashi Sasaki

PRIMERA EDICIÓN, junio 2013

TÍTULO ORIGINAL: *Genpatsuka wo ikiru*『原発禍を生きる』
AUTOR: Takashi Sasaki

EDICIÓN EN ESPAÑOL: *Fukushima: vivir el desastre*

C/ Perú, 12, 33213, Gijón, España
www.satoriediciones.com

Ilustración de la cubierta: Eva Vázquez
Maquetación y cubiertas: Emiliano Molina (www.cuadratin.es)
Impresión: Gráficas Rigel

ISBN: 978-84-941125-3-9
Depósito legal: AS-0548-2013

Impreso en España – Printed in Spain

Índice

Prólogo. Nuestro mundo tras Fukushima
por Florentino Rodao 9

Nota del autor 19

Mapas 21

Marzo de 2011 25

Abril de 2011 69

Mayo de 2011 157

Junio de 2011 231

Julio de 2011 297

(Anotación en el blog del día 11 de marzo de 2012,
primer aniversario del terremoto) 311

Epílogo. Sobre la expresión «centro de gravedad
del alma» — A modo de comentario
por Suh Kyungsik 317

Apéndices 323

Biografía del autor 325

Autorretrato 325

Álbum de fotografías 329

Prólogo

Nuestro mundo tras Fukushima

por Florentino Rodao

Un profesor obligado a escribir al vuelo sobre lo inmediato. El principal especialista japonés en el filósofo español más sobresaliente cambió su vida de forma radical por razones ajenas a su voluntad; primero para dedicarse a cuidar a su mujer enferma, después por el Gran Terremoto y por último por el aumento de su audiencia. Durante largos años, sus textos precisaban de multitud de lecturas previas, de confirmar datos, de multitud de citas y de un proceso de evaluación por otros profesores antes de ser publicados en revistas académicas y libros de audiencia restringida; era un proceso de reflexión y escritura tranquilo, sin plazos y con audiencia limitada. De repente, ha cambiado: hubo de pasar a cuidar a quien no podía cuidarse, el entorno ha cambiado sus preocupaciones y ha pasado a escribir para quien no solía atenderle. Este es el valor de la obra del profesor Takashi Sasaki, su bagaje previo le ha ayudado a contextualizar los momentos históricos que ha vivido, en un momento y en una situación que no ha escogido, a diferencia de otros testimonios de momentos cruciales, como el del médico Michihiko Hachiya en Hiroshima. Hachiya reflejó la confusión por la caída de una bomba diferente en el final de una guerra cegadora, con anécdotas inolvidables, como la alegría en el hospital cuando alguien aseguró que Japón también tenía esa misma arma y había atacado el continente americano («quienes habían sufrido más parecían los más contentos») o la sorpresa en un momento de relajación durante el que notó un cierto olor a sardinas asadas que no eran tales, sino cadáveres siendo incinerados.

El testimonio de Sasaki-sensei ofrece diferencias importantes. Tiene más cerca los problemas escatológicos que los cadáveres. Pero, sobre todo, prefiere reflexiones que surgen al quedar patente que un mundo acaba pero no está claro lo que surgirá: qué es el patriotismo, la diferencia entre estado y país, la necesidad de ir a las raíces de los problemas, de aprovechar el terremoto para actuar de forma humana. Es producto de una persona preparada para contextualizar y nos ayuda a entender mejor qué significan los momentos que él vivió en el lugar donde los vivió en la Historia de la Humanidad. Por ello, quisiera hablar de ese daño sobrevenido que le llegó el 11 de marzo de 2011 para seguir con las perspectivas para el futuro que nos ofrece el libro.

Parece necesario que se profundice en ello, porque no son hechos aislados. Solo en el último siglo, al Gran Terremoto de Kantō en 1923, que arrasó buena parte de Tokio, le siguió otro en 1995 de magnitud 7.3 en la escala Richter que también arrasó Kobe y causó miles de muertos. Y Japón tampoco es novato en las desgracias por materiales fabricados por el ser humano, porque vivió las bombas atómicas de 1945, pero también el mismo año de 1995 vivió un ataque terrorista con productos químicos a cargo de una secta de origen religioso. Así, en 2011, Japón vivió la confluencia más clara de las dos desgracias, porque el terremoto de 9.0 grados en esa misma escala fue seguido de un accidente nuclear. No está claro hasta dónde seguirá esta espiral, pero parece conveniente pensar hasta qué punto estamos preparados para ello, puesto que la historia nos sugiere que seguiremos cayendo segundas y terceras veces en los mismos errores. Las vivencias y las reflexiones del profesor Sasaki son importantes para todo Japón, pero también para toda la humanidad.

Sasaki nos explica algunas de las incógnitas que envuelven esta espiral, esto es, que a pesar de su amarga experiencia con la energía nuclear, Japón la ha seguido utilizando. No solo ha sufrido la devastación por las bombas de uranio y plutonio en Hiroshima y Nagasaki, y los efectos a largo plazo de la radiación, en especial a través de los *hibakusha*; los supervivientes de los bombardeos, que tantas enfermedades han sufrido. Por si fuera poco, en 1954, la prueba de una bomba de hidrógeno sobre el atolón Bikini, mil veces más potente que la de Hiroshima, también afectó a directamente a Japón. No solo contaminó la zona, provocando la llegada de pescados con radiación al mercado de abastos de Tokio durante años, sino que la explosión causó la muerte en el pesquero *Fukuryu Maru (Lucky Dragon)*, matando a uno inmediatamente y obligando a la hospitalización de los demás, a pesar de que faenaba fuera de la zona de exclusión, a ciento cincuenta kilómetros del estallido. A pesar de ello, Japón ha ofrecido nuevas oportunidades al átomo, gracias a la necesidad de continuar su auge comercial y a la influencia estadounidense, y se siguió publicitando la nuclear como una energía barata y necesaria para alcanzar el progreso. El entorno lo explica parcialmente, porque a la ambición por el crecimiento económico y al apoyo expreso de políticos como Yasuhiro Nakasone, se sumó la Guerra Fría. El programa «Átomos para la Paz», diseñado desde el gabinete presidencial de Dwight Eisenhower con el apoyo de General Electrics, promovía la energía nuclear como la mejor defensa ante el enemigo comunista y se tradujo en un «paraguas nuclear», con cabezas nucleares repartidas por los puertos de toda la región contra el «expansionismo» comunista. También influyeron unas buenas campañas publicitarias que incluyeron a héroes de manga como *Astro Boy* (impulsado por reactores nucleares, y sus hermanos Uran y Cobalt) fueron una tentación irresistible para conseguir que lo nuclear pasara a ser sinónimo de modernidad. Pero Sasaki-sensei apunta al éxito de esas campañas: nos asegura que a quien estuviera en contra de la energía nuclear le podían calificar como «antipatriótico».[p. 37] Al igual que tantos dirigentes que identifican las críticas hacia sus políticas como críticas a la nación, en Japón se ha llegado a identificar un tipo de progreso económico (el basado en la energía nuclear) como el único posible. Desgraciadamente, no es el único caso.

Los terremotos, por otro lado, son imprevisibles, y Japón nos enseña que su impacto se ha limitado muy levemente. Aunque Japón es el país más preparado contra sus efectos, ni el avance de la ciencia ni las cuantiosas inversiones en sismología han logrado predecirlos. Los terremotos siguen produciéndose ante la mirada perpleja de los expertos, que no consiguen dar con técnicas válidas y fiables de previsión: es uno de los ejemplos más obvios de los límites de la ciencia. Se equivocaron cuando el terremoto de 1995 (Kobe era considerado territorio estable) y se volvieron a equivocar con el de 2011. Y también ha resultado errónea la previsión de un gran terremoto en la región de Tokio, para la cual la Dieta en 1978 incluso aprobó costosas medidas, aunque resulta imposible negarlo: parece que estamos inmersos en una etapa de mayor actividad sísmica. Y si se ha avanzado algo en prever terremotos, estamos más lejos aún de poder dominar los átomos, tal como nos muestran las cambiantes medidas a posteriori que nos cuenta este libro, que siguen siendo producto de cambios constantes de las autoridades tras recibir datos. No se puede hablar de imprevisión, máxime si pensamos en relación con otros lugares, porque Japón es el país más preparado para sufrir un terremoto, pero su combinación con los efectos de la energía nuclear ha provocado un desastre absoluto que se podía haber evitado. El propio vocabulario japonés diferencia entre la catástrofe exterior, causada por las fuerzas de la naturaleza incapaces de domeñar, los dioses (*tensai*) frente a la causada por el hombre, que no es simple fatalidad y que en su origen puede haber sido natural (*jinsai*).

La vulnerabilidad humana ante las catástrofes aumenta en el mundo. En el ámbito económico, la crisis *subprime* está demostrando desde 2008 que la humanidad aprende poco de sus errores. Las catástrofes no solo son una constante en la historia, sino que su impacto se está multiplicando. Mientras que la población y el espacio expuestos crecen, así como la actividad humana, hemos creado nuevos agentes de destrucción (Bhopal, *Exxon-Valdez* o, por poner un ejemplo español, Aznalcóllar) y la globalización genera riesgos adicionales; por ejemplo, más cargueros con mayor capacidad surcando los mares por rutas cada vez más atrevidas. Somos más frágiles, en definitiva, y el 11 de marzo de 2011 quedó demostrado de una forma fehaciente.

La pregunta es hasta qué punto resulta posible invertir esta tendencia, y de nuevo parece factible recurrir a Japón, porque su experiencia nos puede dar varias ideas. En el plano cultural, Japón puede ayudar a subsanar una de las principales carencias en cómo Occidente ha considerado las catástrofes, porque su concepto dual (ser humano vs. medio ambiente) lleva a pensar que el ser humano tiene derecho a dominar la naturaleza. Desde la Ilustración, la naturaleza se dejó de respetar como a un igual; Locke aseguraba que tenemos derecho a dominar el mundo, y Adam Smith, que era necesario liberarnos de su corsé para crecer. Frente a ello, Asia ha tenido un comportamiento diferente, a pesar de su mayor población. Este sentimiento no ha sido tan tajante y Japón es un ejemplo de una relación más amable con la naturaleza, tal como expresa la pervivencia del *shinto*, un pensamiento religioso básicamente animista, que refleja una cultura compartida en buena parte con otras regiones de Asia. Así, Japón no ha querido imponer racionalidades humanas a la naturaleza sino que, sin renunciar a la adaptación, ha tratado de imitarla.

La Historia también muestra que Japón es un país especializado en resurgir de sus cenizas. Lo hizo a mediados del siglo XIX, convirtiéndose en el país que mejor supo beneficiarse del colonialismo en su propio provecho, y también a mediados del siglo XX supo también «pasar página», como describe Ruth Benedict, para buscar nuevos objetivos por caminos inexplorados. Y ahora, puede ocurrir lo mismo: Sasaki apunta a que la reconstrucción de su ciudad en la actualidad se podría hacer como «la creación de un relato» [246].

En el ámbito de cómo se interpretan las catástrofes también puede ayudar Japón. Su percepción como un país metódico, trabajador y unido por el bien común también puede ayudar a reducir el impacto de las catástrofes. Ya que existe una tendencia proclive a considerar los desastres naturales como propios de países con subdesarrollo, el ejemplo de Japón demuestra que no es verdad, que la vulnerabilidad no es patrimonio de los pobres y que territorios protegidos por encima de la media frente a los riesgos de la naturaleza también sufren su castigo, tal como se comprobó con el terremoto de 1995 en las infraestructuras de la zona de Kobe.

Además, los movimientos reivindicativos están abriendo caminos nuevos. La desconfianza de los japoneses hacia las informaciones de la empresa eléctrica dueña de Fukushima Daiichi, TEPCO, y, en general, hacia las ofrecidas por su Gobierno dan pistas sobre cómo se puede reaccionar. Más allá de esquivar censuras o de las políticas de relaciones públicas de las empresas, las reivindicaciones en Japón parten de la premisa de que la ciencia no es una solución absoluta para los problemas de la humanidad, y lo que es más importante, se fundamentan en la exigencia de que se democratice la búsqueda de soluciones a largo plazo, sin confiarlas en exclusiva a esa «aristocracia del saber» a la que se refería Platón. Los movimientos sociales allí están exigiendo que los afectados (por ejemplo, por decisiones como la nueva conexión de una central nuclear) puedan disponer de la información existente, sin cortapisas, además de ser tomados en cuenta en las propias decisiones. Internet no solo ha facilitado que la información sea instantánea, sino que se puedan conocer de forma inmediata y masiva las vivencias, los sufrimientos y las opiniones de multitud de personas, incluyendo quienes están en el ojo del huracán, como Sasaki-sensei. Además, cada vez hay más gente con preparación sobrada para entender cuestiones complejas y una participación más amplia en el proceso de toma de decisiones, aunque fuera más lenta, permitiría menos errores. Japón apunta a que esa democracia cada vez más participativa a la que nos encaminamos significaría, de alguna manera, un cambio de paradigma en la relación humana con el medio.

Japón podría tener la llave para solucionar otros de los problemas fundamentales que provocan esa vulnerabilidad: el predominio de los intereses económicos sobre los sociales. Puesto que la búsqueda de mayores beneficios económicos tiende a aumentar la vulnerabilidad, el mejor contrapeso sería la existencia de organismos burocráticos o estatales fuertes. Un Estado fuerte que promulgue normas pensadas para el bien común, con unos funcionarios dedicados a hacerlas cumplir y un organismo internacional capaz de enfrentarse a los intereses transnacionales, serían la mejor defensa frente a esa hegemonía de los intereses particulares por motivos económicos. La historia más reciente demuestra que los políticos y los empresarios han actuado con mayor diligencia en contra de los intereses públicos que los funcionarios en su defensa. La alianza del que fuera primer ministro Nakasone con la patronal de las nucleares fue imbatible, pero también *Vivir lo nuclear* apunta a que el dominio de las compañías energéticas se capilarizaba hacia gobernadores y alcaldes [pp. 134-35, 140-41, 169, 198], necesitados de sus dineros para llenar las arcas de los municipios y, probablemente, para financiar sus campañas electorales. No tiene por qué ser así. Históricamente, Japón y países como China, Corea o Vietnam han contado con un Estado y unos empleados públicos (los mandarines) que tenían esa función (desempeñada mejor o peor y con unas normas más o menos anquilosadas): buscar la hegemonía del interés público por encima del particular. Y la base de ese poder del burócrata pensando en beneficio de la comunidad (caricaturizado en España como servir al emperador) persiste; por ello, la participación popular y los movimientos de base pueden ayudar a que la burocracia cumpla su función de servidora del interés público, en beneficio de toda la humanidad. Es pronto para saber si el auge del sentimiento antinuclear tendrá efectos a largo plazo, pero en Japón no están luchando solo los movimientos ciudadanos en contra de ese poder nuclear, la burocracia también tiene capacidad para contrapesar el previsible viraje pronuclear de políticos necesitados de financiación para sus campañas electorales.

Y por último, es necesario mirar cada vez más a Japón porque sus desgracias son cada vez más universales. El terremoto de *Daikantō* de 1923 afectó también a los coreanos residentes en la zona de Yokohama, algunos de ellos masacrados tras ser convertidos en chivo expiatorio. Las bombas nucleares de agosto de 1945 fueron más internacionales, aunque las víctimas siguieron siendo japonesas, puesto que las lanzó otro país, que informó inmediatamente a todo el mundo del nuevo tipo de armamento y de los nuevos recursos de su liderazgo mundial. Además, tras el final de la Segunda Guerra Mundial, las distopías sobre cómo sería «la tercera guerra» pasaban por el ejemplo japonés, como también la paranoia americana tras la bomba atómica soviética, en 1949, que llevó a una respuesta inesperadamente contundente en un escenario secundario en 1950, la península coreana. Y en 2011, el binomio Sanriku (el área más dañada por el tsunami)–Fukushima Daiichi (los reactores accidentados) lo sintió el resto del mundo como algo que le afectaba directamente. Las movilizaciones masivas y la desconfianza generalizada en Japón hacia la información oficial fueron decisivas para que países como Alemania cambiaran sus leyes nucleares y, por supuesto, para las nuevas condiciones de las centrales nucleares más antiguas en suelo español. Y el propio blog de Sasaki recibió muchos comentarios desde allende las fronteras, a pesar de estar escrito en japonés, y su autor fue entrevistado por numerosos periodistas. De hecho, es posible que lo ocurrido en 2011 defina el siglo XXI. Quizás la caída del muro de Berlín o el 11 de septiembre de 2001 sean las fechas que nuestros sucesores prefieran en un futuro para delimitar la frontera entre el siglo XX y el XXI, aunque parece poco factible que la ausencia del comunismo vaya a definir el siglo actual, como tampoco el hiperterrorismo. Quizás lo sea el 1 de enero de 2002, si es que el euro se convierte en el heraldo de un mundo donde las fronteras nacionales se diluyan. Quizás sea la crisis de 2008, una demostración palpable de que la producción asiática vuelve a superar a la del resto de continentes, como no ocurría desde comienzos del siglo xix. Y quizás, por último, el siglo actual sea recordado por la conjunción de desastres naturales multiplicados por la actividad humana, como ocurrió el 11 de marzo de 2011. Tras haber malogrado tanto la naturaleza y crear tantos productos que la pueden dañar, quizás el siglo xxi será el que muestre en todas sus dimensiones la vulnerabilidad del espacio en que vivimos.

El libro de Sasaki-sensei es una ayuda necesaria para ello. En primer lugar, porque es producto de los tiempos globales: además de los cambios a que nos obligan internet y las mejoras en las comunicaciones, Sasaki reconoce que está pensando mucho en cosas importantes en contacto con su «centro de gravedad vital» [104]. En segundo lugar, porque es resultado de un blog, inmediato pero con comentarios de lectores y tiempo para que las ideas se vayan moldeando. Y por último, el blog de Sasaki tiene un interés adicional para los españoles por su conocimiento tan profundo de nuestra cultura, de nuestra historia tan reciente y en especial de Miguel de Unamuno. Nos muestra que no solo nuestra Edad de Oro es universal, sino también la Edad de Plata, porque no solo hemos aportado una guerra civil que fue el prolegómeno de una mundial y una duradera dictadura, sino también un mestizaje como el que ansía Sasaki en sus venas, terceras vías ante las catástrofes nacionales (avanzar hacia adentro, como ve Sasaki que ocurrió después de 1898) [190], poetas como García Lorca y pensadores como Unamuno. Nuestros bisnietos sabrán mejor el futuro que nos espera pero, mientras tanto, el libro del profesor Sasaki es una llamada impaciente a tomar conciencia de nuestra vulnerabilidad y de nuestras fortalezas.

Nota del autor

Este libro es una continuación de mis anteriores trabajos: *Monodiálogos* —un volumen que fue publicado por la editorial japonesa Kōhrosha—, y *Monodiálogos II, III, IV* y *V*, de cuya encuadernación me encargué yo mismo, utilizando como firma editorial la palabra *Donqūan*. Valga decir que en japonés esta palabra sugiere —si bien muy vagamente— el significado «choza de Don Quijote». Todos estos libros aparecieron bajo el seudónimo o, más exactamente, heterónimo, de Fuji Teivō, un nombre que ideé a partir de la palabra española «fugitivo». Este mismo heterónimo es el que vengo utilizando en el blog que llevo desde 2002.

La presente edición en castellano cubre el periodo comprendido entre el 10 de marzo y el 6 de julio de 2011, unos meses durante los cuales me vi inmerso en el desastre provocado primero por el gran terremoto con tsunami e, inmediatamente después, por el accidente en la central nuclear de Fukushima Daiichi, operada por la empresa eléctrica TEPCO y situada a unos 25 kilómetros de mi casa. Por diversas circunstancias, he decidido publicar esta edición con mi nombre real, previo acuerdo con el editor.

Así pues, en su origen, estos *monodiálogos* no son sino el contenido de mi página web, que vengo renovando prácticamente todos los días. A criterio del lector queda si pueden considerarse simples apuntes diarios, pequeños ensayos, o una colectánea de pensamientos diversos. Me resultaría difícil rebatir cualquiera de esos juicios. En todo caso, la intención del autor ha sido emular a Miguel de Unamuno, quien aplicó el término *monodiálogo*, de su invención, a un grupo de ensayos. Se trata, pues, de elevarse por encima de las distinciones de género (ensayo, novela...) y acondicionar un espacio para la libre expresión de las ideas del autor. Si he sabido conseguirlo o no, lo dejo al juicio de los lectores.

Para finalizar, quisiera expresar mi profundo agradecimiento a la profesora Sayo Takahashi, de la Universidad de Meiji, por haberme presentado a Francisco Javier de Esteban Baquedano, quien se convertiría en el traductor ideal para mí. Mi reconocimiento también para Gonzalo Robledo y Rumi Sato, quienes recondujeron exitosamente nuestra búsqueda de una editorial española, guiándonos hasta Alfonso García y Marián Bango. Ellos son los responsables de Satori Ediciones, una extraordinaria editorial que, a lo largo de los últimos años, ha venido presentando silenciosa y concienzudamente la cultura japonesa al lector de lengua española.

Takashi Sasaki, Fuji Teivō

Mapas

Mapa de las provincias de Japón

Zonas de exclusión tras el accidente nuclear

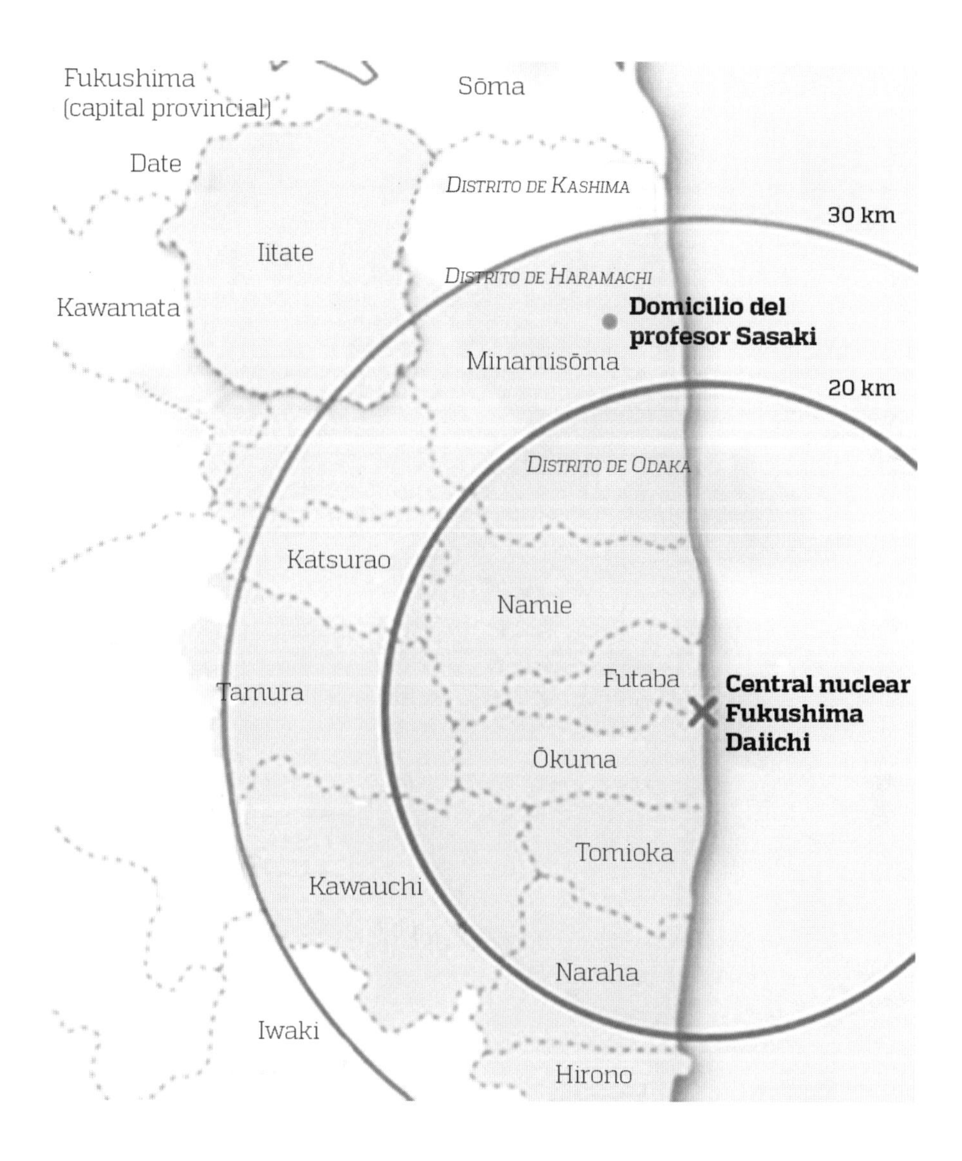

La zonificación ha sido modificada varias veces desde marzo de 2011. El mapa refleja los círculos concéntricos a los que se refiere el autor en sus anotaciones, con la división administrativa en línea discontinua.

MARZO DE 2011

Ociosas preocupaciones

10 de marzo[1]

Ha vuelto el frío. Hacia mediodía hemos tenido varios temblores fuertes. Diríase que la primavera se resiste a llegar. Estos días me he dedicado a imprimir y a encuadernar *Monodiálogos* VI[2], sin que me hayan faltado oportunas palabras de aliento, pese a lo cual no acabo de disipar la sensación de estar desarmado en pleno campo de batalla. En tales momentos vienen a mi mente aquellos versos de Miguel de Unamuno:

> Aquí os dejo mi alma-libro,
> hombre-mundo verdadero.
> Cuando vibres todo entero,
> soy yo, lector, que en ti vibro.

«Me destierro a la memoria», *Cancionero*

No sé por qué, pero Yoshiko, mi mujer, inclina el cuerpo a la izquierda desde hace unos días, igual cuando anda que cuando está sentada. ¿Será que le duele aquella vértebra que le operaron? Le paso la mano por la espalda. No parece que le duela. Su problema es que no puede expresar con palabras lo que le

1 Víspera del gran terremoto con tsunami que asoló el este de Japón.

2 Bajo el título de *Monodiálogos,* II, III, IV y V, y con el seudónimo de Fuji Teivō, el autor viene compilando y publicando sus escritos desde 2004.

ocurre y yo tengo que fijarme en cualquier posible indicio de cambio. Cuando se sienta en su silla, le pongo un cojín en la espalda, la observo un ratito. Pero nada indica que vaya a empeorar. En el *group home*[3] en el que vive mi madre hay una anciana en estado avanzado de demencia senil, que siempre camina encorvada, a pequeños pasitos y ligeramente inclinada hacia adelante. ¿Acabará así también Yoshiko?

Y, con certeza, llegará el día en que ella no podrá subir ni bajar las escaleras, y tendremos que trasladar nuestro cuarto de estar al piso bajo. Va a ser un problema ir al retrete, y al baño, que tan cerca tenemos ahora. Pensando en estas cosas me he puesto triste. Pero no sirve de nada amargarse por lo que ha de venir. En esas estaba cuando ha llegado un *mail* de nuestra hija, que vive en Kawaguchi[4]. Me cuenta que uno de sus hijos, el segundo, está con fiebre, aunque no es gripe. Pero que, la próxima semana, el hijo mayor tiene la ceremonia de graduación del jardín de infancia, y que sería horrible si se contagiase. Como respuesta le he escrito que se relaje, que pasará lo que tenga que pasar, y que no se preocupe. Exactamente eso: que pasará lo que tenga que pasar. Este abuelo va a tener que prepararse también para lo que venga.

Pero, para afrontarlo, tengo que estar fuerte. Últimamente me cuesta mucho trabajo levantar a Yoshiko de la cama, o de la silla, y me preocupa que pueda afectarme a la espalda. Así que cada día tengo que hacer algo para estar en forma. Habrán sido estos vagos pensamientos los que, a cambio de faltar a mi paseo habitual un día lluvioso como hoy, me han conducido a una tienda de «todo a 100 yenes», donde he comprado una de esas bandas

[3] Este tipo de institución privada, parcialmente subvencionada por el Estado, acoge hasta sus últimos días a ancianos con alguna discapacidad propia de la edad. Los ancianos disponen de habitación privada y asistencia para su higiene personal. Las comidas y otras actividades se hacen en común.

[4] Ciudad de la provincia (prefectura) de Saitama, próxima a Tokio y a unas cinco horas en tren desde Minamisōma.

de goma que se usan para hacer estiramientos musculares. A ver ahora, cómo se usa esto. El aparato trae algunas sugerencias de ejercicios. Una de ellas dice: «Ejercicio para moldear las piernas: Siéntate en una silla, sube una rodilla y, sosteniendo la goma con ambas manos, pásatela por debajo del pie. Sin mover las manos, estira lentamente la pierna y vuélvela a su posición inicial». O sea, que así es como se moldean las piernas... Puede que también sea bueno para la espalda.

(La anotación que sigue la escribí a mano después del gran terremoto debido a que mi ordenador se rompió. Aunque la encontré muy tarde para poder incluirla en la recopilación ya publicada en japonés bajo el título *Genpatsuka wo ikiru* (Vivir el desastre nuclear), he querido adjuntarla a la versión española para que los lectores de habla hispana se hagan una idea de cómo vivimos esos momentos de pánico.)

Takashi Sasaki

12 de marzo

Ayer, a eso de las dos de la tarde, la pareja de viejos estábamos como siempre en el salón del segundo piso viendo la televisión, cuando nos asaltó una brutal sacudida, la mayor que hemos experimentado hasta ahora. Los libros que estaban detrás del televisor cayeron en avalancha y las puertas, de estilo tradicional, con bastidor de madera y cobertura de papel, fueron despedidas del marco como por una explosión.

Antes, Yoshiko tenía un gran temor a los terremotos, pero ahora, debido a que padece una demencia precoz, afortunadamente no mostró ningún indicio de sorpresa y estaba relajada en su silla. Quien estaba espantado era yo, que, poniéndome detrás de ella, empecé a repetir a gritos: «¡No pasa nada, no pasa nada!». Al final me di cuenta de que lo hacía para calmarme a mí mismo.

Los otros miembros de la familia al parecer habían salido al jardín asustados y pude escuchar la voz de Ai, mi nieta de tres años. Pensé que, si habían salido afuera, las tejas podrían caerles encima, pero, incapaz de reaccionar, ni siquiera pude acercarme a la ventana para alertarles.

Era extraño, pero la televisión continuaba emitiendo con normalidad. Cuando terminó el gran seísmo (de magnitud 9 en la escala Richter y 7 grados de intensidad, máximo valor en la escala japonesa) la televisión empezó a transmitir una tras otra imágenes de los daños e informó de que un asilo de ancianos se había desmoronado en el lado este de la estación. Pensé que se habría derrumbado por ser de construcción barata, pero poco a poco nos dimos cuenta de que, en la zona entre ese edificio y la playa, todas las casas habían sido devastadas y reducidas a escombros por un gigantesco tsunami.

Transcurrió algún tiempo hasta que nos dimos cuenta de que en la central nuclear de Fukushima Daiichi, de la empresa eléctrica TEPCO, situada a 25 kilómetros de nuestra casa, el tsunami había provocado una grave situación. El asunto no era ninguna broma.

Primeras palabras

17 de marzo

Desde hace cosa de una semana experimento la molesta sensación de haber sido privado de brazos y piernas, o de que me hubieran arrancado la lengua. Este sentimiento de privación proviene, sí, de los terremotos y del maldito accidente nuclear, pero no es resultado directo del desastre mismo, sino más bien de un problema con internet que yo consideraba causado por todo lo anterior. Me produce una gran vergüenza, pero tengo que confesar mi total ignorancia sobre cómo funciona internet, ignorancia que me ha llevado a pensar que el problema se debía a daños en algún repetidor de la compañía Nippon Telegraph & Telephone (NTT), cuando en realidad no era más que una simple desconexión.

Me he dado cuenta de este elemental error hoy, cuando, hablando por teléfono con los amigos —entre ellos, mi paisano Ōsugi, que ahora vive en Tokio, y Yoshihiko, que se encarga de la salud de mi página web— me han llamado la atención sobre lo extraño que resultaba el hecho de que, funcionando el teléfono fijo, no funcionase internet. Me he lanzado raudo a hacer una revisión y he visto que se había desconectado el *hub* (concentrador). Como en el ordenador se veía la imagen de inicio (¿se dice así?) y funcionaba la radio, que estaba conectada al mismo enchufe que el *hub*, no me había dado cuenta de que el *hub* estaba desenchufado. Casi una semana echada a perder. Y al final resulta ser una tontería.

En todo caso, no son solo el terremoto y el tsunami lo que ha afectado a nuestro municipio de Minamisōma: situado a poco más de 20 kilómetros de la central nuclear, la mitad de su término municipal ha sido incluida en la «zona de reclusión en interiores»[5], en la que los pobladores somos exhortados a permanecer en nuestras casas. Afortunadamente, la mía no se ha derrumbado, y aquí seguimos teniendo electricidad y agua potable. Sin embargo, el 80 % de los cerca de treinta mil pobladores de esta zona se ha desplazado voluntariamente (el proceso de evacuación continúa todavía) a refugios establecidos en áreas

[5] Alrededor de la zona que los medios extranjeros llamaron «de exclusión», la más cercana a la central, el Gobierno estableció un anillo concéntrico llamado «zona de reclusión en interiores de viviendas y otros edificios», en previsión de posibles riesgos para la salud derivados de una larga exposición a la radiactividad en exteriores. A diferencia de la primera zona, para la que se dio una orden gubernamental de evacuación forzosa y urgente de todos sus pobladores, la segunda no implicó ninguna obligatoriedad.

de nuestra provincia[6] de Fukushima situadas más allá de la línea de 30 kilómetros en torno a la central nuclear, o a refugios en Niigata y otras provincias colindantes. El barrio donde vivo se ha convertido en un pueblo fantasma, donde no se oye un sonido. En adelante expondré las razones por las que he elegido vivir recluido en casa antes que ser evacuado y..., pero, no, aunque lo diga así no va a ser tan bonito. Lo que voy a hacer es ir vomitando gradualmente la rabia, la necesidad que siento de protestar aquí, en esta ciudad que comienza ya a ser desahuciada. Rabia, protesta y desolación. Prepárense para lo que se les viene encima.

Realmente exasperante

18 de marzo

Hace un ratito, a las 9.30 de la noche, estaba viendo la cadena de televisión pública NHK cuando han requerido la opinión de un eminente profesor (el nombre de este joven y apuesto caballero lo ignoraba, pero tras algunas pesquisas he sabido que se trata del profesor Naoto Sekimura) sobre el hecho de que las empresas transportistas, de paquetería, se muestren tan remisas a entrar en la zona de reclusión en interiores. El caballero manifestó que en servicios «de corta duración», permanecer «dentro de un vehículo o de un edificio» no representaba ningún peligro. Este tipo de declaraciones se está repitiendo hasta la saciedad.

[6] Las 47 principales divisiones político-administrativas de Japón (japonés: *ken*) reciben habitualmente el nombre de «prefecturas» (inglés: *prefectures*). No obstante, aquí se ha preferido la denominación «provincias» por resultar más familiar a los hispanohablantes.

Después se ofrecieron imágenes de la ciudad de Fukushima[7], donde la gente, preocupada, formaba una larga cola frente a técnicos ataviados con aparatosos trajes blancos de seguridad para conseguir que le midieran su índice de radiactividad. Sin embargo, a juzgar por los datos difundidos oficialmente sobre esos micro-no-sé-qué, que cuando no llegan a cierta cantidad no suponen ningún peligro «inmediato» para la salud (el efecto indirecto del enigmático adjetivo «inmediato» es acrecentar la sensación de inseguridad), resulta que nuestra Minamisōma ni siquiera llega a la quinta parte de los niveles detectados en la capital provincial. Vamos, algo parecido a lo que está haciendo precisamente ahora ese tal Omaha (¿Obama?), el presidente de los Estados Unidos de América, nación que apoyará a Japón hasta que se solucione todo este problema, cuando dirige un mensaje a sus connacionales en el que les insta a ponerse a salvo alejándose al menos 80 kilómetros de la central nuclear. Puede ser comprensible en el caso de los americanos, pero a la gente de las zonas afectadas no hay nada que nos enfurezca tanto como estas declaraciones. Al menos en esta fase, no debería ser peligroso para la salud venir a entregar un encargo a nuestra zona de Haramachi[8], ni a la vecina de Kashima[9], pero si esto no se dice con claridad, lo único que se consigue es intranquilizar aún más a la gente de fuera y a los propios vecinos.

[7] Capital provincial. Todo su término municipal queda a más de cincuenta kilómetros de la central nuclear accidentada. Su población era de algo más de doscientos ochenta y siete mil habitantes en 2011.

[8] División administrativa de la ciudad de Minamisōma donde se encuentra el domicilio de Sasaki, al norte de la central nuclear accidentada, que está ubicada en el distrito rural de Futaba.

[9] División administrativa de la ciudad de Minamisōma, al norte de Haranomachi.

¿Las Fuerzas de Autodefensa? Confirmado: esto no era un ejército

¿Vieron ustedes ayer aquel helicóptero de las Fuerzas de Autodefensa de Japón que rociaba agua desde el cielo? Una indecente aeronave militar que, como quien nos hiciese encima un ondulante pis desde algún sitio muy alto, roció agua cuatro veces y se retiró en un pispás. Sus ocupantes iban envueltos en trajes ultraseguros y pisaban un suelo recubierto de plomo, pese a todo lo cual interrumpieron su labor cuando se hubieron alcanzado los niveles de radiactividad establecidos en los reglamentos internos de las Fuerzas de Autodefensa. Pero, vamos a ver, ¿y vosotros os hacéis llamar soldados? Sabéis lo que os espera si seguís avanzando hacia el poderoso enemigo y, además, tenéis delimitado el horario laboral, de manera que decís «Hasta aquí hemos llegado hoy», dais media vuelta y os largáis. Porque eso es lo que hacéis, ¿no? ¿No es esto lo que se llama abandono del puesto frente al enemigo? Yo opino que todo ejército es un estorbo y que nuestras Fuerzas de Autodefensa deberían reconstituirse en equipos de socorro que actúen cuando ocurran grandes desastres; pero hasta una persona como yo siente vergüenza ajena y derrama lágrimas ante la lamentable imagen que dan estos «soldados» que tan fácilmente se rajan y que no llegan ni a la categoría de asalariados. Dicen que entre empleados de TEPCO[10] «y otros colaboradores» (algo así los llaman) hay 150 trabajadores arriesgando su vida en un lugar peligroso, y ¡ahí tenéis a esos admirables (léase despreciables) soldados! «Y otros colaboradores», dicen. Vamos, dejaos ya de eufemismos. Hablando en plata, son los empleados de las subcontratistas de TEPCO. Porque el presidente y el resto de los altos ejecutivos

[10] La traducción al español de Tōkyō Denryoku Kabushikigaisha, entidad que operaba la central nuclear accidentada, sería «Compañía Eléctrica de Tokio S.A.», pero aquí utilizaremos las siglas de la versión inglesa (*Tokyo Electric Power Company*), de mayor difusión.

están muy seguros en Tokio, dirigiéndolo todo por control remoto. Lo he dicho y lo repito: si, cuando se solucione todo el problema, esta gente pretende volver a poner en marcha la central nuclear, habrá que obligar al presidente y a todos los altos ejecutivos, incluidos sus familiares, a vivir en sus cercanías. Si tanto insisten en la seguridad que ofrece la instalación, es lo mínimo que pueden hacer.

El vecindario de la casa desde la que tan rudamente escribo está envuelto en un tétrico silencio, porque el 80 % de sus pobladores ha buscado refugio en lugares de la provincia de Fukushima más allá de la línea de los 30 kilómetros que delimita la zona de reclusión en torno a la central, o incluso en otras provincias vecinas, como Niigata. Continuarán yéndose también mañana. Las consecuencias de este goteo se dejan sentir en el hospital, en los centros de atención a los ancianos y en el resto de los servicios de la ciudad. En el *group home* donde cuidaban a mi madre, la mayor parte del personal se ha ido, solo se han quedado tres. Me han llamado para preguntarme si no podía traérmela a casa. ¡Claro, no pensarían que voy a dejar a mi madre en un sitio así! Esta mañana he ido a recogerla en coche y me la he traído sin mayor percance. Ahora ya estoy tranquilo. Pero si los vecinos del área, por lo menos la mitad de ellos, usasen la cabeza con serenidad, como yo, los servicios de nuestra ciudad no se habrían colapsado de esta manera. Voy a decirlo con claridad, aunque aquí nadie habla con claridad: lo que han hecho es un abandono del puesto de trabajo en toda regla. Han dejado tirados a los ancianos para ponerse a salvo ellos mismos. Cuando he ido a recoger a mi madre, había allí dos señoras mayores y un señor también de edad, mirándonos con cara de envidia. Por lo visto, mañana o pasado los trasladan a otro centro situado a unos kilómetros. Casi inconscientemente les he ido tomando de las manos, uno a uno, y me he despedido de ellos. Tranquilos, no pasa nada, ya veréis cómo volvemos a vernos pronto. Quizás no tengan familia que pueda acogerlos en casa, por causa del tsunami o por alguna otra razón. ¿No es esto una verdadera vergüenza?

Todavía no sé de ninguna persona afectada por la radiactividad y, sin embargo, son ya 40 o 50 los enfermos y ancianos que se han dejado la vida por el camino, mientras los traían y llevaban de un lugar a otro. En el hospital del que depende el centro donde estaba la madre de Yoshiko han muerto decenas de pacientes mientras los rebotaban de mala manera, sin asignarles siquiera un asistente. Ahí va otra cosa que tampoco dice nadie: ¿No es esto un verdadero delito, equiparable a un homicidio culposo?

Si sigo escribiendo, me va a dar un ataque, así que lo dejo por hoy. Y aún dicen que a los japoneses se nos respeta en el extranjero por la forma en que nos ayudamos mutuamente. ¡Pues esta es la cruda realidad, señoras y señores!

(In)credulidad «provisional y limitada»

19 de marzo

A raíz del gran terremoto se ha desatado un sinfín de noticias, opiniones y propuestas. No me siento capaz de responder a todo ese aluvión. Por ahora me conformo con decir una cosa. Se han dado los más variados informes de situación sobre el accidente nuclear; se han pormenorizado resultados de mediciones y otros muchos datos. Es verdad que, en ciertos casos, la realidad se ha transmitido con lentitud, con demasiada lentitud. Pero a los que vivimos en las zonas afectadas no nos queda otra opción que creer lo que nos dicen. Iría más lejos y diría incluso que tenemos que creer lo que nos dicen.

Yo siempre he sido una persona crítica hacia la política y hacia cómo se llevan las cosas en el país. Desde el primer momento he venido oponiéndome frontalmente a las centrales nucleares. Y he sido muy crítico con TEPCO, por supuesto, pero también con las posturas que han mantenido los responsables políticos de los municipios en los que han sido instaladas. Ahora uno de esos alcaldes lloriquea desde un centro de evacuación, diciendo que está muy enfadado con TEPCO. A mí me parece que lo que debería hacer este hombre es un buen examen de conciencia. Por su incapacidad para prevenir los hechos. Por el grave error que cometió al impulsar de forma tan activa la construcción y el sostenimiento de la central nuclear. Para empezar —es mi opinión—, debería pedir perdón por su falta de visión a esos grupos minoritarios que, en nuestras ciudades y pueblos, han mantenido su firme oposición a la misma, siendo objeto de todo tipo de críticas por parte de sus convecinos.

En cuanto a lo que ocurre actualmente en nuestra ciudad de Minamisōma, debe reconocerse que hay una desconfianza subyacente hacia el Gobierno y hacia los organismos públicos en general. Porque el hecho es que esa «noble ciudadanía», esa inmensa mayoría que ha obedecido ciegamente —permítaseme la expresión», a sus gobernantes, sin dirigirles jamás un atisbo de crítica, llegados estos tremendos momentos ha puesto de manifiesto su desconfianza y ha obrado, precisamente, de acuerdo a esa desconfianza. Es decir, que la mayoría de los residentes en la llamada «zona de reclusión en viviendas y edificios» ha desconfiado de las instrucciones recibidas y ha preferido creer en los más que dudosos «hechos» que han podido conocer a través de los modernos medios de comunicación. La mayoría ha entendido que las mediciones oficiales de radiactividad eran falsas, que tras ellas se escondían niveles que entrañaban un peligro mucho mayor, y que lo mejor que podía hacerse era huir lejos.

Yo he venido expresando ideas de esas que suelen tildarse de antipatrióticas. Pero en este particular tengo que decir que me creo, si bien de una forma «provisional y limitada»[11], las versiones y los datos difundidos oficialmente. Y en el hipotético caso

[11] El autor remeda a las autoridades que, con este acartonado lenguaje, tratan de delimitar el ámbito de sus decisiones para eludir responsabilidades.

de que muriera por haber seguido las instrucciones y haberme recluido en casa de esta forma, me apareceré a estos gobernantes tantas veces como sea necesario, por los siglos de los siglos, hasta que caiga sobre todos ellos mi mortal maldición. ¡Qué cosas me hacen decir!

Entre lo que escribí anoche está aquello del «abandono del puesto de trabajo», que es una expresión dura. Alguien, al leerlo, habrá podido pensar que tratar de ponerse a salvo en una emergencia así es un comportamiento lícito. Por supuesto, lo es. Yo, por salvar a mi esposa o a mis nietos, a mis seres queridos, me creo capaz de sacrificar mi propia vida. Pero si me viera, por ejemplo, arrastrado con mi familia por alguna turbulenta corriente de agua y lodo, es muy probable que instintivamente eligiera proteger ante todo mi propia vida. Pero es que la situación que se vivía en Minamisōma no era de tal peligrosidad. Por supuesto, entre quienes trabajan en hospitales y otros centros de atención habrá algunos que hayan perdido sus casas como consecuencia del tsunami, que hayan perdido a su familia. Que estas personas reúnan a sus familiares supervivientes y se pongan todos a salvo es perfectamente lógico. Yo me refería a personas cuya vivienda, igual que la mía, ha escapado a la destrucción y sigue teniendo luz y agua corriente, pero que, empujadas por la desconfianza hacia las autoridades, confundidas por los bulos y rumores, han abandonado a su suerte a ancianos y enfermos. No tengo la menor intención de ponerme a investigar, una vez que las aguas hayan vuelto a su cauce (la sola mención de esto me hace soñar), quiénes fueron los que en aquellos momentos hicieron tal o cual cosa, y tampoco les reprocharé nada. Mi intención es «creer» que la suya fue una amarga elección forzada por una situación realmente desesperada. Lo único que les pediría a estos hombres y a estas mujeres es que, cuando mejore un poco la situación y antes de que empiecen a llegar desde fuera voluntarios en nuestra ayuda, regresen a sus lugares de trabajo y se esfuercen al máximo por volver a poner esos servicios en funcionamiento.

Apuntes de última hora

19 de marzo, 1.00 de la tarde

Hace un rato, precedido por una llamada anunciadora, ha venido a casa mi amigo Nishiuchi, a quien conozco desde que teníamos once o doce años. Se ha presentado trayendo grandes cantidades de alimentos. Toda su familia, incluida su nuera, que está embarazada, se ha desplazado a otra zona, pero él, como yo, se ha quedado para guardar su casa. El caso es que Nishiuchi está haciendo estos repartos en cumplimiento de sus obligaciones como alcalde del distrito[12], en esta zona donde han quedado tantos ancianos necesitados de ayuda. Me quito el sombrero ante la encomiable labor que está desarrollando este amigo de la infancia, que tanto me ayuda habitualmente con la organización de mis clases de Español y otros muchos asuntos. Entre otras cosas, me ha traído helados y otros caprichos, cinco o seis en total, para mi nieta Ai.

Afuera sopla el viento (un viento que, por suerte, es del noroeste)[13] y brilla un luminoso sol primaveral. Pero del vecindario no me llega un solo sonido. Es un sosiego que resulta difícil encajar en la imagen de una ciudad que ha sufrido un gran desastre y que sigue sufriéndolo.

Acabo de comer. Algo caliente y rico que me ha preparado y traído mi nuera Emi. Mi gratitud para ella. En el primer piso solo estamos mi mujer y yo, pero en el bajo, mi madre debe de estar disfrutando, en torno a la mesa del cuarto de estar, de la presencia de su querida biznieta Ai y los demás. De pronto, trato de imaginar cómo será la vida en común que se lleva en uno de

[12] Administrativamente, la ciudad de Minamisōma está dividida en tres *ku* o distritos (Kashima, Haramachi y Odaka, de norte a sur), cada uno de los cuales tiene su propio alcalde y otros órganos de gobierno.

[13] Desde el domicilio de Sasaki, la central nuclear accidentada, Fukushima Daiichi, se encuentra en dirección sur-sureste.

esos refugios públicos. Me la imagino a ella viviendo eso y siento que empiezo a temblar.

Eso de retrasarse (19 de marzo, 4.00 de la tarde)

Si me pongo a pensar, advierto que en mi vida me he retrasado muchas veces. Veamos primero lo que me pasó siendo niño. Cuando los rumores de que Japón había sido derrotado en la guerra nos llegaron al apartado lugar de Luánpíng, donde vivíamos, en la antigua provincia de Rèhé del extinto estado de Manchukuo, los japoneses del lugar, en medio de un gran nerviosismo, acudieron presurosos a la estación de ferrocarril e iniciaron una masiva evacuación a bordo de un tren de mercancías que precisamente aquel día estaba disponible. Pero mi madre (mi padre había muerto de enfermedad un año y algunos meses antes) decidió esperar hasta el día siguiente, cuando estaba previsto que saliera un camión del gobierno provincial, para así poder reunirnos con la familia de mis primos, que vivía en la ciudad de Chaóyáng[14]. Resultó un gran acierto, porque, según dicen, los japoneses que partieron primero encontraron un terrible destino en su huida. Estoy convencido de que mi madre habría hecho lo mismo que he hecho yo en esta situación, de haber estado en condiciones de comprenderla cabalmente. Ahora ella ha podido volver a esa vida hogareña con la que soñaba, y está feliz, disfrutando de la compañía de su biznieta.

Otro retraso. Estaba en el bachillerato, creo que a las puertas de los exámenes finales. Una mañana fui al instituto, como siempre, con mi cartera escolar y unos *takaba*[15], y hallé que el

14 El autor se refiere a la ciudad de ese nombre situada en la actual provincia de Liáoníng.

15 Los *takaba* o zuecos altos japoneses, son unas sencillas plataformas de madera con sujeción similar a la de las chancletas y elevadas varios centímetros sobre el suelo mediante dos grandes tacos transversales.

edificio había sufrido un incendio y todos andaban recogiendo cosas y poniendo orden. Hasta los compañeros residentes en las ciudades vecinas habían tenido noticia del suceso y estaban allí, ayudando. Me sentí realmente ridículo.

Y otro más. Era ya universitario. Estábamos en 1960, en lo más duro de las revueltas estudiantiles contra la renovación del Tratado de Seguridad entre Japón y Estados Unidos. Una tarde volví a nuestra residencia, en Yoyogi-Hatsudai (Tokio), pero no encontré a nadie, ni siquiera a la señora que nos preparaba la comida. Aquello me extrañó y me dirigí al tablón de anuncios, donde pude leer un mensaje de la señora, que nos decía que iba a participar en la manifestación en contra del tratado y que deberíamos cenar por nuestra cuenta. Aquella noche, junto a una cena fría, paladeé la triste sensación de haber perdido el tren de los tiempos.

Pero si enumero todos los retrasos de esta suerte que he tenido, no voy a terminar nunca. Y tengo que decir que, aunque en algunos quedé en evidencia, otros me permitieron contemplar más lúcidamente la situación y, a la postre, resultaron providenciales. Queda por saber en qué grupo entrará mi último retraso, el retraso en evacuar esta zona. Pero en torno a esto, como dicen tanto ahora, «resulta difícil hacer un pronóstico».

Algunos mensajes de emergencia

Traslado de enfermos: el colmo de la necedad
(19 de marzo, 11.30 de la noche)

La NHK nos informa ahora de que los hospitales y residencias de ancianos de Minamisōma han comenzado a trasladar a sus ocupantes fuera de la provincia de Fukushima, o al menos fuera de la línea de 30 kilómetros alrededor de la central accidentada, que marca el borde exterior de la zona de reclusión. O sea, que, a pesar de la designación de esta área como zona de reclusión en interiores, el gobierno provincial y otros entes territoriales están dando este otro tipo de instrucciones. Pues bien: en las actuales circunstancias, la mejor opción es quedarse dentro de esta zona y exigir al gobierno central y al provincial que envíen con urgencia personal médico, medicinas y alimentos.

Eso es lo que debería hacerse: pedir al Gobierno que sea posible seguir recibiendo los mismos servicios de siempre, en los centros o instituciones acostumbrados, donde uno sabe dónde están y cómo usar las cosas. Pero es tal la desconfianza que sienten la provincia y los ayuntamientos hacia las medidas que toma el gobierno central, que, al final, la gente está eligiendo el camino de la evacuación voluntaria. Es decir, que lo que debería hacer el gobierno central es convencer al gobernador provincial[16] y a los alcaldes de los municipios afectados para que los hospitales y residencias de ancianos de la zona no sean evacuados, con la promesa de enviar rápidamente ayuda humana y material.

Ya que nadie lo dice claramente, lo haré yo: al menos 1 de cada 10 «refugiados» (¡!) de los que se encuentran en los centros de acogida está sufriendo allí todo tipo de privaciones, habiendo dejado atrás un casa que no está dañada y donde, además, tenía electricidad y agua corriente. Es lo que ocurre, por ejemplo, con quienes vivían en Minamisōma. Dicho aún más claramente, son personas que han elegido innecesariamente una vida de refugiado. No voy a citar casos porque sería indiscreto y además no es mi intención criticar a nadie en particular, pero diré que entre mis conocidos hay uno que ha elegido esa opción. Es una persona mayor y además está enferma, pero ha abandonado su casa, que estaba en buen estado, con luz y agua corriente, y ahora vive de la forma más incómoda en un centro de acogida situado apenas un poquito más allá de la línea de 30 kilómetros.

16 En Japón, donde no existen entidades territoriales comparables a las comunidades autónomas españolas, el gobernador es la máxima autoridad política de la provincia. Es elegido democráticamente cada cuatro años.

Están bajo los efectos de la magia de los tres círculos concéntricos[17]. Porque entre los lugares a los que han sido evacuados, algunos presentan niveles de radiactividad que son seis veces mayores que los de Minamisōma. Me reiría si el asunto no fuera tan serio. A mi alrededor se están dando muchos casos parecidos.

Ciertamente, aterra esta situación en la que no sabe uno cuándo van a agotarse los víveres o las otras cosas indispensables. Pero imaginemos por un momento un nido, donde ruidosos polluelos, abriendo el pico a más no poder, confían en que los padres regresen trayéndoles alguna presa. Cuantos más sean los polluelos que reclaman, más lejos llegarán sus voces. Pero no, aquí los polluelos van abandonando el nido uno a uno y dispersándose.

Voy a decirlo todavía más claramente. Yo he llegado a pensar que si este accidente nos conduce al peor escenario posible, y aun en el caso de que no se llegue a ese extremo, la radiactividad acabará afectando a todo el Japón oriental, incluido Tokio. Tienes que hacerte a la idea de que esa es la realidad y de ahí, como quien dice, ir descontando. Así te quedas mucho más tranquilo. Dicho de otra forma, ya no hay nada que pueda perturbarte. Y no caes en la memez de ir como un loco de un lado para otro, en un reducido espacio en el que no puede haber grandes diferencias en el grado de peligrosidad entre punto y punto.

¿Cómo es posible que los japoneses, que saben lo que es el caos y la confusión de la guerra, hayan degenerado en un pueblo de espíritu tan débil e influenciable? Es lamentable.

Hay algo que suelo pensar medio en broma. Si los funcionarios de la provincia y los del municipio nos desahucian a mi familia y a mí, entonces les pediría encarecidamente a quienes se toman la molestia de leer este blog que consigan de alguna forma que nos manden un helicóptero de las Fuerzas de Autodefensa. Díganles,

17 En un primer momento se establecieron, en función de la peligrosidad, tres áreas concéntricas alrededor de la central accidentada. El domicilio de Sasaki se encontraba en la más exterior de las tres. Esta división ha sufrido diversos cambios a lo largo de los meses.

por favor, que la familia Sasaki está pidiendo auxilio desde Minamisōma, y que envíen cuanto antes un helicóptero de rescate.

Entonces, cuando lleguen los equipos de salvamento de las Fuerzas de Autodefensa, no ya mi madre, a sus noventa y ocho años, también yo mismo, pese a disponer todavía de algunas fuerzas, con el aspecto extenuado de enfermos agonizantes (yo estaré en mi papel) tenemos la intención de ser llevados a cuestas por los fornidos miembros de la institución y puestos a salvo a bordo de un helicóptero (por cierto, nunca he subido a uno, ¡es la ocasión perfecta!) fletado *ad hoc* para nosotros. Y todo con la cabeza bien alta, como quien recibe una devolución por los impuestos pagados de más.

Bromas aparte: si se llegase a dar el caso, confío en los buenos oficios de todos ustedes.

20 de marzo, 10.30 de la noche

No me he enterado bien de dónde venía, pero un camión de alguna empresa ha aparecido hoy en Minamisōma, ha dejado en una céntrica plaza una carga de varias toneladas (¿?) de verduras y se ha vuelto por donde había venido. Yo lo he sabido solo gracias a la televisión y cuando ya había trascurrido algún tiempo, así que temía que esta vez no podría recibir nada; pero el bueno de Nishiuchi se ha presentado en mi casa trayendo una caja de cartón rebosante de verduras frescas. ¡Hay gente así de desprendida!

Por correo electrónico y teléfono recibo palabras de aliento de mucha gente, palabras que me dan fuerzas para seguir adelante. Esta mañana he contactado con la oficina en Fukushima del *Asahi Shimbun*[18], donde he podido hacer oír mis argumentos. Será mañana o pasado cuando salga, probablemente en la edición regional, un artículo con una fotografía en la que aparezco

[18] Periódico decano de la prensa nacional japonesa y segundo por su tirada, después del *Yomiuri Shimbun*.

junto a mi madre y mi nieta Ai. Por la tarde, gracias a los esfuerzos de Yūichirō Furuya, que fue mi alumno en un curso de posgrado en la Universidad de Estudios Extranjeros de Tokio[19], he sido entrevistado telefónicamente por la periodista Naoko Satō, del *Tōkyō Shimbun*. El artículo, con la misma fotografía, debería salir también mañana o pasado. A mi casa no llegarán los periódicos, pero, si llegan a sus manos, échenles una ojeada.

Tenía intención de seguir escribiendo un poquito más esta noche, pero con tanta actividad estoy muy cansado, así que me despido. ¡Ojalá recuperemos pronto la paz y la tranquilidad!

21 de marzo, 2.10 de la tarde

Al mirar la fecha me ha sorprendido saber que han pasado ya 10 días desde que ocurrió el gran terremoto con tsunami. He recibido muchos *mails* de personas que han leído el artículo del *Asahi Shimbun*. A estas personas les he enviado la siguiente respuesta: «Le agradezco sinceramente sus palabras de ánimo. Espero seguir contando con su apoyo. Parece que el periódico transmite solo la imagen del desdichado pajarito[20], pero, como verá en mi blog, le aseguro que voy a seguir dando guerra, nutriéndome de mi gran valor (¿un farol?) y del considerable enfado que siento. Me gustaría que mi blog fuese leído por el mayor número de personas, para lo que le pido su colaboración. A ver si conseguimos que la voz del pajarito se haga oír con más potencia. Es mi modesto deseo. Hasta siempre».

Si pudiera añadir ahora unas palabras más para todos, serían estas: «Les agradezco mucho el interés que han mostrado por la cuestión del abastecimiento de alimentos. Poco a poco están empezando a enviarlos a las casas, aunque parece que en el caso de

[19] El nombre oficial en inglés de la Tōkyō Gaikokugo Daigaku es Tokyo University of Foreign Studies (TUFS).

[20] El autor se refiere a la metáfora que utilizó en sus anotaciones del 19 de marzo.

nuestro barrio habrá que esperar un poquito más. Nosotros podemos ir tirando algunos días más con lo que tenemos, y llegado el caso he pensado incluso en forzar la puerta (¡!) de la casa de algún pariente o vecino que haya quedado vacía, y aprovisionarme de arroz y otros víveres. Ya tendré oportunidad de presentarles mis más sentidas excusas y expresarles mi profunda gratitud cuando regresen. En realidad, estoy en condiciones de seguir con este encierro durante bastante más tiempo. Eso sí, si el asunto se pone feo, emitiré un SOS. En ese caso, permítanme solicitarles que contacten con la autoridad pertinente para que dejen caer víveres sobre el patio de la Escuela de Primaria Nº 2 del distrito de Haramachi, que queda cerca de aquí. Hasta la próxima».

Durante la semana siguiente al accidente nuclear, las luces del cuarto de estar y la televisión estuvieron encendidas continuamente y yo dormí todas las noches con la ropa de estar en casa. Anoche tuve mi largamente esperado reencuentro con la bañera[21]. Da vergüenza hablar de estas cosas, pero diré que, aunque antes me bañaba todos los días, desde que mi mujer está así y tengo que llevármela al baño conmigo y ayudarla, una operación físicamente exigente, solo me baño una vez a la semana. Desde hace ya un año..., o dos. Por suerte, mi piel y mi cabello no son tan grasos, de modo que esto tampoco representa un grave problema de higiene. Pero si cuento los días transcurridos desde la última vez que me bañé, antes del terremoto, son dos semanas. Ayer me decidí a bañarme después de oír en la televisión que en los centros de acogida la gente lo estaba haciendo. El caso de mi mujer es más difícil pues, aunque no se observa que tenga dolores, desde antes del terremoto tiene muchas dificultades para andar, y yo no me siento capaz de manejarla en el baño, así que lo que estoy haciendo es frotarle el cuerpo todas las noches con toallas húmedas. Disculpen lo indecoroso del tema.

[21] En condiciones normales, los japoneses toman todos los días una ducha y seguidamente un baño, habitualmente al terminar la jornada laboral. El baño (*o-furo*) es un ritual indispensable en la vida familiar.

Y ahora, otra cosa más seria. Desde que ocurrió el terremoto veía la televisión todos los días, pero ahora prefiero no verla apenas. Prácticamente, lo único que me interesa es conocer los datos relativos a los niveles de contaminación radiactiva. Y es que los medios de comunicación y el conjunto del país han caído en un estado que, si no es claramente de histeria colectiva, sí al menos puede calificarse de sentimentalismo barato. Visto desde la perspectiva de alguien que, como yo, está en el fondo del abismo (ahí va una exageración de las mías; quería decir, en la zona afectada), todo esto resulta repugnante. Un experto en cierta disciplina, con semblante prepotente, nos sirve uno de sus comentarios. Me entran ganas de decirle: Si tan claro lo tienes, déjate de entrevistas televisivas, vete al despacho correspondiente y plantéales tu gran idea. Luego están los presentadores, con sus rostros compungidos, diciendo cosas que no valen un pimiento (perdonen la expresión). Lo digo en serio: visto desde el fondo del abismo (otra vez exagero) se da cuenta uno de lo frívolas que son todas estas cosas que se dicen en la televisión. Pero seguir con este tema va a terminar afectando a mi salud, así que lo dejo. Nos vemos.

22 de marzo, 11.20 de la mañana, nublado

Esta mañana he leído en internet el artículo escrito por Naoko Satō, la periodista del *Tōkyō Shimbun*. Me he quedado muy satisfecho al ver que incluye, sin exceso ni defecto, todo lo que yo quería decir.

He vuelto a recibir por correo electrónico mensajes de mucha gente, que me han dado nuevas fuerzas. Por supuesto, entre ellos había alguno que me recomendaba dejar de jugar a ser reportero de guerra y evacuar la zona de una vez, lo cual es de agradecer (¡!). Quien haya leído con algún detenimiento mi blog no tendrá dudas al respecto, pero diré aquí por si acaso que no hay nada más lejos de mi intención. Y tampoco es correcto eso de que yo haya «elegido la opción más arriesgada».

En cualquier caso, he dicho todo lo que quería decir, así que ya no encontrarán ustedes nada parecido a informes desde el campo de batalla. Que mis mensajes lleguen al corazón de mucha gente, eso es lo que deseo. Y si surge algo sobre lo que quiero escribir, lo haré. ¡Gracias a todos! ¡Somos duros de pelar y sobreviviremos!

22 de marzo, 12.20 de la noche

Cuando he puesto la televisión, estaban transmitiendo una rueda de prensa de la Agencia de Inseguridad, perdón, de Seguridad Nuclear[22]. Hablaba alguien que más bien parecía un desmañado colegial haciendo de presentador en alguna actividad escolar. Salgan un poco más preparados (sin amañar los datos, claro) a las ruedas de prensa, por favor. De otro modo, solo consiguen que la gente se sienta más insegura. Hagan lo que hagan, yo voy a cambiar enseguida de canal, eso está claro. Creo que esta noche voy a ponerme un pijama para dormir, hace tiempo que no lo hago. ¡Ah, se me olvidaba! Hoy la radiactividad ambiente en Minamisōma era de 1,76 micro-no-sé-qué. Estupendo, ya va bajando...

23 de marzo, 4.00 de la tarde

Tenía una sorda preocupación: que la medicina que tomo para mi enfermedad (mantendré el secreto de qué enfermedad se trata) y la que toma mi madre (lo suyo no llega a ser propiamente una enfermedad) se agotasen. Había pedido a varios amigos que se acercaran a alguna farmacia y explicaran lo que sucede,

[22] El autor se refiere a la Agencia de Seguridad Nuclear e Industrial (NISA, por sus siglas en inglés), integrada en otra agencia, la de Recursos Naturales y Energía, que a su vez pertenece al Ministerio de Economía, Comercio e Industria.

a ver si con carácter excepcional, dada la situación que vivimos tras el terremoto, podían conseguir que se las entregaran. Pero resulta que durante su última visita para traerme verduras, mi amigo Nishiuchi, que tantas veces se asoma a estas páginas, me ha transmitido la gran noticia de que el médico que lleva la clínica a la que solemos ir está ya de vuelta en la ciudad. ¡Qué alivio!

Me he enterado de que un paquete que me envió mi hermano desde Towada por Sagawa Express ha llegado a las dependencias de esa transportista en la vecina ciudad de Sōma, pese a lo cual no parece que se me vaya a hacer llegar hasta aquí. Antes que hablar directamente con los responsables de esa oficina he preferido dirigirme por *e-mail* a la central (no me pregunten dónde está), diciendo que soy ese hombre que ha aparecido en artículos del *Asahi Shimbun* y del *Tokyo Shimbun*, y pidiéndoles que hicieran todo lo que estuviera en sus manos, de forma que cuando las aguas volvieran a su cauce, no hubiera ningún motivo de crítica contra ellos. Habrá que atribuirlo al fulminante influjo de la prensa, el caso es que hace un rato me han llamado de la oficina de Sōma para asegurarme que se las arreglarán de alguna forma para enviármelo. Exactamente de eso se trataba. Vean, amigos, la fuerza que tienen el *e-mail* e internet. Aprovechen al máximo estos medios de comunicación para conseguir que la situación se normalice. Se lo pido una vez más.

24 de marzo, 5.00 de la tarde

Hace un rato he estado donde el doctor Ishihara, que está de regreso en la ciudad. Me ha dado medicinas para mi madre y para mí suficientes para dos semanas. Ishihara, que ya ha comenzado a ver a sus pacientes, dice que los habitantes de Minamisōma están regresando poco a poco. Ha dicho también que mañana tiene una reunión con los pocos médicos que se han quedado en la ciudad, con los que espera poder formar un equipo que vele por la salud de los ciudadanos de Minamisōma. ¡Magnífico!

A la vuelta de la clínica, un perro blanco, viejo, presuntamente abandonado por su dueño, vagaba sin rumbo por las calles. Cuando ocurren estas cosas son siempre los enfermos, los mayores y los animales los que sufren las consecuencias.

Desde la ventana de la habitación en la que escribo estas líneas se ve un bello arrebol vespertino extendiéndose por todo el cielo. La naturaleza es cruel, pero... ¡qué bella y majestuosa!

Y ahora hay algo que quiero pedirles de corazón: sea mediante el Twitter, mediante el móvil o por cualquier otro medio, hagan llegar su voz de protesta a Correos de Japón, a la compañía del gato negro y a la del *hikyaku*[23], esas empresas que, amedrentadas por el maleficio de la línea de los 30 kilómetros, caen en la absurdidad de no repartir en Minamisōma los paquetes que han transportado hasta las ciudades vecinas. Hagan llegar sus coléricas voces a estas empresas que a cada rato nos recordaban las excelencias de su servicio y ahora se obcecan en esta actitud tan bochornosa. ¡Se lo ruego!

25 de marzo, 0.40 horas

Me disponía a acostarme con el sentimiento de que por el momento podría disfrutar de una cierta tranquilidad, cuando han difundido una extraña noticia. El ministro portavoz (¿era ese su cargo?) Edano está estudiando emitir una recomendación de desalojo a los habitantes de la zona de reclusión en interiores, que se fundamentaría no en la peligrosidad del nivel de radiactividad, sino en la insuficiencia de las provisiones que están recibiendo. Pero, ¡qué está diciendo este hombre! Precisamente ahora, cuando los pobladores de la ciudad han empezado a retornar a sus casas de esos refugios donde sufrían tantas incomodidades o

23 Se trata de las empresas Yamato Transport, cuyo símbolo es un gato negro, y la citada Sagawa Kyūbin, en cuyos vehículos se ve un *hikyaku* o antiguo mensajero japonés.

de las casas de conocidos o parientes donde los acogieron temporalmente. Cuando, según mi estimado amigo Nishiuchi, que tiene un contacto permanente con el ayuntamiento, han llegado a la casa consistorial más de diez mil raciones de comida. Me pregunto si Edano estará al corriente de lo que pasa aquí. En primer lugar, y esto es algo que cualquiera puede entender, que el Gobierno instara a las empresas transportistas a que hicieran llegar esas provisiones sería mil veces más inteligente, en cualquier sentido imaginable, que ponerse a buscar nuevos refugios y trasladar allí a los pobladores de esta zona. Pero, con estas declaraciones, no es de extrañar que la gente termine pensando que tras esas palabras se oculta «la verdad», que las consecuencias del accidente nuclear están siendo en realidad mucho más graves. Por eso, a la persona que me ha contado lo de la rueda de prensa y me ha dicho lo de la llamada «verdad», le he respondido así: Permítame que se lo diga, usted sigue sin entender lo que siente la gente que está aquí, apurada. Para nosotros no puede haber nada más horripilante que esa llamada «verdad». Porque lo que ha ocurrido en esta ciudad ha ocurrido precisamente cuando esa llamada «verdad» se ha desbocado e hipertrofiado. Así que le ruego que antes de difundir esa llamada «verdad» averigüe usted cuál es la verdad de esa «verdad».

Yo consulto constantemente las mediciones de radiación ambiental, de radiactividad del agua potable y especialmente de la dirección del viento en todo el Japón oriental (esta es sin duda la más importante), y por el momento no advierto ninguna doblez en las palabras de Edano, aunque, eso sí, su punto de vista me parece poco inteligente y muy irreflexivo.

Por eso, junto a esa protesta dirigida a Correos de Japón y a las empresas transportistas que les vengo reclamando a ustedes, o incluso antes de esa protesta, me parece que ha llegado el momento de dirigir nuestras exigencias —nuestra protesta, habría que decir también aquí— hacia estos políticos y estos organismos públicos que no hacen nada porque no saben cómo afrontar la situación. No sé qué opinarán ustedes al respecto.

En todo caso, lo dejo por esta noche y me voy a descansar, porque si me derrumbo, por esta casa las cosas van a torcerse mucho. Buenas noches a todos. Mañana, que ya es hoy, nos vemos otra vez con renovados ánimos.

26 de marzo, 8.00 de la mañana

Buenos días, ¿cómo están ustedes? Da apuro decir algo así cuando hay tanta gente que en estos mismos momentos lo está pasando mal en las zonas «realmente» afectadas, pero el hecho es que hacía mucho, mucho tiempo que no dormía tan bien como anoche. Dormí, eso sí, con los pantalones y el jersey puestos, para mi vergüenza. Y heme aquí, contemplando por la ventana el sosegado, el apacible panorama que se abre siempre ante mis ojos, si bien hoy parece ser que hace algo de frío.

El nivel de radiactividad ambiental al que me refería ayer sigue aquí, en Minamisōma, una línea descendente y esta mañana a las 7.00 se situaba en los 1,18 *microsieverts*[24] por hora, un nivel que, dicho sea de paso, es menos de la tercera parte de los 3,97 *microsieverts* por hora que indican las mediciones en la capital provincial —la ciudad de Fukushima— donde se afana en su trabajo el señor gobernador. Por supuesto, esto no lo digo para tranquilizar a nadie. Habrá que seguir atentamente la evolución de las cifras.

24 El *sievert* (Sv) es la unidad en que se mide la radiación absorbida por la materia viva. Un *microsievert* es la millonésima parte de un *sievert*.

Zarpa el *Odisea*

27 de marzo

La verdad sea dicha, no sé con certeza si en nuestra ciudad de Minamisōma, que ha quedado incluida en la zona de reclusión en interiores, se está exhortando a la gente a abandonar voluntariamente el lugar o no. Ni quiero saberlo. Nos marean con una cosa y con otra, se mofan y al final, de esta forma se han desembarazado de nosotros (hay quien dice que es una maniobra del Gobierno para eludir responsabilidades). Así que ya hemos dejado atrás hace mucho el mojón del enfado y estamos en pleno territorio de la estupefacción, donde ya no hay palabras que decir.

Pero, por suerte, parece que nuestras súplicas han comenzado a ser oídas, porque corren por aquí auspiciosas noticias: el minisupermercado Seven Eleven del vecindario ha reabierto sus puertas y en el hospital ginecológico donde nació mi nieta Ai, situado al otro lado de mi casa, el médico responsable, que había dejado temporalmente la ciudad, está ya de vuelta atendiendo a las mujeres. Además, el índice de radiación ambiental absorbida ha vuelto a bajar hasta los 1,12 *microsieverts*. Considerándolo en su conjunto, yo creo que las cosas van normalizándose y empezamos a ver la luz (¡inocente de mí!).

Y así las cosas, mi blog *Monodiálogos*, que antes era extremadamente privado, pues recibía un promedio de apenas 150 visitas diarias, a partir del desastre se ha convertido en algo parecido a un tablón de anuncios situado en alguna plaza, porque hay días en que llegan a registrarse cerca de 5.000 accesos. Este aumento del número de personas que, al margen de que coincidan o no conmigo, sienten interés en todo esto, es para mí una gran alegría. Aunque, para ser sincero, estoy un tanto confundido. Conforme las cosas se vayan calmando (todavía estamos lejos de ese momento), el número de visitantes irá descendiendo, pero ahora no puedo dejar de sentirme expuesto ante una impersonal masa de gente.

De modo que esta noche hago un paréntesis para darles algunas noticias puramente familiares.

Poco antes del mediodía ha sonado de repente el interfono y he oído la voz de mi hermano, sacerdote, que vive en Towada. Me ha explicado que ha podido venir en coche porque la carretera ya está abierta. Está aquí para recoger a mi anciana madre y a la familia de mi hijo. Él me venía insistiendo en que nos mudásemos a su casa y yo me negaba, diciendo que no había tal necesidad. Por supuesto, cada cual tiene derecho a obrar según su criterio, aunque se trate de padres e hijos. Mi hijo y su familia han permanecido en esta casa por voluntad propia. Pero ante el gesto de mi hermano de venir a recogerlos, por un momento he sentido que tenía que acceder a su invitación y así se lo he recomendado a mi hijo.

Decir mis verdaderas razones equivale a que el lector se entere de ciertas circunstancias familiares que en realidad preferiría no contar, pero, después de haberme exhibido ante los periódicos durante la última semana, pienso que ya no tiene sentido andar con tapujos. Yo confiaba en que airear este «éxodo», este desplazamiento fuera de la zona de reclusión, pudiera ser un primer paso en el proceso de emancipación de mi hijo. Quería que aceptara algún trabajo, cualquiera, en Towada o en sus cercanías, donde un primo mío tiene una clínica, y que tratase de independizarse.

En realidad, justo después del terremoto, le dije a mi hijo que mucha gente había perdido a sus padres o a sus hijos, que hiciera un ejercicio de imaginación y que tratase de tomárselo así: ocurre de pronto aquella sacudida tremenda y lo primero que te viene a la cabeza es que no vas a contarlo, pero resulta que estás vivo, y además te das cuenta de que tu mujer y tu hija, a las que tanto quieres, también están sanas y salvas. Hemos vuelto a nacer, nos dábamos por muertos, pero nos hemos salvado por los pelos. Esto es una oportunidad única para regenerarse. Mi hijo no pareció darse cuenta en esos primeros momentos. Pero ahora que, de esta forma tan impensada, se le ofrece un «éxodo», ahí tiene una nueva oportunidad para la autorregeneración.

Qué aires de superioridad se da este hombre de repente, pensará alguno, pero creo que mucha gente que ha escapado milagrosamente de la muerte en este gran desastre, y otros muchos que quizás no hayan corrido tantos riesgos, habrán reflexionado sobre sí mismos, habrán hecho examen de conciencia y jurado regenerarse o renacer como personas. Para el que ha vuelto a la vida, cosas que antes parecían inalcanzables ahora no se ven tan lejos. Es decir, que no me refiero solo al caso de mi hijo.

Y puesto a hacer confesiones, diré que también sentía un cierto temor a dar la imagen de que la anciana de noventa y ocho años y la niña de dos que aparecían en las fotografías de los periódicos eran mis rehenes. Incluso hubo personas que me dijeron que debería evacuar al menos a la niña, que tiene toda una vida por delante. Este es mi gran punto débil, una espina clavada hasta el fondo. O sea, que en mi corazón temía que pudieran pensar eso de mí, que estaba valiéndome de una anciana de noventa y ocho años, de una esposa con demencia precoz y de una niñita de dos años para hacerme fuerte en esta casa.

Pero ahora que dos de esas personas están ya en zona segura y yo me he quedado aquí con mi mujer, siento que me resulta mucho más fácil seguir luchando. Ahora me siento preparado para cualquier ataque, así caigan chuzos de punta. ¿Está bien así?

Acaban de dar las 12 de la noche. En cuanto mi hermano y el resto lleguen a Towada, llevarán a mi madre a un centro de cuidados especiales para ancianos. Luego, mi hijo y su familia irán al apartamento que les ha ofrecido uno de los feligreses. ¿No habrán llegado todavía? Ya deberían estar allí. En todo caso, ellos ya están en zona segura. No hay de qué preocuparse.

Por cierto, el título de esta sección es una broma que se me ha ocurrido de pronto. Es que el modelo del coche en el que ha venido mi hermano era un Honda Odyssey. Pero no queda del todo mal. Porque la Odisea es un vagabundeo en busca de un padre. Hijo mío, trata de entender a este padre. Y perdónale que os haya expuesto de esta forma a los medios de comunicación como se expone a alguien a las radiaciones. Entiende que te expongo a los ojos de personas de buena voluntad. Confía en que es una exposición que, con certeza, te abrirá un camino, un camino hacia la regeneración, aunque pueda ser algo doloroso. Para mí es muy duro no poder seguir teniendo aquí a Ai, a las dos, pero la alegría de saber que vas a aprovechar esta oportunidad para dar ese paso es mayor que la tristeza.

Notas anexas

*27 de marzo, 7.35 de la mañana. Unos estúpidos políticos que no se enteran de lo que realmente está pasando aquí parlotean al buen tuntún sobre la zona de evacuación voluntaria (otra palabreja que anda por ahí suelta). ¡Qué repugnancia se siente! ¡Por favor, que alguien les explique la situación a estos señores (¿del Ministerio de Interior y Comunicaciones?)! Dicho sea de paso, el nivel registrado hoy a las 6.00 de la mañana en Minamisōma es de 1,08 *microsieverts* por hora. Segunda bajada consecutiva. Por otra parte, ahora que solo quedamos aquí mi mujer y yo, si incluyo los víveres que hemos recibido, podemos sobrevivir holgadamente otros tres meses por lo menos.

*10.40 de la mañana. Acaba de telefonearme Nishiuchi para decirme que la recogida de basura se reanuda mañana

*1.10 de la tarde. Nos visita Nishiuchi. La confitería Eisendō ha reabierto sus puertas y para celebrarlo, Nishiuchi nos ha traído unos pastelitos, lo cual es de agradecer, porque estábamos ávidos de cosas dulces. Según cuenta, parece que en la calle comercial donde está la estación de ferrocarril han reabierto cinco o seis tiendas, y en el barrio de Minamimachi, la pescadería Yamada también ha empezado a servir. En la plaza de Machinaka, los

voluntarios siguen repartiendo gratuitamente artículos de ayuda a los damnificados y tres camiones cisterna nos han traído gasolina —queda así suficientemente asegurado el transporte privado de los ciudadanos— y queroseno para las estufas. En estas situaciones críticas es cuando se demuestra lo que valen muchas personas que habían pasado desapercibidas. ¡Ánimo, Minamisōma! ¡Nuestra ciudad va lanzada hacia su renacimiento!

¿Cuántos días atrincherado? (informes fragmentarios)

28 de marzo, 11.20 de la mañana

*Mi anciana madre, que se fue a Towada (prefiero no decir que «fue evacuada»), ha ingresado sin mayores problemas en el centro de cuidados especiales para ancianos. Durante el viaje, la pequeña Ai tenía algo de fiebre, pero ya le está bajando, me comunican. Las mediciones de radiactividad ambiental que suelo citar han dado hoy a las 10.00 de la mañana en esta parte de Minamisōma un resultado de 1,01 *microsieverts* por hora, lo que supone un nuevo descenso. En la localidad vecina de Iitate, que venía marcando registros altos, la medición ha dado por primera vez (¿?) un resultado por debajo de los 10 enteros: 8,99 *microsieverts* por hora. Esto es de alguna forma otro tipo de fiebre, pero debo confesar que en estos momentos la que más me preocupa es la de la pequeña Ai.

*Hace ya mucho tiempo que apenas hago caso de las noticias televisivas sobre el accidente nuclear. En primer lugar, porque las apariciones de los altos funcionarios del Estado con su ropa de trabajo, los de la Agencia de Inseguridad (¿?) Nuclear, los altos ejecutivos de la eléctrica TEPCO y toda esa gente a la que ni se le ocurre pasarse por aquí, a mis ojos no son más que una actuación totalmente inútil. Son todos ridículos.

*Hace un rato ha llegado en coche un joven de gesto muy decidido, aunque quizás sufra alguna minusvalía, que decía venir de uno de los centros municipales de bienestar público. Anda preguntando casa por casa si hay alguien que tenga alguna necesidad concreta. En estos momentos críticos, personas que normalmente no destacan, que incluso pasan por débiles, desarrollan una actividad formidable, traduciendo en acciones su compasión por el prójimo. Es una enorme alegría.

*¿Cuántos días llevaremos sitiados? ¿Será esta una vivencia tan atípica que hasta se pierde la conciencia del paso del tiempo? No parece que sea eso. Hoy me ha escrito, para hacerme llegar sus impresiones sobre mi blog, Noriko Saga. Noriko, cuyo apellido de soltera era Akazawa, es una antigua alumna mía de la Universidad Femenina de Seisen[25]. Fue la primera alumna con ceguera total de nuestra universidad que siguió sus estudios superiores en España. A su regreso a Japón se colocó en la fabricante de cosméticos Shiseido y actualmente forma una feliz familia con su marido, igualmente invidente, y sus dos espabiladas hijas (ninguna de las cuales, huelga decirlo, padece ceguera) en la ciudad de Morioka. Ha seguido con interés las decisiones que he tenido que tomar en los últimos tiempos, lo cual me ha alegrado mucho.

Padecer alguna minusvalía otorga —por supuesto, no necesariamente en todos los casos— una certera mirada que se dirige a las cosas desde lo profundo.

25 La Seisen Joshi Daigaku (Seisen University), cuyo campus está situado en un privilegiado lugar del centro de Tokio, fue fundada por la congregación de las Siervas del Corazón de Jesús en los años treinta del siglo pasado. Tiene, por tanto, fuertes vínculos con España. Su lema es *Veritas et Caritas.*

*¿No hay mal que por bien no venga? No hallo la expresión adecuada. El caso es que si mi mujer, que además de su problema de demencia muestra cada vez más dificultades para andar, no estuviera a mi lado, probablemente yo no habría tomado la decisión de permanecer aquí. Tener una esposa con esta minusvalía me ha dado todo este tiempo un valor y un aplomo que yo mismo no puedo explicarme. Quizás podría decirse con una expresión mía (a saber si no la habré tomado prestada sin darme cuenta de algún prominente personaje), diciendo que el centro de gravedad de la vida se sitúa más abajo, se consigue un contrapicado al estilo de las tomas que se ven en las películas del director Yasujirō Ozu.

Notas anexas — 11.40 de la noche

Por primera vez desde que comenzaron a divulgarse las mediciones (al menos desde que yo comencé a fijarme en ellas), el nivel de radiactividad ambiental a las 11.00 de la noche se ha situado por debajo de 1,0 *microsieverts* por hora. Ha sido, en concreto, de 0,96.

Hoy no he tenido visitas y ha sido un día realmente plácido. Por la tarde he reparado una repisa de libros que se había caído junto al cabezal de nuestra cama. La sujeción metálica antisísmica salió volando por ahí. Si la hubiera fijado con tornillos, en vez de con simples clavos, quizás habría resistido.

Por la mañana me han avisado por *mail*, desde Towada, de que mi madre se había puesto mal y habían tenido que llevarla al hospital. Por un momento he pensado que no sería tan horrible que mi madre muriera así, en el hospital. Que muriera allí a sus noventa y ocho años, después de haber pasado algo más de una semana haciendo lo que más quería hacer, que no era otra cosa que gozar de la compañía de su biznieta; de haber disfrutado de un amena salida en el coche de mi hermano, otra cosa que le encanta (si bien el paseo ha debido de resultarle un poco largo); de haber permanecido unos días en la casa de su bienamado primogénito y, por si fuera poco, de haber recibido todas las atenciones en un hospital. ¿No es esa una muerte envidiable? No veo de qué puede uno entristecerse, pensaba para mí. Mi hermana, con quien he hablado por teléfono, pensaba exactamente lo mismo.

Pero hay que ver lo dura de pelar que es esta gente nacida en la Era Meiji[26]. En un *mail* posterior me han informado de que en el reconocimiento médico solo se le ha encontrado un inflamación, así que ha sido enviada de vuelta a casa tras recetársele unas medicinas. Me ha venido un recuerdo de aquel verano, hace unos ocho años, cuando sufrió una insolación y tuvo que ser trasladada al hospital en ambulancia. Estaba tumbada sobre la camilla con los ojos cerrados y cuando le dije que no se dejase vencer, respondió a pleno pulmón con un estentóreo «*Ai yo!!*»[27]. Vamos a ver, pues, si se porta y llega a centenaria.

Impresiones en torno a las noticias del accidente nuclear

29 de marzo

Como he escrito anteriormente, estoy tratando de no ver ni oír las noticias que se dan sobre el accidente en la central nuclear, pues resultan altamente dañinas para mi higiene mental. Pero a veces resulta imposible eludirlas. A continuación explico lo que he sentido al recibir algunas de ellas.

*Impericia de la primera reacción al accidente.
Para empezar, en vez de confiárselo todo a la eléctrica TEPCO, el Gobierno debería haber llevado la iniciativa en el manejo de

26 La Era Meiji comenzó en 1868 y terminó en 1912.

27 Exclamación rápida y enérgica con que cabría imaginar a un tendero castizo respondiendo afirmativamente a la petición de su cliente.

la crisis, convocando inmediatamente a los expertos para formar un grupo y, por supuesto, exigiendo a TEPCO que ofreciera con exactitud y presteza todos los datos necesarios. Creo recordar que la primera vez que se habló de desmantelar la central fue cosa de una semana después del accidente. No puedo librarme de la sospecha de que por esas fechas TEPCO, que aspiraba a volver a poner en funcionamiento las instalaciones, solo tomaba pequeñas medidas para salir del paso y salvar las apariencias. Creo que esto debería investigarse exhaustivamente.

* Divulgación constante de datos numéricos veraces.
Gracias a internet puedo comprobar continuamente los resultados de las mediciones de radiactividad ambiental (se divulgan cada hora), los datos de radiactividad en el agua potable (estos me llegan con uno o dos días de retraso) y la dirección del viento en la región de Tōhoku. Al final, lo que he seguido con mayor interés es esta última información.

Por eso, me parece muy desproporcionado cuando veo, por una parte, esa imagen de la capital provincial, Fukushima, donde habitualmente se registran valores de radiactividad ambiental entre tres y cuatro veces mayores que los de aquí, que nos muestran a los ciudadanos formando largas colas para someterse al examen de radiactividad, junto a los encargados embutidos en sus blancos trajes de seguridad, y luego, por otra parte, veo al personal de la oficina desde la que se coordinan las medidas contra el desastre, como si le hubieran dado a Minamisōma el tratamiento oficial de zona contaminada por las radiaciones, todos, desde Su Excelencia el gobernador provincial al último subordinado, yendo de un lado para otro con sus trajes de faena. Lo primero es una reacción excesiva, lo segundo refleja puro desconcierto, porque en realidad su acercamiento a lo que está ocurriendo ahora es torpe. A eso me refería al hablar de desproporción.

*Una transparencia informativa razonable, adecuada al momento, al lugar y a la ocasión.
El director general del Organismo Internacional de Energía Atómica es el japonés Yukiya Amano. Está mal decirlo, pero huele un poquito a mantequilla[28] (disculpen el uso de tan rancia expresión). Con ese aire tan internacional que tiene, de su boca solo sale una palabra: transparencia informativa, con la que parece querer contentar a la comunidad internacional, al menos en el programa de televisión que he visto. Lo que dice, lo dice pensando en todo el mundo, así que es comprensible. Pero los afectados, que estamos expectantes, tragando saliva, aquí, en el fondo del abismo (de nueva esta exagerada expresión), esperábamos de él al menos unas palabras, unas palabras de ánimo como japonés (porque era japonés, este señor, ¿verdad?, disculpen si no es así) para los que estamos en las zonas afectadas.

Esta idea de «apertura informativa» es otra de las que andan por ahí desbocadas. Indudablemente, es lógico divulgar información tanto de signo positivo como negativo a quienes se encuentran fuera de una determinada estructura, para que puedan formarse un criterio correcto. Pero quienes nos encontramos en el área afectada queremos que, incluso cuando haya que divulgar noticias de signo negativo, no se olviden nunca de acompañarlas, dentro de lo posible, de informaciones que conduzcan hacia lo positivo. Por ejemplo, cuando se hable del problema de la leche cruda de Kawamata[29], debería decirse siempre que si no se hace un consumo prolongado (¿un año?) de la misma, no existe ningún peligro para la salud. Al principio siempre se decía esto, pero para cuando uno se da cuenta, la pequeña cláusula o explicación complementaria ha desaparecido,

[28] Expresión burlesca con que se describe la occidentalización más o menos consciente del porte o las actitudes de algunos japoneses.

[29] Población de algo más de quince mil habitantes (año 2010) situada entre Minamisōma y la ciudad de Fukushima. Una parte de su término municipal fue designada «zona de evacuación planificada» tras el accidente nuclear.

y ahora lo único que se transmite a voz en pecho es lo peligroso que es el producto.

En la pantalla de la televisión se ven avisos dirigidos a los pobladores de la zona de reclusión en interiores, en la que se halla mi barrio: Al salir fuera de casa, cúbranse la nariz y la boca con una mascarilla o con una toalla mojada; al volver, metan la ropa de abrigo en alguna bolsa de plástico y guárdenla bien cerrada, y dúchense para que el cuerpo quede bien limpio... Estas medidas deberían ser innecesarias en una zona como la nuestra de Haramachi, donde las mediciones dan en torno a 1,0 *microsievert* por hora, pero eso no lo explica la televisión, que se limita a pasar el mensaje continuamente en la parte inferior de la pantalla. Un ejemplo de cómo la información, dependiendo del momento, el lugar y la ocasión, puede ser más dañina que una modesta cantidad de radiación.

En todo caso, me gustaría que la televisión difundiera una vez cada hora, valiéndose de gráficos de líneas u otros métodos que permitan comprobar su evolución, los tres datos a los que siempre me refiero (radiactividad ambiental, radiactividad en el agua potable y dirección de los vientos en la región de Tōhoku). Son informaciones imprescindibles para quienes estamos aquí.

Estas son las modestas propuestas de *Monodiálogos*, que se basan en la conciencia de que solucionar cuanto antes los problemas creados por el accidente nuclear no es labor que ataña exclusivamente a Fukushima o a esta región oriental de Japón, pues si consideramos cómo se está propagando su influjo en el plano económico o político, veremos que se trata de una auténtica crisis de Estado y que precisamente eso es, en última instancia y en su raíz, el problema y el reto que se nos plantea.

30 de marzo, 11.30 de la mañana, despejado

Anoche recibí un *mail* de mi hijo, que ahora está en Towada. Me contaba que ya es definitivo el traslado de mi madre del centro de cuidados especiales para la tercera edad en el que se encontraba a una residencia de ancianos de pago, en la ciudad. En cuanto a la familia de mi hijo, vive en una casita de una sola altura que les ha sido prestada gratuitamente por uno de los feligreses, y mi hijo va a comenzar a trabajar atendiendo a ancianos en turno de noche. Francamente, creo que para ser un primer paso en lo que vengo llamando regeneración de mi hijo, ese tipo de trabajo sitúa el listón demasiado alto. Rezo por que lo afronte, como decía antes, con las fuerzas del que se creía muerto pero se sabe vivo. Este es el desenlace provisional del éxodo de mi nieta Ai y los suyos, y que me disculpen por entretenerme en estas cosas todas aquellas personas que han sido evacuadas y lo están pasando mal de verdad.

También anoche recibí un *mail* de la religiosa María Teresa Garaizábal, una excompañera de labores docentes. Con ocasión del último gran terremoto, muchos conocidos, amigos y exalumnos de los que no tenía noticias han contactado conmigo. En su caso, no nos comunicábamos desde que regresó a España, es decir, que hemos recuperado el contacto tras más de 15 años.

Quizás, desde España, el asunto de los 20 kilómetros, de los 30 kilómetros a la redonda en torno a la central nuclear no tenga ningún sentido y esta insignificante, estrecha franja de tierra que es la región de Tōhoku se represente totalmente cubierta con el rojo de «zona de máximo peligro». La religiosa me escribía para mostrarme su gran preocupación, pero aprovechó la oportunidad para decirme también que al regresar a su tierra vasca había recuperado oficialmente el nombre que le habían impuesto sus padres. En ella sigue latiendo, pues, la sangre de ese orgulloso pueblo vasco que dio, entre otros, a Ignacio de Loyola. Recuerdo que, en su época de profesora, obtuvo el favor de la actual emperatriz Michiko, y que una de sus alumnas pasó a formar parte de las damas de honor (¿institutrices?) de la Casa Imperial asignadas al actual Príncipe Heredero. Recuerdo también con nostalgia que a petición de Su Alteza, una mujer muy inteligente, y con la mediación de la religiosa, pude hacerle llegar a la primera dos ejemplares de una obra de Ortega y Gasset que yo mismo había traducido.

Rápidamente le comuniqué que me encontraba perfectamente y ella volvió a escribirme diciendo que había entrado en mi página web, pero que el japonés se le resistía después de un periodo de separación del país tan largo, pese a lo cual deseaba seguir manteniendo correspondencia conmigo, lo que podríamos hacer perfectamente expresándose ella en español y escribiendo yo mi japonés en el alfabeto latino. Que, habiendo sido profesor de Español (siempre me excuso diciendo que mi especialidad es el pensamiento español) no escriba en esta lengua es algo que siempre me ha avergonzado, aunque ahora pueda reforzar mi excusa anterior alegando la excepcionalidad de la situación en que me encuentro.

Dicho lo cual, la medición de radiactividad ambiental a la que ya les tengo acostumbrados arrojaba esta mañana a las 11.00 un resultado de 0,94 *microsieverts* por hora. Sigue, pues, a niveles bajos. He llamado por teléfono a mi amigo Nishiuchi, quien me ha asegurado que, además de que cada vez son más las carnicerías y los puestos de verduras que reabren sus puertas, puede decirse que Minamisōma ha recuperado cerca del 80 % de su población. Ahora, nuestro único deseo es que en la central nuclear accidentada todo se resuelva satisfactoriamente y en el plazo más corto posible. ¡Vamos, muchachos, no nos falléis!

Pese a lo dicho, y aunque ya ha pasado suficiente tiempo, Correos de Japón y las transportistas del gato negro y del mensajero, como si entre ellas mediara algún pacto, parecen no tener la menor intención de penetrar en el maldito círculo de los 30 kilómetros. Les pido a todos ustedes que continúen con su ataque.

Diario del vigésimo primer día de sitio

31 de marzo

Vigésimo primer día desde el gran terremoto, ¿cuántos desde que me siento sitiado en mi propia casa? Dejémonos de tonterías, no quiero ponerme a pensar en estas cosas. Hoy a las 7.00 de la mañana teníamos en Minamisōma 0,97 *microsieverts* por hora, el indicador sigue bajo, y en el municipio vecino de Iitate, al que ya me he referido en otra ocasión, tenían 7,39 *microsieverts* por hora, lo que viene a ser una quinta parte de la cota máxima alcanzada allí. Esperemos que no se invierta la tendencia y el descenso continúe.

Anoche, cuando me disponía a acostarme, se me ocurrió responder al segundo *mail* de Garaizábal y me senté ante el teclado del ordenador. De pronto, se me avivó la conciencia de que mis queridos exalumnos, entre ellos, mi querido Yūichiro Furuya, que desde su posición entre bastidores fue uno de los artífices del éxito cosechado en España por Shōji Kojima con la obra *La Celestina*, están viendo este blog. ¿Qué es eso de que yo, su profesor, no sepa escribir una simple carta en español?

Hay refranes en Japón como «Ratón acorralado muerde al gato» o «En los incendios se descubren las grandes fuerzas que uno tenía», y acogiéndome a ellos me he resuelto a escribir en español. Vaya, no era tan difícil como pensaba. Esto es lo que he escrito:

> *Muchas, muchas gracias por su segunda carta. Como usted sabe, poco antes del gran terremoto falleció nuestro querido padre Miguel Mendizábal. Él fue un verdadero maestro para mí y lo seguirá siendo. Si lo desea, puede leer en mi página web un viejo escrito mío sobre él, titulado* Watashi no onshi *(Mi maestro).*
> *Esta mañana Noriko me ha escrito para pedirme su dirección de* e-mail. *Es que esta misma mañana, yo había escrito en el blog sobre mi reencuentro con usted.*

> *Como escribí en* Monodiálogos *hace tres o cuatro días, mi hermano mayor vino en coche desde Towada, que está en la provincia de Aomori, para llevarse a mi madre y a la familia de mi hijo. Así que ya están muy lejos de las centrales nucleares. Ahora yo ya puedo luchar (¿?) con libertad, a mis anchas, sin ningún tipo de preocupaciones. Lo que está pasando en esta tierra, que es consecuencia de las actuaciones tontas de tontos políticos, si lo comparamos con la tragedia de las otras áreas afectadas por el terremoto, es una verdadera comedia. Como usted sabe, yo soy un optimista pesimista. Estoy convencido de que la situación se solucionará antes de que haya pasado un mes, sin que haya más daños de los que ya se han hecho. En cualquier caso, yo espero sobrevivir a toda esta conmoción con un botín de guerra. El haber recuperado el contacto con usted es parte de ese botín.*
> *¿Ha visto el álbum familiar que he publicado en mi página web? Entre las fotografías hay algunas de mis años en la Universidad de Seisen que me inspiran mucha nostalgia. Bueno, me despido por esta noche. Adiós.*

Lo que fui totalmente incapaz de escribir es que también en las cercanías de Towada, el lugar al que se han ido mi madre y el resto, hay otra central nuclear.

En el texto aparece dos veces la palabra «tonto». Es una buena oportunidad para que todos ustedes aprendan esta palabra. Y cuando vean por ahí a uno de esos tontos funcionarios o a alguien por el estilo, digan bien fuerte dentro de su corazón: «¡Qué tonto!». Ese *qué* inicial es un adverbio exclamativo.

Anotación adicional

Entre las muchas cosas que amablemente nos han enviado a casa había pañales, dulces, láminas para colorear y otras cosas para mi nieta Ai, que pienso reunir en un paquete y enviar mañana o pasado a Towada, desde la oficina de correos de Kashima, porque el servicio de correos se ha extendido ya a esa zona del norte de Minamisōma. Bueno, eso contando con la ayuda de mi amigo Nishiuchi. Por primera vez en estos 21 días he tomado de la mano a mi mujer, Yoshiko, y la he subido al coche. Nos hemos dirigido a la casa de Nishiuchi. Y hemos visto una cosa increíble: a las 4.30 de la tarde, nuestro tranquilo barrio mostraba el mismo tráfico de siempre. Ciertamente, había menos peatones de lo habitual, pero por lo que respecta a los vehículos, puede decirse que incluso había más de lo que es normal.

Y añadiendo una nota más a la anotación adicional, diré que gracias a personas que se han movido tras leer mis comentarios sobre el viejo perro que vi el otro día vagando por la ciudad, me ha sido posible llenar dos cajas con comida para mascotas y enviárselas a personas amantes de los animales que ya estarán haciendo el reparto entre los perros y gatos de la calle. Muchísimas gracias a todos.

Ah, sí, casi me olvido: el indicador de siempre daba hoy a las 5.00 de la tarde 0,98 *microsieverts* por hora.

ABRIL DE 2011

Un diálogo irresponsable

1 de abril

—¿Y qué haces tú con esa cara tan triste? ¿Te estás cansando de vivir sitiado en tu castillo?

—No, no es eso. En realidad, yo soy muy casero y no salir de casa no me afecta tanto. Pero es muy deprimente no saber cómo va a terminar todo esto.

—Claro, pero según has escrito en ese mensaje a Garaizábal, tú eres un «optimista pesimista», o sea, que en el fondo eres optimista...

—Eso sí. Con todo esto que ha pasado, he descubierto que muchas personas que normalmente son optimistas, en el fondo eran pesimistas. Es difícil conocer a la gente. Pero al margen de eso, han pasado ya 22 días desde el terremoto. ¿Qué va a pasar con Japón y, más que eso, qué solución se le va a dar al accidente de la central nuclear? Porque ni los responsables del Gobierno ni los de la Agencia de Inseguridad, digo, de Seguridad Nuclear, al menos por lo que he visto y oído, han dicho cuáles son sus previsiones.

—Eso hay que interpretarlo como que la situación es tan grave que no se puede hacer ningún pronóstico. Por lo que he visto esta mañana en una cadena de televisión vía satélite, así es como se ve el asunto desde Estados Unidos y desde el resto del mundo. Muchos países están empezando a prohibir o a limitar las importaciones desde Japón.

—Ahora entiendo lo que sentían los chinos cuando Japón hizo lo mismo después de un caso de intoxicación alimentaria con empanadillas importadas de China.

—¡A eso voy!

—A ver con qué sales ahora.

—No..., si tan mal están las cosas, un servidor va a tener que hacer sus propios pronósticos, además muy atrevidos. Porque a diferencia de lo que ocurre con los del Gobierno, siempre tan preocupados por las responsabilidades derivadas de sus declaraciones, yo puedo hacer pronósticos con toda tranquilidad.

—¿Seguro que puedes permitirte decir esas cosas?

—Claro, hombre. ¡Si a mí nunca me ha creído nadie las cosas que digo! A ver por dónde empiezo. Sí, sobre las fugas de radiactividad tan graves que están ocurriendo. En cosa de un mes se logrará detener las fugas, aunque quizás sea de forma solo provisional, y en un año se cerrará definitivamente la central nuclear de Fukushima Daiichi.

—Espera, espera. Costó seis años cerrar Chernóbil completamente.

—Eso fue hace mucho. Pero, bueno, para cerrar la central definitivamente hay que olvidarse de la vergüenza y del qué dirán, movilizar a expertos de todos los países del mundo para que vengan a ayudarnos y usar robots, vehículos no tripulados y todo lo que nos ofrece la ciencia. Así, conseguir reducir el tiempo necesario para cerrarla a una sexta parte de lo que costó en Chernóbil no es una idea tan descabellada.

—Pero durante todo ese tiempo los pobladores de la zona tendrán que vivir en esos refugios...

—No, porque, como he dicho antes, en un mes más o menos, las fugas radiactivas serán controladas por el momento y volver a sus casas no representará ningún peligro para ellos.

—¿Te parece? Pero, aunque puedan volver, el golpe para la agricultura y la ganadería será mortal. Hay quien dice que la tierra quedará totalmente inutilizable.

—Eso me parece excesivamente pesimista. Es cierto que se dice que el organismo humano no tiene ninguna defensa natural contra la radiactividad, pero no sé si se podrá decir lo mismo sobre la tierra. Acuérdate, si no, de lo de Hiroshima y Nagasaki. Durante algún tiempo se dijo que en los terrenos expuestos a los efectos de la bomba no volvería a crecer ningún vegetal. Durante los años sesenta, yo viví tres años en Hiroshima, y era una ciudad con unos preciosos ríos y mucha naturaleza, hasta el punto de que uno acababa dudando de que una ciudad así hubiera sido alguna vez víctima de un bombardeo atómico, si exceptuamos el 6 de agosto, el día en que se recuerda aquel hecho.

—¡Qué cosas! Me he animado un poco escuchándote. Y me ha parecido verte convertido en uno de esos portavoces que llevan esas ropas de trabajo con los colores del arco iris de la muy fidedigna y solvente Agencia Estatal de Mantenimiento de la Garantía Absolutamente Infalible de Seguridad.

—Pero tú..., y yo..., ¿quién eres tú y quién soy yo?

—...

Y ahora el régimen nos corta el suministro de víveres

2 de abril

*Consigno a continuación las tres respuestas obtenidas de Correos de Japón por las personas que amablemente accedieron a mi petición de envío de mensajes por *e-mail* y otros medios para rogar a la citada compañía (para protestar ante ella) por lo que está pasando actualmente con los envíos, que no llegan a esta zona de reclusión en interiores. Las respuestas 1 y 2 son completamente iguales y demuestran la existencia de un manual para responder a las reclamaciones. Fíjense especialmente en las partes marcadas en cursiva de la respuesta 3. Viene a decirse que a la situación actual se ha llegado siguiendo las directrices marcadas por el Gobierno. Es una estrategia orientada a promover la evacuación voluntaria. Pero lo que está ocurriendo realmente es que el 80 %, quizás el 90 %, de los residentes de la zona ha regresado y está luchando por recuperar la normalidad ciudadana. Les pido encarecidamente que traten de convencer a los organismos públicos o a las personas que llevan las riendas del gobierno para que salgan de esta ceguera.

> Respuesta 1: Le responde Ohara, del Centro de Atención al Cliente del Servicio Postal de Japón S.A[1].
>
> Le agradecemos sinceramente su nueva comunicación. En lo concerniente a su reclamación, a consecuencia del accidente en la central nuclear de Fukushima, se han designado en la ciudad de Minamisōma (provincia de Fukushima) zonas de evacuación o de reclusión en interiores, zonas de tráfico rodado limitado y otras de acceso prohibido. También han sufrido daños las instalaciones de nuestra compañía en la zona, por lo que hemos designado algunas áreas de la ciudad Zonas de Reparto Difícil, lo que significa que no podemos realizar el reparto en esas áreas. Estamos extremando los esfuerzos para hacer llegar el correo a las zonas donde se han habilitado centros de acogida para los evacuados, una vez se ha podido confirmar la presencia del receptor de la carta, pero en algunos casos nos vemos obligados a devolver el correo a sus remitentes. Esperamos obtener su comprensión al respecto.

[1] Tras la privatización de los servicios postales públicos en 2005, se creó un grupo formado por cuatro empresas, una de las cuales es Yūbin Jigyō Kabushiki-gaisha, cuyo nombre oficial en inglés es Japan Post Service Co. Ltd. Esta empresa se encarga de repartir el correo nacional e internacional. Cuenta con un capital social de 100.000 millones de yenes y casi cien mil empleados.

Respuesta 2: Le agradecemos sinceramente su nueva comunicación. Sustituyo a mi compañero Koitabashi.

En lo concerniente a su reclamación, a consecuencia del accidente en la central nuclear de Fukushima, se han designado en la ciudad de Minamisōma (provincia de Fukushima) zonas de evacuación o de reclusión en interiores, zonas de tráfico rodado limitado y otras de acceso prohibido. También han sufrido daños las instalaciones de nuestra compañía en la zona, por lo que hemos designado algunas áreas de la ciudad Zonas de Reparto Difícil, lo que significa que no podemos realizar el reparto en esas áreas. Estamos extremando los esfuerzos para hacer llegar el correo a las zonas donde se han habilitado centros de acogida para los evacuados, una vez se ha podido confirmar la presencia del receptor de la carta, pero en algunos casos nos vemos obligados a devolver el correo a sus remitentes. Esperamos obtener su comprensión al respecto.

Respuesta 3: Hemos recibido y leído su mensaje.

Tenemos que disculparnos en este caso por las molestias que le hemos causado y la desconfianza que le ha podido producir el asunto de los envíos dirigidos a la provincia de Fukushima.

Por lo que respecta a la situación del reparto en nuestra oficina de Haramachi, nuestra empresa está actuando *siguiendo indicaciones administrativas como la de reclusión en interiores* y, por tanto, sentimos tremendamente tener que decirle que hasta el momento no hay una fecha concreta para la reanudación del servicio. En cuanto a la reclamación concreta que nos ha cursado, se la haremos llegar desde nuestro centro al departamento correspondiente. No tenemos excusa por las inconveniencias que le hemos causado, pero esperamos obtener su comprensión al respecto. (Cursivas del autor.)

Anotación adicional, 4.50 de la tarde

A las 4.00 se me ha ocurrido de pronto, cansado ya de estar atrincherado en casa, acomodar a mi mujer en el asiento trasero del coche y salir a dar una vuelta por la ciudad. Como el otro día, también hoy había muchos vehículos por las calles. Se me habían acabado los chicles, así que he comprado unos en el minisúper próximo a la estación. Eran de esos que pone: «Clorets, frescura duradera: 30 minutos». Debe de ser por la edad que se me seca la boca, y los chicles de otras marcas son demasiado blandos y se me pegan a la dentadura postiza. Estos son más duros, perfectos para mí.

He salido a la plaza que está delante de la estación. La compañía ferroviaria Jōban sigue sin reanudar el servicio; y los alrededores, en silencio. Hubiera querido cruzar la vía por el paso elevado y seguir hasta la Nacional 6 para comprobar los daños del tsunami, pero a tanto no llega mi valor por el momento.

No tenía particular necesidad de hacerlo, pero me he acercado a la gasolinera para llenar el depósito, que tenía a la mitad. Solo había otros dos coches y enseguida me ha llegado el turno. La gasolina está ya a 165 yenes el litro, algo más cara que antes, pero no tanto como había previsto.

Todos han empezado a vivir su vida normal, pero el Gobierno insiste en promover la evacuación voluntaria. Maldita la gracia que me hace. Parece ser que el primer ministro Kan ha visitado hoy los lugares afectados. ¡Podía haber venido también a Minamisōma! Habría bajado de su helicóptero con gesto asustadizo, contemplado el plácido paisaje y, sin duda, gritado: «¡Ah, debo de haberme equivocado! ¿Eh, que yo no pinto nada aquí? Pues entonces disculpen, pero me marcho!». Así habrían actuado los cómicos Hitoshi Ueki y Katō Cha.

¿Qué es un país?

Impresiones varias de esta vida de trinchera, 4 de abril (vigésimo quinto día tras el terremoto), despejado

Esta tarde he visto en la televisión, por pura casualidad, a los responsables políticos de los municipios donde se ubican las instalaciones de la central nuclear, que se dirigían al ministro (no sé de qué cartera) Tadahiro Matsushita para solicitarle que implemente a la mayor brevedad posible las necesarias medidas de seguridad en la central accidentada, y para pedirle que impida el gran daño que están haciendo a los municipios más cercanos a la central los rumores que corren sobre la peligrosidad de los productos locales, y que modifique algunas políticas vigentes de prevención de desastres. Sus palabras solo pueden tomar la forma de ruegos o peticiones, he pensado, mientras contemplaba la pantalla con una mezcla de sentimientos encontrados.

Últimamente suelo pensar sobre el verdadero significado de la palabra «país». En realidad, yo lo tengo claro desde hace mucho tiempo. Escribí lo siguiente en el capítulo titulado «Patriotismo» de mi libro *Monodiálogos*, que fue publicado por la editorial Kōrosha en 2003.

> Esto es algo que he sostenido en muchos sitios. En la palabra «país» pueden distinguirse tres niveles: Estado (*state*), Estado-nación (*nation*) y país (*country*). «Estado» es un concepto jurídico y se refiere, por ejemplo, a la condición necesaria en el momento de la incorporación a la Organización de las Naciones Unidas. No salimos, pues, de un nivel fríamente abstracto, en el que ni el territorio ni el pueblo poseen caracteres individuales. Cuando llegamos a «Estado-nación», por primera vez se ve el rostro de un pueblo (etnia). Que estos conceptos no siempre coinciden lo vemos en el caso de las dos Coreas. Como etnia, son una sola, pero están divididas en dos Estados. La palabra que expresa la

> tierra y el mar que nos han criado y la sangre de nuestros recordados ancestros es «país». Sin embargo, el idioma japonés es confuso al respecto y no tiene una palabra de valor equivalente al inglés *country*. Por ejemplo, al preguntarle a un anglófono cuál es su país, usaremos la palabra *country*, nunca *state* (su sentido aquí no es el que le dan los americanos a *state*) ni *nation*.

Si pudiera añadir algo a lo anterior, diría que de la palabra española *país*, equivalente al inglés *country*, se deriva otra palabra, *paisaje*. Y lo que en japonés llamamos *aikokushin* se dice de forma muy similar en español y en inglés, *patriotismo* y *patriotism*, ambas derivadas de la bella expresión *patria*, equivalente a nuestro *sokoku* y originada en el latín *pater* (padre). Dicho de forma fácil, el verdadero patriotismo no es la lealtad hacia un Estado, sino la profunda añoranza hacia la tierra y la sangre de los ancestros, el sentimiento de profundo cariño hacia estas cosas. Yo no soy jurista ni lingüista, pero no creo que haya dicho nada incorrecto.

Dicho esto, lo indudable es que uno de los grandes problemas que se han perfilado a raíz del terremoto es qué es para nosotros un país. Como puede deducirse de lo que vengo diciendo, para nosotros, nuestro país no es el actual Gobierno, la actual Administración. Para nosotros, el verdadero país es ese bello conjunto de condiciones geográficas y climáticas (evito a propósito el término «territorio nacional») que dan cobijo a las almas de nuestros antepasados, y las gentes que viven en tales condiciones. El Estado japonés ha convertido esta bella comarca costera que llamamos Hamadōri en un enjambre de centrales nucleares. El Estado es incapaz de ver el rostro vivo de la gente. En el mapa de operaciones que cuelga en el Cuartel General Imperial[2], en esas

[2] El Cuartel General Imperial (*Daihon'ei*) fue instituido en 1893 para coordinar los movimientos de las Fuerzas Armadas japonesas ante el emperador. Fue abolido con la derrota japonesa en la guerra del Pacífico. El uso es, pues, figurado e irónico.

áreas concéntricas de 20 y de 30 kilómetros de radio alrededor de la central accidentada no se ven figuras humanas.

El país ha sufrido, por efecto de esos fenómenos naturales que son el terremoto y el tsunami, un gigantesco desastre. Aunque hay una parte de responsabilidad humana, a fin de cuentas, su origen es natural. Pero en el caso del accidente nuclear, se ponga la excusa que se quiera, es claramente un desastre causado por el ser humano, un desastre de responsabilidad humana originado en una determinada política energética del Estado. Lo que se ha visto en esta ocasión es que tanto la actuación gubernamental como las informaciones servidas por los medios de comunicación nos presentan el desastre propiamente natural y esa otra catástrofe de responsabilidad humana metidos en el mismo saco. El mejor exponente de esta tendencia es, posiblemente, nuestra ciudad de Minamisōma. Como he dicho y repetido, lo que nos ocurre es consecuencia de las necias instrucciones dadas por una Administración igualmente necia, que no se entera de lo que está pasando realmente, todo lo cual es una total falta de consideración a los pobladores de otras zonas que sí han sufrido graves daños.

Es el enfado de un abuelete de setenta y un años, exhausto de fuerzas, y que además es un verdadero principiante en todo, menos en eso de vivir con toda el alma. Un abuelete de inteligencia media o quizás inferior al promedio que tilda de tontos a gobernantes y a la elite científica.

Pero ¡qué tontos son! Unan sus voces a la mía: «¡Qué tontos!».

A propósito, el nivel de radiactividad ambiental era hoy a las 8.00 de la noche de 0,78 *microsieverts* por hora. Quizás el valor más bajo registrado hasta ahora.

Primer paseo en un mes

7 de abril (visgésimo octavo día de trinchera), despejado

Antes del gran terremoto, todas las tardes, a eso de las 2.30, iba con Yoshiko en coche al parque Yo-no-mori, donde dábamos un paseo, para después visitar a mi madre en el centro donde la atendían. Interrumpimos esta costumbre hace más de un mes. Qué rabia da todo esto. Pero el indicador de radiactividad sigue siendo bajo, sopla un vientecillo tibio y el día está perfecto para disfrutar de un paseo. Sea hoy el día de la recuperación de nuestras buenas costumbres.

Antes de ir al parque hemos comprobado si alguna farmacia había abierto sus puertas. Para ello he enfilado la calle de la estación, girado luego a la izquierda y tomado la antigua carretera nacional, en dirección a Kashima. Así dicho pensarán que es una ciudad grande, pero no lo es en absoluto. Tenemos lo que llamamos calle de la estación, que va de este a oeste, y la antigua carretera nacional perpendicular, de norte a sur. Estas dos vías, que forman una T, son las principales del municipio, que no es más que una diminuta ciudad de provincias. Y tomando la antigua nacional hacia el norte, enseguida topamos con lo que parece ser y efectivamente es una farmacia abierta que, además, tiene Serona, la pomada que buscábamos. Muy de agradecer.

En la farmacia, el dependiente, un cliente y yo hemos departido sobre lo que han sido estos últimos días, con la indefinible solidaridad de tres hombres que hubieran sobrevivido a un naufragio y charlasen ahora en una isla desierta. La farmacia ha vuelto a abrir este mes. Muy cerca de la farmacia está el Banco Jōyō, al que también me he acercado. Ayer estuve en la vecina ciudad de Sōma y aproveché para sacar dinero de una cuenta que tengo en otro banco, pero según me ha dicho una persona que andaba por ahí, aunque esta sucursal del Jōyō está cerrada, su cajero automático ya puede usarse. Tranquiliza saberlo.

Ponemos rumbo después al parque Yo-no-mori. En el aparcamiento hay dos o tres camiones de las Fuerzas de Autodefensa y vemos también por ahí a algunos soldados con aspecto de no tener nada que hacer. Tomo a Yoshiko de la mano y subimos juntos la suave pendiente. Antes del terremoto, Yoshiko empezó a inclinar el cuerpo ligeramente hacia la derecha y a andar con dificultad. Hoy camina muy despacio, pero no peor que antes. Junto al paseo circular hemos charlado un rato con una mujer de unos treinta o cuarenta años (yo suelo equivocarme bastante con la edad de las mujeres) que vivía en el distrito de Odaka[3], pero que ahora se ha mudado a las cercanías, a la casa de sus padres. Si no hubiera ocurrido el terremoto, no estaríamos hablando de este modo con personas a las que no conocemos ni siquiera de vista. Por lo que me cuenta, su experiencia es muy similar a la de un señor llamado Matsuzaki, residente también en Odaka, que el otro día envió un mensaje a mi blog.

Se han sumado al grupo dos jóvenes miembros de las Fuerzas de Autodefensa que han venido a Minamisōma a comprobar la magnitud de los daños. Les pregunto de dónde vienen, responden que de la provincia de Chiba. Les pregunto si conocen el hecho de que los valores de radiactividad registrados en esta zona vienen siendo bajos desde que ocurrió el accidente, responden que lo saben, pero que han sido destinados aquí para ayudar en las tareas de evacuación del área, en caso de que la situación empeore. Pruebo entonces a decirles mi broma acostumbrada. Que personalmente no tengo intención de dejar la ciudad, pero que si se diera el caso, espero poder ser rescatado a cuestas de los fornidos miembros de la institución y evacuado en un helicóptero. Y un reconfortante «¡muy bien!» sale de las bocas de estos jóvenes de aspecto bonachón.

[3] El distrito de Odaka (Odaka-ku) es el más meridional de los tres que componen la ciudad de Minamisōma. Debido a su cercanía a la central accidentada, registraba índices de radiactividad superiores a los de Haramachi y Kashima.

Desde hace unos días suelo reflexionar a menudo sobre lo que dijo el profesor Adachi, de la Universidad Provincial de Osaka. Este profesor fue compañero de estudios de un exalumno mío. Se trata del problema de si se ha obrado correctamente trasladando a tantos enfermos y ancianos de hospitales y residencias de Minamisōma y otros municipios comprendidos en el círculo de los 30 kilómetros de radio, a otros centros de atención situados fuera de ese círculo. Dice el profesor Adachi que aunque, por ejemplo, existiera el peligro de que esas personas desarrollasen cánceres como consecuencia de su exposición a la radiactividad, eso ocurriría quizás decenas de años después, siendo la probabilidad de que tal cosa ocurriera extremadamente baja, y se pregunta si los daños reales que se han producido trasladando a esos enfermos y ancianos no serán incomparablemente mayores. Aunque todavía no tenemos las estadísticas, sabemos que han muerto ya decenas de personas como consecuencia de los traslados y el número será con toda seguridad de tres dígitos. Se ha obrado, pues, de la forma más necia y con la mayor imprudencia. Habrá que analizar exhaustivamente este asunto.

Mi madre estuvo de acuerdo en ser trasladada a Towada y además se fue muy contenta, porque sabía que estaría en la casa de su querido hijo mayor y porque, además, la acompañaba su queridísima biznieta, y aun suponiendo que hubiera sucedido algo como que ella hubiera muerto en mi casa de Minamisōma por falta de un médico que la asistiera, habría sido en la casa que ella misma hizo edificar, rodeada por sus seres queridos, y eso es una espléndida forma de morir, es para darse por satisfecho, es más que suficiente. No es que se lo haya preguntado directamente a mi madre, pero estoy seguro de que eso es lo que pensaba.

El cansancio del largo viaje hizo mella en mi madre, pero me dicen que poco a poco va recuperándose. Cuando pienso en todos esos ancianos que han sido llevados a los centros de acogida sin entender bien qué es lo que estaba pasando, me embarga una tristeza insoportable, porque es deplorable lo que ha ocurrido, y me hace sentir una indignación sin límites. Ruego por que estas personas puedan volver a sus casas cuanto antes, hoy mejor que mañana. A ver, ¿me habéis oído, personalidades del Gobierno, jerarcas de la TEPCO, señores de la Agencia de Inseguridad? (¡Por supuesto que no oyen, eso es lo que da rabia!)

¿Agotado? Un poquito

8 de abril

Sinceramente, el terremoto de anoche, que fue demasiado grande para ser una simple réplica del que ocurrió el 11 de marzo, me ha pillado desprevenido ahora que intentaba reintegrarme a la vida normal. Me ha bajado los humos, cómo lo diría, me ha afectado. Utilizando un giro muy de moda, diría que «ha sido una experiencia un tanto frustrante».

Por decirlo de forma más exacta, creo que hasta ayer me encontraba, en cierto sentido, en un estado de exaltación anímica, aunque no fuera consciente de ello, y ayer, justo cuando ese alto voltaje anímico empezaba a relajarse y estaba retornando una sensación más cotidiana, aquella inesperada sacudida me tomó por sorpresa.

Esta mañana, al despertarme, seguía en ese estado, incluso ahora sigo en él, sin encontrar fuerzas para hacer nada. Pero no puedo permitirme estos lujos. En sitios como los centros de evacuación se viven momentos insólitos mucho más duros; hoy es viernes y mi amigo Nishiuchi estará ayudando a los voluntarios a distribuir los víveres. ¿Y qué hago yo aquí, quejándome de vicio?

Sí, la batalla decisiva empieza ahora. Las llamadas telefónicas y los *mails* para infundirme ánimos empezarán a escasear; irá descendiendo gradualmente el número de personas que visitan mi blog *Monodiálogos*. Ahora viene lo difícil.

Van a dar las 6.00 de la tarde. Desde la mañana, ha sido un día de tiempo indefinido, pero al atardecer, el cielo de poniente se ha teñido ligeramente de rojo. Este segundo día tras la recuperación de nuestro paseo diario no he encontrado fuerzas para salir, pero, de todas formas, mañana saldremos otra vez, después de haber comprobado bien la dirección del viento. Tengo un montón de cosas que hacer: seguir con la impresión y encuadernación casera de mis libros, ordenar los libros que volví a colocar de cualquier forma en las estanterías tras el terremoto, lavar la ropa...

Kudakete ataru

9 de abril

Seguramente, en la vida hay enemigos contra los que hay que luchar sin vacilación. Enemigos que no necesariamente son personas. Pueden ser cosas como la injusticia, males sociales como la pobreza. Pero ¿y la enfermedad? Los avances médicos han permitido tomar medidas preventivas, acabar con determinados gérmenes patógenos, y reducir así nuestros padecimientos. Sin embargo, como ocurre con las nuevas formas de gripe, el enemigo también evoluciona, así que la lucha no tiene visos de terminar nunca. O sea, que del mismo modo que la eterna juventud es un sueño irrealizable, es imposible vencer completamente a la enfermedad y a la muerte.

Lo ilustraré con un ejemplo personal, aunque todo lo que escribo lo es. Mi esposa padece probablemente una demencia precoz. Lo digo de esa forma ambigua porque no le ha sido diagnosticada formalmente por un médico. Cuando, hace años, deduje de ciertos síntomas que era eso lo que le pasaba, no se me ocurrió llevarla a un médico para que la reconociese. Sabía que no existían medicinas eficaces, ni soluciones quirúrgicas, no al menos en la fase de desarrollo en que se encontraba. Pensé que no necesitaba un sello oficial que confirmase lo que tenía mi esposa. En este punto, mi pensamiento sea quizás diferente al del común de la gente.

Posiblemente, ante un caso así, mucha gente habría optado por acompañarla a un especialista, tras lo cual, para obtener una confirmación del diagnóstico, la habría llevado a un gran hospital universitario y luego a otro, y a otro más, eligiéndolos por su prestigio o por los comentarios que oye de la gente. La ansiedad, el nerviosismo inherentes a esta experiencia no son fáciles de sobrellevar. El agotamiento mental se iría acumulando.

Ahora ya no me acuerdo muy bien de aquellos momentos, pero dicho en pocas palabras, me resigné. Pensé que era inútil resistirse, que no había remedio, que las cosas había que tomarlas como venían. No creía que mi decisión fuese absolutamente correcta, ni lo creo ahora. Pero para mí, tal decisión fue algo perfectamente natural, una conclusión lógica. Y a partir de ese momento he puesto todo mi empeño en que ni mi esposa ni yo mismo enfermemos ni suframos accidentes. Porque si mi esposa tiene que ser hospitalizada, sus síntomas se agravarán rápidamente; y si yo enfermo, no podré cuidarla.

Así pues, más que la expresión *atatte kudakeru* («lanzarse a por todas», aunque a consecuencia del choque salga uno hecho trizas) lo que ha calado en mí es una versión invertida de la misma, que sería *kudakete ataru* (una vez recibido el castigo, lanzarse a por todas). Esto de *kudakete ataru* quizás se lo haya copiado a mi admirado escritor Toshio Shimao. Es que a mí me parece que, cuando el enemigo es inmensamente superior, mejor que lanzarse contra él, arriesgándose a quedar hecho trizas, es adoptar una posición baja, flexionando las rodillas, para amortiguar el impacto de la serie de violentos golpes que se nos viene encima, y reducir los daños al mínimo. Dicho de una forma más vulgar, «El que ríe último, ríe mejor».

Un tío mío murió de pulmonía siendo todavía joven. Cuando veía retransmisiones en directo de béisbol juvenil, se enfadaba mucho al oír a algún comentarista elogiar la tenacidad de los jóvenes procedentes de escuelas de la región norteña de Tōhoku. Llegó a decir, en referencia a su propia ciudad natal, Sōma, que era «el cáncer de Japón». Pero a mí siempre me parecía que tras esas palabras alentaba un gran cariño hacia su tierra.

No sé por qué, pero se me ha quedado grabada en el recuerdo una escena de la telenovela *Kita no kuni kara*, en la que el personaje Seikichi Kitamura, interpretado por Hideji Ōtaki, dice que ante la inminencia de una cosecha desastrosa, los campesinos de la aldea de Rokugō ríen despreocupadamente. Ríen por no llorar su desgracia. Pero no es que hayan perdido todas las esperanzas. Ríen despreocupadamente pero no se rinden, no se arredran. A su manera, están urdiendo su respuesta.

Que este accidente nuclear no haya sido ni un desastre natural ni una enfermedad, sino una catástrofe causada por el hombre, por hombres necios, potencia la indignación que sentimos, pero desde la perspectiva de que nosotros, los que vivimos aquí, no podemos hacer nada al respecto, no se diferencia tanto de un desastre natural. En estas circunstancias, como vengo diciendo, no hay vergüenza que valga, no hay que pensar en el qué dirán, hay que tragarse el orgullo, reunir a los sabios del mundo y tomar todas las medidas que sea posible tomar. Estando como estamos en el centro de las miradas del mundo, yo creo que hasta esos señores tan tontos tendrán que tomarlas. En cualquier caso, lo que por el momento me corresponde hacer a mí no es reír o llorar al ritmo que marcan las noticias sobre la central accidentada, sino labrar en silencio el poco campo que, en cualquier caso, me queda (lo poco que me resta de vida), mientras voy comprobando los datos objetivos, como si realmente creyera que todo se dirige hacia su solución. Por cierto, a las 8.00 de esta noche, el indicador marcaba 0,68 *microsieverts* por hora, un nuevo mínimo.

No entraba en nuestras previsiones

10 de abril, despejado

Hacía mucho que no teníamos un tiempo tan bueno. Salgo a pasear con Yoshiko después de comer. Me enteré (me lo dijo el director de la oficina de correos de una ciudad vecina) de que el correo está llegando ya a la oficina de nuestro barrio, Haramachi, así que por el camino llamo por teléfono y me informan de que ha llegado una postal para mí de la periodista Naoko Satō. Me paso por la oficina. No es en la ventanilla del servicio nocturno, que da a la calle, donde tengo que recoger la postal, sino en una oficina provisional habilitada en una construcción prefabricada en el patio, que normalmente sirve como lugar de carga y descarga de paquetes y otras cosas. Es una habitación alargada con una mesa igualmente larga en el centro, atendida por cuatro o cinco empleados. Les doy mi nombre y mi dirección, y les digo que debe de haber una postal para mí. Me dan un papelito y me piden que escriba en él esos mismos datos. Lo hago y se lo entrego al encargado, que pasa a la habitación contigua y vuelve poco después con la postal. Me dice que tengo que mostrarle alguna identificación. ¿Se le pide eso a un soldado que recibe en el frente correo procedente de su país?

Quizás la comparación sea un poco desmedida. Quiero decir que si, por ejemplo, se trata de un envío certificado de dinero en efectivo, de un sobre con la indicación de «correo confidencial» o de algo por el estilo, el receptor, lógicamente, deberá enseñar algún documento que acredite su identidad. Pero acaban de reabrir la oficina después de un mes de abandono unilateral de sus funciones. ¿No hay alguna forma un poco más humana de tratar a la gente? Puede que les parezca demasiado quisquilloso, pero ese sello de 50 yenes que se pega o va impreso en la postal, ¿no es una tarifa que incluye el servicio de reparto y entrega en el domicilio del receptor? Han reabierto la oficina después de causar mil y un problemas a los usuarios de su servicio. ¿No sería lo más correcto empezar por presentar sus excusas ante el usuario?

Ante una alegación semejante, el empleado, probablemente, respondería algo así: Si entregase la postal a la persona equivocada, podría haber una reclamación y eso hay que evitarlo. Esa sería la respuesta, siempre dicen lo mismo. Vamos, que lo que les inspira un miedo cerval no es el propio hecho de equivocarse, sino que se les pidan responsabilidades. En nuestro Japón de hoy en día no existe un simple dependiente, ni un empleado de correos, ni de ferrocarriles, ni de cualquier otra empresa que sea capaz de decir: «¡Está solucionado! Quédese tranquilo que, por lo que respecta a este caso, asumo todas las responsabilidades!». ¡Ah, este Japón tan seguro, tan cumplidor...!

Si se trata de producir artículos estandarizados, estamos a la cabeza del mundo. Como ejemplo, este que pongo ahora podría ser un tanto insignificante, pero les diré que es fácil abrir un paquete de tabaco hecho en Japón, aunque estemos totalmente a oscuras, ya que el corte de la tira (¿se decía así?) que permite meter la uña para rasgar el plástico que envuelve el paquete está siempre, exactamente, en el mismo sitio. Eso, por ejemplo, en España, por decir un país, podría resultar más difícil. Porque el lugar del corte podría variar ligeramente de un paquete a otro, haciendo de la operación de extraer el primer pitillo en la oscuridad un arduo trabajo.

Del mismo modo que el tabaco, en Japón, todos los mecanismos sociales están hechos esmeradamente y de una forma que los hace muy seguros. Esto incluye también a los seres humanos, porque es grato poder decir que la seguridad ciudadana está, quizás, al nivel más alto del mundo. No, no era mi intención ponerles pegas a estos hechos. Lo que quiero decir es que Japón está concebido de una forma tan cómoda y segura, que ante las cosas que no entran en las previsiones[4] estamos totalmente indefensos.

[4] La expresión *sōteigai* («fuera de lo previsto», «fuera de los supuestos manejados»), en referencia a la magnitud del tsunami, que, efectivamente, superó todas

Un exponente es el empleado de Correos que me ha atendido hoy. No tiene esa capacidad de juzgar y decidir instantáneamente, ni esa capacidad de obrar de acuerdo a las circunstancias de las que debería estar dotada por naturaleza toda persona madura y normal. Si habláramos de una jovencita mona de las que atienden en una tienda de comida rápida (si bien no todas son monas) que se guiase por un manual para atender al cliente todavía sería aceptable, pero estamos hablando de todo un adulto, que quizás tenga esposa e hijos mayores, y que es incapaz de decidir o de atender de forma razonable y rápida en una situación de emergencia como esta.

¿Les parece que de pronto estoy tratando de abordar problemas demasiado grandes? Bueno, en realidad, el problema de la forma de atender del empleado de Correos no era mi punto de partida. Lo que alarma es que se esté usando con tanta frecuencia la expresión «fuera de lo previsto», «fuera de los supuestos manejados», en referencia al gran terremoto de marzo, o, por decirlo claramente, en referencia a todos los fenómenos (otra palabreja en boga) relacionados con el accidente en la central nuclear. Me he preguntado cuál será la raíz de esto que está pasando y hoy, por fin, he encontrado la respuesta. He dado en pensar que el problema no es otro que la forma en que nos hemos acostumbrado a esta sociedad tan estandarizada, que se guía tanto por manuales, que es tan segura, tan infalible todo lo cual, por otra parte, no es malo en sí mismo.

Lo vemos en el asunto que cité hace unos días de los helicópteros de las Fuerzas de Autodefensa que nos regaban con agua desde el cielo. Me quedé estupefacto al saber que interrumpían esa operación cuando los niveles de radiactividad superaban los límites establecidos en sus reglamentos internos. Se me ocurrió pensar que quizás también en la primera reacción tras el accidente nuclear, al encontrarse ante una situación diferente

---

las previsiones, fue muy utilizada por los responsables de TEPCO, operadora de la central Fukushima Daiichi, durante las semanas que siguieron al accidente.

a la prevista en los reglamentos internos, fueron incapaces de actuar como dice la lógica que deberían haberlo hecho. Es posible que, aunque dentro de esa organización se estuviera procurando actuar de forma unificada, al verse obligados a hacer labores conjuntas con otras organizaciones distintas, algo que quedaba fuera de sus supuestos, no consiguieran la imprescindible confianza mutua y se vieran obligados a moverse de forma descoordinada. ¿No será que los sistemas de gestión empresarial japoneses (por ejemplo, el *ringisho*[5]) son totalmente inútiles ante una situación que se sale de lo previsto? En estas situaciones se descubre las contraindicaciones que tienen los sistemas en que los subordinados o los encargados de una determinada función tienen que obtener la autorización de sus superiores para dar cualquier paso, aunque estos sistemas puedan funcionar satisfactoriamente en circunstancias normales.

No era mi intención abordar problemas de esta envergadura. Pero es que quiero que mi amado Japón, como sociedad, y los japoneses, como personas, se conduzcan con aplomo y serenidad, y además de una forma humana, en situaciones ordinarias y, sobre todo, en las extraordinarias. Estamos pagando un alto precio, un precio realmente «fuera de lo previsto», pero de ninguna forma podemos desaprovechar las experiencias que nos ha deparado este gran terremoto.

Hoy, de nuevo, una mediocre banda musical repite una y otra vez en televisión esa cancioncilla estúpida que dice «*Fukushima wa suki!*[6], *Oh, I want you, baby!*». ¡Que no somos *babies*, a ver si os enteráis, *babies*!

[5] El *ringisho* es una circular que una organización envía a sus responsables para recabar su conformidad en torno a una propuesta y evitar así tener que celebrar una reunión formal de los órganos colegiados de decisión. Si bien hace posible una gran rapidez operativa, fomenta la falta de transparencia y de debate.

[6] «¡Me gusta Fukushima!»

Escatología

11 de abril

Después del gran terremoto, continuamente estoy sintiendo que todo se mueve. A veces me pregunto si no serán imaginaciones mías, pero no, casi siempre resulta que esto se mueve de verdad, o luego me entero de que, efectivamente, se estaba moviendo. Quiero pensar que la corteza terrestre no ha tenido tiempo para asentarse después el cataclismo, que con los temblores que se suceden va reasentándose; pero para tratarse de una cosa así, el terremoto del otro día fue realmente fuerte y el de hoy no lo ha sido menos. Creo que los sismólogos ya nos habían dicho que tras el gran terremoto se alternarían réplicas grandes y pequeñas insistentemente a lo largo de todo un mes, pero tengo que decir que esto me está cansando, que ya he tenido suficiente.

Especialmente en momentos como la tarde de hoy, con el último temblor fuerte todavía fresco, cuando las nubes cubren lúgubremente la totalidad del cielo, cruzan por mi cabeza ideas como la de que nos dirigimos directamente hacia el fin del mundo y otras ocurrencias indeseables. Me da la sensación de que resuenan ecos del canto gregoriano *Dies irae*. Todo lo cual son puras mentiras, o cosas que se dicen. Porque no cabe esperar que de pronto suene una música ambiental tan de tu gusto. Pero ya que he traído a colación un tema como el escatológico, hoy me voy a tomar la libertad de olvidar todo escrúpulo y lanzarme sobre él. Le he dado al interruptor y el artilugio está en marcha. Ya es demasiado tarde para impedir que exponga cierto tema que tenía reservado.

Como es sabido, la escatología es un pensamiento que se da sobre todo en el seno del judaísmo y del cristianismo en torno al destino último del ser humano y del universo. En inglés, en francés y en otras lenguas europeas se usan palabras de la misma raíz, que adoptan formas escritas similares al inglés *eschatology*. Hablar de «destino último» es hablar de en qué se convierten finalmente las cosas, y lo que comemos se convierte, lo sabemos, en excrementos, pero, quizás porque se consideró inaceptable mezclar algo tan sublime como el pensamiento religioso con los excrementos (esto son meras suposiciones mías carentes de rigor lingüístico), el término que designa el estudio de los excrementos se escribió, robándole dos letras a la forma anterior, *scatology*. Aunque, reducido a su esencia (lo dicho: el asunto de en qué se convierte todo al final) ambas cosas son lo mismo. ¿No decimos en Japón, cuando pisamos una caca de perro, que ese hecho simboliza que se terminó nuestra suerte[7]? ¿Que no lo decimos? Vaya.

Ahora bien, en España, único país de Europa en cuya historia se entrelazan cristianismo, judaísmo e islamismo, esto no es así. Dicho de forma fea, se confunde el culo con las témporas, porque tanto *eschatology* como *scatology* se escriben en español «escatología». Y si creen que miento, consulten un diccionario.

En Francia, país del marqués de Sade, hay muchas obras literarias de gran sensualismo, de gran voluptuosidad, que excitan de alguna extraña forma la corteza cerebral. Pero en España, aunque cabría pensar que existieran obras propiamente pornográficas, no se ha desarrollado demasiado ese sensualismo literario al estilo francés. A cambio, en *El Quijote*, hay una escena en que Sancho defeca asido a un grueso madero, bueno, no estoy muy seguro de si existe o no tal escena, podría comprobarlo si quisiera, pero me da pereza.

Aun así, uno de mis predecesores en el estudio de la literatura española e hispanoamericana, considerado una gran autoridad, censura el hecho de que en mis escritos suela estar presente lo escatológico, dándole a la palabra el segundo de los sentidos referidos. Ah, a esto es a lo que iba, pensará alguno al leer esto. Pero es que para mí, que salga o no salga es una cuestión de primera importancia. Mi esposa no puede expresar verbalmente su voluntad. Es, por tanto, imposible saber si cuando la siento en el retrete, serán mayores o menores las aguas que haga. Incluso hay

[7] El autor pretende aquí desconocer que la creencia es precisamente la contraria.

casos en que tras una infructuosa espera de 10 minutos no sale ni lo uno ni lo otro. Así que lo único que puedo hacer es aguzar el oído y juzgar si se oye el ruido de algo que fluye o de algo que cae al agua. ¿Saben ustedes la alegría que se experimenta? No es lo que contaba Tora-san en sus cháchараs de vendedor ambulante, cuando decía aquello del agua que corre...[8], pero sí, algo parecido. Y cuando ocurre, para mí representa la culminación de una de las tareas fuertes del día.

Qué ordinarieces, dirá alguno, qué groserías (es lo mismo), dirá otro, pero no es eso, sino un asunto de la mayor importancia. Para mí, el resto de las cosas depende de eso. Si va bien (si sale), para mí es una bendición, ya se me puede venir encima cualquier cosa, porque un humor positivo recorre todo mi cuerpo. El otro día la tierra tembló justo cuando los dos nos encontrábamos en el escusado. Por un momento sentí una gran resistencia a morir en un sitio así, pero también sentí que resultaba perfectamente coherente afrontar precisamente ahí mi (escatológico) destino. ¡Oh, seísmos! ¡Oh, temblores de la tierra! ¡Poco temor me inspiráis al lado del que me hace sentir el destino último de este matrimonio!

Las madres de Tōhoku

12 de abril

A veces se me aparece la imagen de aquella anciana que, pese a vivir en Futaba[9], municipio comprendido en el círculo de 10

[8] Tora-san, el señor Tora, es el locuaz, entrometido y entrañable castizo de Tokio interpretado por Kiyoshi Atsumi que protagoniza la serie televisiva *Otoko wa tsurai yo* (1968), cuyos capítulos han sido llevados al cine a lo largo de decenios.

[9] En el municipio de Futaba (Futaba-machi) se ubican dos de los seis reactores de la central nuclear accidentada, Fukushima Daiichi. Los otros cuatro se ubican

kilómetros de radio alrededor de la central accidentada, se negó a evacuar su casa, cosa que hizo saber de la forma más cortés, antes de cerrar la puerta, a los funcionarios del ayuntamiento que habían ido a recogerla. No sé qué habrá sido de ella, pero la firmeza de su actitud se me quedó grabada en el corazón.

Creo recordar que en esa misma casa yacía un anciano enfermo. Ante las palabras de la señora, que insistía en que ella se quedaba por propia voluntad, los funcionarios, desconcertados, musitaban algo así como, «Pero ¡señora, por favor, que el problema no es ese!».

No es, pero sí es. Funcionario: ni por la educación que has recibido, ni por las experiencias que has podido tener hasta ahora, estás en condiciones de comprender las palabras de la anciana. Aquí queda expuesta en su extremo, en sus límites, la relación entre individuo y Estado; dicho de otra forma, el problema último de hasta dónde puede interferir el Estado en la libertad del individuo. Es un caso totalmente diferente del que se daría si de la permanencia de la anciana en el lugar se derivasen daños a terceras personas, o si la anciana sufriera alguna enfermedad contagiosa. Tampoco sería lo mismo si manifestase a las claras su intención de suicidarse, en cuyo caso cabría ponerla bajo vigilancia forzosa. Se trata de algo diferente.

Vienen a mi mente aquellas palabras que continuamente estaban en boca de la gente cuando ocurrió otro caso que puede parecer inverso a este, pero que en el fondo tiene mucho en común con él. En relación con un joven japonés que en cierta región del mundo de alta peligrosidad había sido secuestrado[10],

---

en el municipio vecino de Ōkuma (Ōkuma-machi). Ambas localidades, junto con otras seis, forman el distrito rural de Futaba (Futaba-gun).

[10] El autor se refiere al japonés de veinticuatro años, posiblemente un joven turista, secuestrado en octubre de 2004 en Irak por el grupo terrorista Al Qaeda en Irak (AQI por sus siglas en inglés). AQI exigió por internet la retirada en un plazo de 48 horas de los efectivos de las Fuerzas de Autodefensa de Japón que colaboraban con los aliados en actividades humanitarias. El gobierno de Jun'ichirō Koizumi se negó a negociar con los terroristas y cuatro días después el cadáver

la gente decía, el país como tal decía, que el joven obraba «bajo su entera responsabilidad». En el caso de la anciana, vemos la intención de un Estado que parece dispuesto a poner a salvo a esa persona incluso en contra de su voluntad; en el del joven, vemos la voluntad de Estado, que fríamente se desembaraza de alguien que lo ha desobedecido. En este caso, conscientemente, hablo de «Estado» en oposición a individuo, no de «país». Este «Estado» señala a los gobernantes de ese momento, al primer ministro y todos sus subordinados que hacen suya la voluntad de Estado o la encarnan, sosteniendo el régimen vigente.

No sé qué ocurrirá en situaciones extraordinarias, como cuando se proclama la ley marcial, pero aunque se trate de situaciones normales, en tanto no se viole la ley, la relación entre el Estado y el individuo es la que entablan el protector y su protegido, es decir, una relación muy de agradecer. Normalmente no somos conscientes de esto, pero para una persona que viaja por el extranjero es muy tranquilizador el texto que aparece en el pasaporte: «El ministro de Asuntos Exteriores de Japón solicita a todos a quienes pueda incumbir que permitan al portador, ciudadano japonés, circular libremente y sin impedimentos y, en caso de necesidad, que le ofrezcan cualquier posible ayuda o protección». ¡Qué respaldo tan alentador!

Sin embargo, solo con que esa persona pretenda oponerse a la voluntad de Estado, pretenda cometer un delito o hacer algo similar, inmediatamente el Estado se convierte en algo así como una fila de agentes de una unidad antidisturbios pertrechados con fríos escudos de duraluminio, o en alguien que nos detiene poniéndonos las esposas.

En condiciones normales no somos conscientes de la enorme distancia que indiscutiblemente existe entre el Estado y el individuo. En el antiguo estado de Manchukuo, cuando terminó

del joven apareció degollado en Bagdad. Su identidad no fue revelada. Días más tarde, AQI difundió por internet la escena de su asesinato, que se perpetró situando al joven sobre una bandera de Estados Unidos.

la guerra, muchos japoneses que habían sido enviados como colonos vivieron la dura experiencia de ser abandonados a su suerte por el Ejército Imperial que huía en desbandada, aunque mi familia, que vivía en el apartado pueblo de Rèhé, se libró por fortuna de esa tragedia. Una tragedia similar se vivió durante la batalla de Okinawa. En resumidas cuentas, el Estado no ve de forma individual a cada uno de los ciudadanos. Al trazar las líneas de los 20 y de los 30 kilómetros alrededor de la central nuclear, no cabe esperar que el Estado vea las caras de personas, como la anciana de Futaba. La relación entre Estado e individuo es así desde el principio.

Quizás deba considerarse lógico que, cuando los responsables políticos de las provincias y municipios afectados por el desastre piden ayuda para la reconstrucción, esa petición tome la forma de una súplica al primer ministro o a los titulares de los ministerios implicados en esas tareas. Sin embargo, que después de un gran accidente acarreado por la falta de previsión en la política energética del Estado, solo haya un saludo con una leve reverencia... Es entonces cuando la veo. Entonces surge la imagen de aquella anciana. Aunque no habría que llamarla de esa forma tan aséptica, sino *bappa-san*[11].

Bappa-san, ¿qué ha sido de usted? Yendo un poco hacia el sur desde el lugar donde vive, a las afueras de la ciudad de Iwaki había otra admirable *bappa-san*. Ya murió. ¿La conoció usted? Me refiero a Sei Yoshino[12], de Kikutake-yama. Si viviese, con toda

11 En ciertas regiones del norte de Japón, «mamá», «madre». En Japón, palabras como «madre» o «esposa» se utilizan para designar a personas de una cierta edad, aunque no se tenga relación familiar con ellas. El autor utiliza esta voz dialectal para referirse a su madre a lo largo de todo el libro.

12 Sei Yoshino (1899-1977), despuntó desde joven por su buena pluma, pero tras casarse con un poeta, renunció a seguir su vocación y se dedicó a la crianza de sus seis hijos y al duro trabajo del campo en condiciones de gran pobreza. A la muerte de su marido, cuando ella contaba setenta años, retomó su labor creativa. *Susubana wo tarashita kami* (El dios mocoso), que publicó a la edad de setenta y cinico años, obtuvo el Premio Sōichi Ōya de obras de no ficción.

seguridad ella le habría hecho llegar su solidaridad. También mi *bappa-san*, que va a cumplir noventa y nueve años, le enviaría a usted un mensaje de apoyo si le explicásemos bien su caso. Al lado de esos hombres tan dejados, que tan fácilmente tiran la toalla, ustedes, las *bappa-san* de Tōhoku, están hechas de otra fibra. Tienen dignidad y saben luchar.

¡Ay, *bappa-san*! ¿Y su marido, cómo se encuentra? ¿Le ha preparado también esta mañana esa sopa de *miso* bien espesa que hace con las pocas verduras de su huerta que deben de quedarle? A ver si de alguna manera se las arreglan para salir vivos de esta. Si hay ocasión, me encantaría ir a conocerla.

¿Cuántos *sieverts* marca mi calentador interior?

13 de abril

Desde antes del gran terremoto, mi esposa vacilaba un poco al andar. No solo eso: tanto al andar como sentada inclinaba el cuerpo hacia la derecha. El verano del año pasado se sometió a una operación quirúrgica de seis horas de duración, que resultó exitosa, por una vértebra que tenía dañada. Yo me conformaba con que, al menos, pudiera volver a caminar, pero últimamente no las tengo todas conmigo. Me dijeron que la clínica ortopédica que acaban de establecer en la zona oeste de la ciudad había empezado a atender otra vez, así que ayer probé a llamar. Una grabación dice que la atención comienza el día 18. De modo que no atienden todavía. Llamé también, sin ninguna esperanza, al hospital de Ōmachi, que, para mi sorpresa, resultó estar funcionando desde el día 4 de este mes. Además, en la sección de Ortopedia están los doctores Sasaki e Iizuka, que fueron quienes operaron a Yoshiko. Ambos están atendiendo a los pacientes externos. ¡No lo sabía!

Hoy ha hecho buen tiempo desde la mañana, con la temperatura en continuo ascenso. Después de desayunar hemos ido rápidamente al hospital. La entrada principal permanecía cerrada y provisionalmente se está usando la puerta del lado este, la de Urgencias.

Una vez dentro, la sala de espera y los pasillos mostraban la animación acostumbrada. Pero las conversaciones que he mantenido en el pasillo de Ortopedia, mientras esperábamos, han girado casi todas en torno a los daños causados por el tsunami y la dura experiencia de vivir en uno de esos refugios. Nos ha tocado el turno antes de lo que pensábamos. Después de intercambiar saludos con el doctor Sasaki, a quien no veíamos desde hacía mucho tiempo, este la ha examinado. Ha dicho que parecía tener algo rígidos los músculos del hombro derecho, y que iba a hacerle una radiografía. Pero aunque llevaba algún tiempo esperando a que saliera Yoshiko, la puerta de la Sala de rayos X no se abría. Como me temía, Yoshiko era incapaz de comprender las instrucciones y el médico ha tardado algún tiempo hasta poder colocarla en la posición adecuada.

Otra vez en la consulta del doctor Sasaki, hemos visto las radiografías. No, en la zona operada no se ve ningún problema. Me ha aconsejado que la lleve a que le examinen el cerebro, en la sección de Medicina Interna. No merece la pena que les informe a ustedes de todos y cada uno de los pasos que hemos dado, pero, en conclusión, le han hecho una tomografía computerizada del cerebro y otro médico también apellidado Sasaki, este de Medicina Interna, me ha comentado los resultados. La demencia precoz está bastante avanzada y se aprecian grietas en el lóbulo frontal y en el hipocampo. Me ha recomendado que la lleve a Neurocirugía (¿?) para un examen más detenido, pero, en vista de que no hay fármacos efectivos, he decidido no llevarla a que la reconozcan de nuevo. Me ha recomendado, finalmente, ejercicio físico y conseguir que se interese por las cosas que salen en la televisión o por cualquier otro asunto. Me he dado cuenta de que en la carpeta del historial médico de Yoshiko que sostenía el doctor había una fotocopia de un artículo del periódico *Tōkyō Shimbun*. Era la entrevista que me hizo la periodista Naoko Satō y que apareció en el número del 22 de marzo. Yo se la había enviado como saludo, o como estimulante, al doctor Sasaki de Externa, y este la había fotocopiado y distribuido rápidamente entre los médicos del hospital.

En resumen, el problema de Yoshiko no exige una nueva intervención quirúrgica, con lo que me he quedado algo más tranquilo.

Tras volver a casa y comer, con renovados ánimos (¿?), hemos salido a dar un paseo, pasando primero por la oficina de correos, donde ha ocurrido un incidente que me ha puesto a toda potencia lo que yo llamo el «calentador automático» interior, algo que no me ocurría en mucho tiempo. Voy a tratar de resumirlo. Ayer, mi amigo Nishiuchi se prestó a ir a la oficina de correos de la vecina ciudad de Sōma para recoger un pequeño paquete con una pomada que me enviaba mi hija. Le dijeron que el paquete no había llegado, pero luego llamaron por teléfono para decir que sí, que lo tenían. Eso ya me enfadó. Pero es que, además, me dijeron que podría venir a recogerlo aquí, a la oficina de Haramachi, hoy a las 9.00 de la mañana. Voy a la oficina y el paquete no está. Ha entrado en ebullición el agua de mi calentador automático interior: a saber hasta cuántos *kilosieverts* ha subido el indicador. «¿Qué has dicho? ¡Ya puedes ir a mirar otra vez!», le he espetado al encargado, para añadir luego alguna otra cosa de la que no quiero acordarme.

Y un ratito después aparece el mismo señor, con aire incómodo, portando el sobre en el que iba la medicina y un *Tōkyō Shimbun* enrollado que me enviaba Naoko Satō. Al entregármelo, vuelta a lo mismo: que tengo que estampar mi sello personal o firmar. Otra vez siento que se pone en marcha el calentador. «Pero vamos a ver, ustedes, que no están cumpliendo con su principal tarea, que es hacernos llegar el correo, ¿cómo pueden dedicarles tanto tiempo a estas minucias de los sellitos y las firmitas? ¡Un poco más de seriedad, por favor! ¿No eran ustedes los que tanto hablaban de la importancia de un buen servicio?» Con las dos ebulliciones, mi calentador ha empezado a echar vapor acompañado de un silbido, pero de él ya no brotaban palabras.

Pero en el parque de Yo-no-mori los cerezos *sakura* estaban ya muy cerca de su plena floración. ¡No vean lo bonitos que estaban! Un señor mayor que andaba por ahí (bueno, en realidad, un señor de mi edad) decía que ya estaba de vuelta en su casa, que había dejado el refugio donde tan mal lo había pasado. Se maravillaba, sonriente, de cómo habían florecido los cerezos también este año. Es cierto: mirando de reojo los estúpidos escándalos humanos (no me refiero a los daños del terremoto ni del tsunami, me refiero al escándalo nuclear, al de los sujetos que han causado y siguen causando todo este fastidio), la naturaleza sigue mostrándonos, como cada año, su graciosa y elegante sonrisa. ¡Qué gratitud se siente ante estos árboles! ¡Qué conmovedores son!

Preguntas sin respuesta

14 de abril

¿Cómo hemos encajado el gran terremoto y el subsiguiente accidente nuclear? ¿Cómo hemos reaccionado a estos hechos? Cada cual a su modo y todos de un modo diferente. Se ha puesto de relieve lo diferentes que somos todos en estos casos, según cuál haya sido la magnitud de los daños recibidos, las relaciones familiares y el resto de las relaciones humanas, e incluso según el momento en el que le llegan a uno estas cosas. La parte más grave del desastre sigue todavía en progreso, así que es difícil juzgar qué elección ha sido la más correcta y cuál la menos adecuada, pero personalmente no tengo ninguna intención de meterme a juzgar esas cosas, ni ahora ni en el futuro. Porque todas las personas que se han visto envueltas en esto son de alguna forma víctimas. Por supuesto, como vengo diciendo, el accidente nuclear ha sido un desastre causado por el hombre y en adelante habrá que depurar responsabilidades con el máximo rigor y si es necesario, ante la ley. Eso no hará falta decirlo.

Pero ahora estoy pensando en lo ocurrido tras el accidente nuclear, o sea, en la reacción de la gente ante las indicaciones de desalojo o reclusión en interiores dadas por el gobierno. En el círculo de 20 kilómetros de radio en torno a la central, se dieron instrucciones para desalojar totalmente el área y ahí no hubo margen de elección, aunque sí algunos casos excepcionales, como el de la anciana de Futaba de la que he hablado anteriormente. Una vez evacuada el área sí que hubo diversas posturas, ya que conforme iba pasando el tiempo e iban cambiando las circunstancias, o precisamente porque las circunstancias no cambiaban en absoluto e iban exasperándose los ánimos, algunas comunidades se han mudado en bloque de un lugar de acogida a otro.

Así pues, me refiero a la reacción de la gente ante el establecimiento de la zona de reclusión en interiores, que es donde yo me encuentro. Con el paso de los días se han dado nuevas indicaciones. Primero se hizo una exhortación al desalojo voluntario de la zona, ahora parece que va a modificarse la zonificación, con el establecimiento de una zona de evacuación planificada o algo así. Digo «parece que» porque, en tanto no se produzca un grave empeoramiento de los niveles de radiactividad ambiental, una degradación de la calidad del agua potable o un aumento de la peligrosidad como consecuencia de un cambio en la dirección de los vientos, que es el dato más importante, no tengo la menor intención de sumarme voluntariamente a ese desalojo.

Volviendo al principio, recordarán que les dije que antes incluso de que se emitiera la referida exhortación al desalojo voluntario, cerca del 80 % de los habitantes de lugares incluidos en esta zona de reclusión en interiores se había marchado por decisión propia. Sin embargo, luego fue aumentando el número de retornados y, aunque desconozco las cifras exactas (ni el ayuntamiento las conocerá), no creo que me equivoque si digo que ya somos más los que estamos aquí que los que siguen en los refugios. Se ve que la vida ciudadana está recobrando el aliento, las tiendas reabren sus puertas y los hospitales vuelven a atender a los pacientes, aunque a veces sea solo parcialmente. Al margen de mi postura personal, no hay duda de que, mientras no empeoren los datos de radiactividad, los ciudadanos se van a resistir a una nueva evacuación.

La introducción me ha quedado un poco larga, pero lo que quería decir, el problema central, viene ahora. Y no es que tenga lista la respuesta. Ante él, me detengo portando un gran signo de interrogación. Empezaré por lo que ha ocurrido esta tarde. Esta tarde me ha llamado un amigo que está viviendo en uno de esos refugios o centros de acogida. Muchos amigos con los que tenía un trato casi diario hace tiempo que se esfumaron sin dejar rastro y él era uno de ellos. Supongo que estarán en refugios o en la casa de un hijo, de un pariente, etcétera.

Y resulta que este amigo se explaya contando las maravillas de la vida en el refugio. La vida en un refugio no es ni mucho menos despreciable. Todos son muy amables conmigo (él está enfermo), he hecho muchos amigos. Anoche nos visitó el chef de un restaurante francés y nos obsequió con exquisitos platos... Para ser sincero, escuchándole, sobre todo cuando enfatizaba las excelencias de la vida de refugiado, creí descubrir por detrás de sus palabras un eco de fanfarronada de una persona que había sido arrancada de raíz de su ambiente y cerraba los ojos a la inestable y anómala situación que vivía. Pero no soy quién para hablar de lo que sienten otras personas. Quizás, yo mismo, si hubiera tenido que enfrentarme a esa decisión un poco antes o después hubiera hecho la misma elección. ¿Qué fue lo que me detuvo? Sinceramente, no sé qué fue lo que me detuvo en última instancia. Solo puedo decir que me incliné hacia una de las dos opciones como el fiel de la balanza, en un instante, se inclina hacia uno de los dos lados.

Hemos tropezado con este gran infortunio, que para nosotros ha supuesto replantearnos el sentimiento de unidad, pues se ha convertido ya en algo cotidiano recibir voces que nos animan a unir nuestros corazones, a ser todos uno, y a afrontar así la reconstrucción. Es eso lo que ocurre, ¿verdad? Todo eso es innegable. Sin embargo, con ocasión del gran terremoto, hemos tomado conciencia de lo desunidos que estábamos, y de que esa distancia que nos separaba no va a poder ser acortada como no sea mediante un esfuerzo mutuo. Esta es la dura realidad que nos ha hecho ver el gran terremoto. Esto ha ocurrido también en mi casa. Estar en una situación tan extrema nos ha hecho conscientes de esas diferencias. En resumen, podrá decirse que este terremoto ha unido nuestros corazones, pero, al mismo tiempo, nos ha hecho sentir las diferencias que hay entre nosotros hasta un punto doloroso. Por eso, no acabo de acostumbrarme a esos cánticos de apoyo en los que, con despreocupado optimismo, se sigue la fórmula del «Japón es uno».

Para la duda que he expresado —por qué nos hemos decidido por opciones tan diversas— posiblemente no haya una única respuesta. Y al final lo único que queda es lo inestables que somos, la conciencia de ser seres extremadamente débiles, que ante una eventualidad, en un instante, pueden ser arrancados de cuajo. Aquí, por si acaso, quiero recalcar una cosa: que si fuese la naturaleza la que le lleva a uno a esta situación de inestabilidad, todavía sería más fácil de encajar. Pero de lo que no quiero convertirme en víctima bajo ningún concepto es de una política necia, o de una economía internacional que justifica las ambiciones especulativas. Lo siento, pero eso lo tengo muy claro.

Si ya nadie encuentra extraño ni siente una contradicción en la crueldad que significa que inmediatamente después de una tragedia que puede acarrear incluso la pérdida de tu familia, las noticias de la televisión digan que como resultado de esa tragedia el yen ha comenzado a caer fuertemente, o algo similar. Si ya nadie se sorprende de la locura de una economía mundial en la que la desgracia ajena se convierte en un simple estímulo para las ambiciones especulativas de alguien..., ¡ah, me estoy metiendo en un berenjenal del que no voy a poder salir fácilmente!

Sea lo que sea, la verdad es que este gran terremoto y, sobre todo, este accidente nuclear, nos están enfrentando a muchos y peliagudos problemas. Aunque el precio que estamos pagando por esta lección es ciertamente muy elevado.

Anotaciones adicionales a la mañana siguiente

Siempre me pasa lo mismo, pero lo que escribí anoche, pese a ser mío, no me convence del todo. Siento como si tuviera algún resto de comida entre dos muelas. Hoy, al levantarme, me he dado cuenta de que me había dejado en el tintero lo que más quería decir. Que es lo siguiente.

Como me ha ocurrido siempre que he tenido que tomar una decisión que me parecía importante, tampoco esta vez se trataba de elegir libremente entre varias cosas, ni de una alternativa en que hubiera que decidirse entre dos opciones cuyas ventajas e inconvenientes fuesen fáciles de comparar. Es decir, al tomar la decisión apenas vacilé. Igual que el fiel de la balanza se inclina de pronto hacia uno de los dos lados, para cuando quise darme cuenta, ya había tomado la decisión.

Y es que sobre las cosas importantes he venido pensando continuamente, y eso no tanto de una forma académica, ni teórica, sino siempre en contacto con mi centro de gravedad vital. Aunque, dicho así, parece que hubiera llegado a alcanzar la categoría de «gran maestro de la espada» o algo por el estilo, lo cual me sonroja.

Francamente, si he de decir la verdad, en las grandes decisiones, las razones vienen siempre a posteriori y sin justificación. Ya lo he soltado y me he quedado tranquilo.

Anotaciones adicionales a las primeras

He usado una expresión difícil, «centro de gravedad vital», pero podría expresarlo de otro modo, diciendo que he tratado de pensar en las cosas desde su raíz (es algo similar a ese «¿por qué?» tan característico de los niños). Raíz es *radix* en latín, y yo soy, en ese sentido, un radical. Por supuesto, no soy radical en el sentido de «extremista» ni en el de «fundamentalista». Más bien todo lo contrario.

¡Vaya, me he quedado dormido!

15 de abril

Esta tarde, por primera vez desde que ocurrió el gran terremoto, hemos ido a pasear por la orilla del río Niida. Bañados en el cálido sol de la primavera, los cerezos *sakura*, que también por esta zona están a punto de alcanzar su plenitud, mostraban ufanos sus flores. El Primer Centro de Tratamiento de Aguas Residuales debe de estar ya en funcionamiento, pues se percibía un vago ruido de motores. Y sobre el agua flotaban algunas familias de patos dejándose llevar por la corriente.

Será que volvemos poco a poco a esa normalidad que perdimos... En mi interior oigo voces que reclaman eso, y voces que dicen que eso no puede ser.

El hecho es que en un lugar no demasiado lejano de donde vivo, el accidente nuclear continúa sin resolverse y sin visos de solución, y por mucho que uno trate de no pensar en eso, es imposible. Por ejemplo, hoy a las 6.00 de la tarde, la medición de radiactividad ambiental en nuestra zona ha dado un resultado de 0,60 *microsieverts* por hora, que si no me equivoco, es el mínimo registrado hasta el momento, pero no es para echar las campanas al vuelo. Porque junto a la medición aparece el nivel considerado normal, que es de 0,05 *microsieverts*. Calculando, actualmente tenemos 60... entre 5... 12 veces más de lo normal. Con la intranquilidad, además, de no saber muy bien qué significa eso. Por eso mismo, lógicamente, siento ese fuerte deseo de volver a los índices normales, a la paz y a la seguridad de antes.

Sin embargo, al mismo tiempo, siento esa otra voz, la que revela que no es posible volver a aquella normalidad, que no se puede aspirar a una cosa así, porque algo ha cambiado ya de raíz. No ya aquellos que como consecuencia del terremoto o del tsunami han perdido de golpe su tierra, sus campos, sus casas y, en algunos casos, a su familia; incluso quienes se han librado de la destrucción de sus propiedades se enfrentan ahora a otro problema, en cierto sentido más grave todavía, que es si resultará posible seguir cultivando unas tierras contaminadas por la radiactividad, o hasta cuántos años tendrán que esperar para volver a cultivarlas.

Pero es que incluso para las personas que, como es mi caso, nos hemos librado de todo eso, es ya imposible recuperar aquella normalidad. Hay algo que ha cambiado de raíz. En adelante y durante mucho tiempo tendremos que hacer un seguimiento para saber si la radiactividad se ha acumulado en la tierra o en nuestro organismo, pero el cambio al que me refiero no se limita a eso. Porque ahora sabemos, gracias al gran terremoto con tsunami y especialmente al accidente nuclear, qué frágiles eran los cimientos sobre los que se levantaban nuestras vidas, y de qué Gobiernos y Administraciones tan impotentes y tan indignos de nuestra confianza dependían.

Este último descubrimiento, en tanto es un despertar a la verdad, tiene un importante significado en lo que atañe a la reconstrucción de nuestras vidas. Deberíamos considerarlo, en realidad, un precioso tesoro obtenido mediante el pago de un altísimo precio. Puede decirse que encierra innumerables enseñanzas. Enseñanzas que, resumidas grosso modo, se reducen a que un país es, en esencia, su gente, y que esa gente no es un ser individual, sino un ser formado por una suma de individuos que se ayudan y sostienen mutuamente.

Al rey francés Luis XIV se le atribuye aquello de «El Estado soy yo». En un sentido totalmente diferente podríamos decir que «El país es cada uno de nosotros». Tal como en el caso de la anciana de Futaba, que de aquella forma tan extraordinaria, de tú a tú, se las vio con el Estado. Antes de descentralizar el país cediendo competencias a las regiones, incluso para fundamentar mejor esa descentralización, debería empezarse por reconocer competencias al individuo. Pero me estoy metiendo en camisa de once varas. Lo dejo.

Desconozco en qué proporción obtiene Japón su energía de cada una de las fuentes existentes, pero creo recordar que se ha llegado a decir en tono amenazante si los japoneses seremos capaces de soportar que, como consecuencia del abandono de la energía nuclear, queden rebajados en un tercio los niveles de comodidad de los que disfrutamos. De eso se desprende, por lo visto, que un tercio de la electricidad que consumimos tiene origen nuclear. En todo caso, si te amedrentas ante ese chantaje, entonces tendrás que decir que no has obtenido ninguna enseñanza del último gran terremoto. Y con una persona así no siento ganas de trabajar hombro con hombro, por mucho que me digan que unamos nuestros corazones y volvamos a hacer de Japón un país fuerte, etcétera.

Parece que, una vez más, esta noche voy a terminar entrando en asuntos sobre los que todavía no he pensado demasiado a fondo, así que por hoy lo dejo. Terminaré diciendo que una persona que suele leer amablemente mi blog me ha recordado que en la entrada del 4 de octubre del año pasado colgué un escrito que titulé «Viviendo en la gran aglomeración de centrales nucleares». Rápidamente lo he releído y he visto que tenía el siguiente colofón:

> Si uno se acerca a las ciudades y pueblos donde se asientan las centrales nucleares, encontrará vallas publicitarias y carteles

que rezan que el método de generación nuclear de electricidad es un método respetuoso con el entorno; por la televisión, prácticamente todos los días se difunden anuncios propagandísticos sobre su seguridad como fuente de energía eléctrica; en los boletines vecinales, se transmite información interesada sobre la supuesta necesidad de la energía nuclear. Y este año, el proyecto Pluthermal[13], que llevaba congelado ocho años, parece entrar en una nueva fase, pues se le va a dar luz verde con algunas condiciones. Pese a que el interés de los pobladores del área en este proyecto es muy bajo y pese a que el modelo de financiación municipal supeditada a las ayudas procedentes de las centrales está en crisis, estos municipios siguen tratando de «chupar del bote». Los humoristas Sankyū y Teruyo Kasuga decían que no podían dormir pensando por dónde metían los vagones del metro y a mí me pasa eso mismo cuando pienso en el problema nuclear.

De todas formas, soy lego en la materia, un total ignorante. Así que, por ahora, lo que voy a hacer es tratar de dormir para luego estar bien atento a lo que pasa y no perderme un detalle.

Mi amnesia debe de ser bastante grave, porque hasta de esto me había olvidado. Pero, vean, vean lo que pasa cuando uno no toma precauciones ante el problema nuclear y se queda dormido.

La otra licuefacción

16 de abril

Al parecer, en Chiba y otras provincias de la región central de Kantō, el último gran terremoto ha ocasionado un grave problema

[13] Término creado en Japón a partir de las palabras inglesas *plutonium* y *thermal (use)*. Es un método consistente en utilizar combustible de plutonio mezclado con otros para alimentar reactores térmicos convencionales.

de licuefacción del suelo. Mientras veía en la televisión las noticias relacionadas con este asunto, de pronto vino a mi mente otro fenómeno de licuefacción: el del alma que impensadamente se licúa, también por efecto del seísmo. Quizás sea mejor comenzar por un ejemplo concreto.

Poco antes del mediodía he ido a la oficina de correos de Haramachi para recoger cuatro paquetes. Eran materiales de ayuda a damnificados que me enviaba una señora de la provincia de Aichi. El día 22 de marzo pretendió enviarlos por el sistema normal de paquetería de Correos (*yūpakku*), pero, por alguna razón, le dijeron que no era posible, así que me los envió por otro sistema, también de Correos, para paquetes que rebasan las medidas establecidas. Luego, se enteró de que su envío no me había llegado y se pasó cerca de 10 días llamando a correos para que la informasen del asunto, sin obtener respuesta satisfactoria. Sin obtener una respuesta clara, sería más exacto decir. Pero parece ser que ayer recibió una llamada desde la oficina de correos de Kōriyama (provincia de Fukushima), adonde habían ido a parar los paquetes. Al principio llegaron a decirle, incluso, que no podían localizarlos y que lo mejor sería que el receptor —o sea, yo—, fuese a la oficina de Kōriyama y tratase de encontrarlos entre un montón de envíos que se les había acumulado.

Durante esos días, yo sentía una gran indignación pensando en lo que estaría sufriendo la buena señora, pero al mismo tiempo me preocupaba y me desagradaba la idea de que se me volviera a poner en marcha el calentador interno en la oficina de Haramachi, adonde por fin llegaron los paquetes. Así que me dije a mí mismo que iría a correos y pediría que me metiesen los paquetes en el maletero del coche, y solo si se les ocurría contrariarme, qué remedio, dejaría que el agua hirviera por su natural. Y he ahí que aparece de pronto el empleado de Correos decente. Porque tal especie existía, sí. Un joven empleado que, viéndome levantar la mano entre la nube de usuarios que había venido a reclamar sus paquetes, comprende que son muchas cosas las que tengo que recoger y se ofrece a llevármelas hasta mi coche utilizando un carrito que han dejado fuera de la oficina. Y mientras me los lleva, de su boca salen sinceras disculpas por las molestias ocasionadas. Ante una cosa así mi calentador automático pierde presión, más que eso, de pronto me oigo pronunciar palabras de aliento, «Las cosas están mal pero hay que tirar para adelante, ¡ánimo, pues!», a lo que él responde con ejemplar modestia y rostro serio: «¡Sí, señor, vamos a poner todo el empeño!». ¡Oh, qué alegría siente uno cuando le dicen esto!

Así pues, con el último gran terremoto, muchos terrenos para edificar muy bien promocionados, pero que no tenían buenas condiciones, se han visto muy afectados por la licuefacción del suelo. Igualmente, diríase que el terremoto ha desenmascarado a auténticos monigotes que se encontraban en muchos puntos de nuestra sociedad, que eran pura fachada, que guardaban hábilmente las apariencias, pero que, llegada una situación tan crítica como esta, han resultado ser unos ineptos y unos irresponsables, incapaces de mover un dedo sin recibir instrucciones de su aparato organizativo o del Gobierno. El terremoto ha revelado la existencia de estos inútiles, pero no solo de ellos, también de otras muchas personas que de ordinario pasaban desapercibidas, pero que en realidad estaban muy comprometidas con su trabajo, que eran competentes y que como personas tenían grandes recursos.

En cualquier caso, con este terremoto ha quedado de manifiesto lo endebles que eran los cimientos de la sociedad en la que vivimos y que su estructura humana era muy propensa a la licuefacción. Así, personas cuya función es ante todo hacer llegar cosas incumplen esa función, médicos y personal de centros de atención que deberían proteger a los enfermos y a los ancianos se quitan de encima sus responsabilidades con una facilidad asombrosa. Si pudiera plasmarse en un mapa ese otro fenómeno de licuefacción, saltaría a la vista que es mucho más grave, que afecta a más áreas y que es mucho más profundo que la licuefacción del suelo.

Para prevenir la licuefacción, dicen, en los puntos clave de los terrenos que se van a desecar o ganar al mar, clavan pilotes a modo de cuñas. Es así, por lo visto, como se evita este fenómeno que suele ser consecuencia de movimientos sísmicos. Entonces, ¿cómo puede evitarse la licuefacción del alma humana, del espíritu humano? Quizás pueda evitarse si cada miembro de la sociedad es consciente permanentemente de cuál es su función y, además, de cuando en cuando, renueva su conciencia al respecto. Así dicho, esto podría oler a moralismo, o a los libros escolares de aquella antigua asignatura llamada *Shūshin*[14], aunque, en realidad, yo soy de la primera generación de niños que recibieron la educación posterior a la guerra, así que no conocí esos libros.

Pero los pilotes que se necesitan no son los de una deontología profesional de este tipo. Se trata de algo más básico y más simple. Son las condiciones necesarias que deberían darse en toda persona con independencia de su profesión; la indispensable condición humana de la ayuda mutua, de apoyarnos los unos a los otros. Algo que no solo debería entrarnos en la cabeza, sino penetrarnos hasta la médula. Pero eso, dirá alguno, ¿no es algo parecido a lo de la cancioncilla de apoyo a Fukushima que tantas veces pasan por la televisión y que dice lo de «*I love you, baby*», o a esa unidad inquebrantable que se expresa en el «*konnichi wa!!*»[15] inicial del programa humorístico *¡Ríete, si quieres*!?

Es complicado. Lo único que se puede decir es que sería una solidaridad cimentada en el reconocimiento de que los seres humanos tenemos cada uno una personalidad y una individualidad completamente diferentes, en lo que podríamos llamar la tragedia original de la existencia humana. O sea, una solidaridad que se sitúa en el polo opuesto del sentimentalismo lacrimoso que hace

[14] Teóricamente, esta asignatura, que podríamos traducir por «Conducta Moral», promovía entre los alumnos valores como el esfuerzo, la amistad, el amor filial, la contribución al bien común, etcétera, vehiculados mediante frases y anécdotas atribuidas a personajes célebres. En la práctica, sirvió para otras muchas cosas, por ejemplo, para inculcar la lealtad al emperador. Fue abolida poco después de la derrota japonesa en la guerra del Pacífico.

[15] Saludo equivalente a «buenos días» o «buenas tardes».

furor ahora, en el Japón posterremoto. Cuando te pones a explicar estas cosas, te das cuenta de lo difíciles que son. Pero merece la pena pensar todos juntos, por lo menos una vez, sobre estos temas.

Para detener la licuefacción

17 de abril

Los cerezos del parque Yo-no-mori están soberbios. Los más abundantes, de la variedad *someiyoshino*[16], han alcanzado la plena floración. Entre ellos se alzan cerezos de otra variedad cuyo nombre no recuerdo, con florecillas de un color rosado muy intenso, que ponen el contrapunto. Si fuera un año normal, se habrían abierto también muchos puestos de comida y otras tiendecillas, y la megafonía difundiría sones de música pop, para atraer a los jóvenes. Pero hoy no se oye ni un ruido. Aun así, habrá en el parque unos quince paseantes, disfrutando de un *hanami*[17] de lo más silencioso. No negaré que resulta un poco triste, pero tiene su encanto. Nos sentamos en un banco de piedra y contemplamos un rato los cerezos, sudando un poco bajo los rayos del sol. Pasa por delante una viejecita menuda, que lleva un perro marrón de raza Dachshund. «¿Usted también estuvo en algún refugio?», «Sí, sí», «¿Y el perrito, qué hizo con él?», «Se lo confié a una persona que se ofreció a cuidármelo, pero, claro, estaba muy preocupada...», «Pero su perro ha tenido mucha suerte, se ven por ahí muchos vagando por la ciudad, abandonados», «Es verdad, qué cosas tan horribles pasan...».

16 *Prunus yedoensis.*

17 El *hanami,* o goce visual de la flor del cerezo, es una de las costumbres más arraigadas entre los japoneses. No es raro que el disfrute propiamente estético se acompañe de un refrigerio y se riegue generosamente con alcohol.

En el aparcamiento han improvisado un sencillo puesto de venta, apilando cajas de cartón. Hay un hombre joven vendiendo *yakitori*[18] y refrescos. Al encontrarse nuestras miradas, el joven muestra un rostro afable y una franca sonrisa. Me entran ganas de comprarle algo. «¿Eres de aquí?», «Sí, de Minami-machi, ahí al lado», «Pues ponme unas brochetas», «Muchísimas gracias, todo lo que venda va para el ayuntamiento, pero si no vendo nada...», «O sea, que lo donas todo..., con lo que estamos recibiendo en donativos de todo el país, ¡yo creo que no pasa nada aunque te lo quedes tú!», «De ninguna manera, hay mucha gente que lo está pasando peor que yo», «¡Qué mérito tienes!, vosotros los jóvenes tenéis que tomar el relevo, a ver si sacáis adelante esta ciudad», «¡En ello estamos!».

Ayer, el joven de la oficina de correos, y hoy este otro joven que tampoco nos falla. Aquí también se están clavando en la tierra firmemente pilotes finos pero flexibles, para evitar la licuefacción de nuestra comunidad. No hay razones para ser pesimista. Esta ciudad va a ponerse otra vez en pie. Conduciendo el coche de vuelta a casa, algo muy caliente me subía por el pecho y mis ojos debían de estar húmedos porque veía el paisaje brillante y como inflamado.

El otro día me percaté de que uno de los maderos que sostienen el tejado de mi casa tenía una parte rota (esa pieza la llaman de un modo especial en esta comarca, *gen* o algo así, pero he olvidado el término) y llamé por teléfono a Construcciones Yoshida, empresa a la que he encargado reparaciones varias veces. Dos días después sentí que había alguien en el tejado, salí afuera y allí estaba el señor Yoshida haciendo una reparación de urgencia. Cuando fui a pagarle, me dijo que ahora no le debía nada, ya que dentro de algunos días vendría de nuevo para hacer la reparación definitiva. Pero que durante algún tiempo ya no tendría que preocuparme por las goteras. Él también dejó la ciudad tras

18 Brochetas de carne y vísceras de pollo aliñadas con diversas salsas y que se asan a la brasa.

el terremoto, pero en unos pocos días ya estaba de vuelta y ahora va andando de un lado para otro, viendo cómo están las casas y haciendo siete u ocho reparaciones al día.

Esta ciudad todavía no hay que darla por perdida. Tenemos a mucha gente bregando para poner coto a la licuefacción. La eléctrica TEPCO por fin ha hecho público el proceso que seguirán las operaciones de estabilización hasta la solución definitiva del problema de la central nuclear, pero no hay que fiarse de este tipo de cosas, quiero decir que no hay que esperar a que llegue ese día. Como muestran el señor Yoshida y el joven del *yakitori*, la ciudad está renaciendo y no hay tiempo que perder.

La televisión, que veo de vez en cuando, está comenzando, poco a poco, a trasmitir también buenas noticias. Un pescador —no capté de qué puerto— explicaba que no podía permitirse esperar hasta que le llegaran las ayudas y las indemnizaciones del Gobierno (que, por supuesto, tienen que llegarle) y que había comprado un barco con otras dos familias para usarlo conjuntamente, algo que nunca había hecho hasta ahora, pues cada familia siempre había tenido el suyo propio. También salió un agricultor que se enfrenta al grave problema de la salinización de los campos de arroz que quedaron anegados por las aguas del mar, con el tsunami. Dijo que aun así plantaría el arroz e iría extrayendo el agua salada poco a poco. Imagino que este agricultor se resolvió a hacerlo porque no estaba dispuesto a que el Gobierno le siguiera volviendo loco con sus continuos cambios en la política agrícola.

No podemos dejarnos vencer por la gran mierda que es la central nuclear y su accidente. ¡Ánimo, Tōhoku!, ¡ánimo, Japón!

¿Eh? ¿Qué eso suena a uno de los anuncios que pasan por la tele? Bueno, qué más da, ¡la cosa es animarse!

El enemigo, en casa

18 de abril

Esta tarde he sufrido una sucesión de tres hechos muy irritantes, que casi ni me han dado tiempo para encender mi calentador automático interior. Uno de ellos, más que irritante, ha sido lamentable, y por ser una cosa extremadamente personal, no trataré de ella aquí.

El segundo hecho ha ocurrido a raíz de una llamada de mi hijo, desde Towada. Mi hijo me ha pedido que vaya al ayuntamiento para obtener un certificado de pago de impuestos (en su caso concreto, de no gravabilidad) que necesita para hacer un trámite relacionado con su jubilación. Así que he acomodado a mi esposa en el asiento trasero del coche y hemos ido al ayuntamiento.

El interior del edificio estaba a rebosar de gente que tramitaba el certificado de daños por desastre natural. Una vez cumplimentado el impreso correspondiente, lo he llevado a una de las ventanillas y he esperado hasta que me han llamado. Pero en las manos del encargado no había ningún documento. He sospechado que iba a pasar algo raro. Y, tal como suponía, resulta que el certificado de no gravabilidad debe ser cursado por el interesado o por alguien que porte un poder para hacerlo. Entendido. Pero, aunque se lo llame «poder» y lleve estampado el sello personal del interesado, no hay forma de averiguar si realmente lo ha escrito él, le he dicho. Además, acabo de demostrarle, enseñándole mi licencia de conducir, que soy el padre del interesado, eso usted ya lo sabe, y además, ya me dirá usted qué mal uso podría hacerse de un certificado de pago de impuestos, perdón, de no gravabilidad. Así que, por favor, en una situación tan extraordinaria como la que vivimos no haga una aplicación tan rigurosa del reglamento, hágame el favor de entregarme el certificado. Pero el joven funcionario ha replicado que precisamente porque estamos en una situación extraordinaria deben respetarse escrupulosamente las normas. Con él no había forma. Finalmente he decidido pedirle a mi hijo que lo tramite desde Towada, por escrito.

Y otra cosa más. Esta, también relacionada con mi hijo. En cuanto llegó a Towada, fue a la oficina de correos para comunicar su cambio de domicilio y conseguir que le redirigieran las cartas que le llegaran aquí, solo las cartas para él y su familia, claro. Pero resulta que le han llegado también cinco o seis cartas dirigidas a su padre, es decir, a mí. He pensado que podría aprovechar la salida y, a la vuelta del ayuntamiento, pasarme por la oficina de correos para ver qué está pasando. Bueno, pues la persona que me ha atendido me viene con que no, que eso no es de su jurisdicción, que corresponde a la oficina de Kōriyama. Pero, vamos a ver, ¿no son tan de Correos ustedes como ellos? ¡Qué jurisdicciones ni qué niño muerto (eso último no se lo he dicho), haga usted ahora mismo las indagaciones que tenga que hacer! Ante esta subida de tono, el funcionario, muy apurado, ha respondido que sí, qué va a ponerse en contacto con ellos. Pero ¿por qué ha reaccionado tan rápidamente, solo porque me he puesto así?

Me han tenido un buen rato esperando, para decirme que la oficina de Kōriyama estaba muy congestionada y que el asunto iba para largo. Que me llamarían a casa. ¡Qué remedio!, tendré que esperar, me he dicho.

Abreviando un poco (ya me he extendido suficientemente), la escena en la oficina de correos ha sido a las 3.30, y la llamada me ha llegado, atención, a las 6.55. Entre tanto, me estaba impacientado por la tardanza y nadie contestaba al teléfono en la oficina de Haramachi, así es que he averiguado por internet el número de teléfono de la oficina de Kōriyama. Pero aquí también atienden de cualquier forma. Me han dicho que no estaban enterados del asunto y me han dado tres números de móvil para que probase a llamar. Pero de ninguno de los tres he obtenido nada. El que no estaba fuera de cobertura, estaba desconectado. Ya solo en esto me han hecho perder 40 minutos. Sin poder resignarme, he vuelto a llamar al primer número. ¿Eh, que ha llamado usted y no le ha respondido nadie? ¿No será porque eran más de las 5.00? Una respuesta de lo más despreocupada. Mi calentador llega aquí a su punto de ebullición. Entonces la señorita se ha dignado hablar con su superior. ¡Podía haberlo hecho la primera vez! El jefe se ha puesto al aparato, debe de ser un experto en solventar quejas de los clientes. Realmente, no tenemos excusa: el encargado ha pasado a Towada toda la correspondencia dirigida a su domicilio. En lo sucesivo, tendremos más cuidado. Todo con la mayor humildad. Yo soy muy impresionable y estas disculpas me enfrían el calentador enseguida. He solicitado que lo solucionen de la mejor manera posible. Baja así el telón este interminable drama negociador.

Es impresionante ver en qué ha degenerado nuestro Correos de Japón. Si alguno de sus responsables lee esto, le rogaría que les diera un toque a estos encargados.

Me he extendido un poco con la introducción. El tema principal viene ahora. Si están ya cansados, prepárense un té y sigan conmigo.

Esto es también bastante deprimente. Esta mañana, leyendo la versión digital del periódico *Asahi Shimbun*, me he quedado pasmado. Según una encuesta de opinión realizada por el periódico entre anteayer y ayer acerca del futuro de la energía nuclear, el 5 % de la gente se declara a favor de potenciarla, el 51 % de mantenerla en sus actuales niveles y el 30 % de reducirla. Finalmente, un 11 % es partidario de abandonarla. O sea, que incluso después de un accidente como el que hemos sufrido hay una mayoría de personas favorable a mantener la situación actual. ¡No me lo puedo creer! ¿Estáis seguros de lo que decís? ¿No os habréis vuelto locos?

Con aquello de «Un Japón fuerte, trabajemos todos unidos», ¿querían decir que trabajemos todos unidos manteniendo las centrales nucleares? Hace unos días, cuando ocurrió la gran réplica, me dejé llevar por el desánimo y se me escapó lo de la «experiencia frustrante», pero aquello no fue nada en comparación con el *shock* que he recibido al leer esta encuesta.

Incluso en estos momentos que vivimos, en la televisión se ponen a hablar del astronauta que dijo que la Tierra era hermosa y frivolidades por el estilo, pero ¡cómo va a ser hermosa la Tierra, con su superficie picada de viruelas por las centrales nucleares y todos esos desechos de naves espaciales girando en torno al planeta! ¿Y vosotros, qué pretendéis? ¿Dejar la Tierra hecha unos zorros y luego largaros por ahí? ¡Cómo se os ocurre! Con las ingentes cantidades de dinero que se invierten en los proyectos de desarrollo espacial, ¿no podrían salvarse cientos de miles, millones de desdichadas personas que ahora perecen en guerras y hambrunas?

No era mi intención llevar el asunto por los derroteros del desarrollo espacial, pero ¿qué le están haciendo a nuestra Tierra?

Alemania se nos ha adelantado con su anuncio público del abandono de la energía nuclear, y nosotros, que además somos el único país del mundo que hemos sufrido un bombardeo nuclear, ¿qué demonios estamos haciendo? Se le quitan a uno las ganas de todo. Pero tampoco podemos desentendernos del asunto. Yo, por lo menos, desde esta noche no pienso cantar nunca más la canción de «*I want you, baby! Fukushima!!*» ¿Y si sus cantantes resultan ser convencidos antinucleares? No creo que lo sean, pero si lo fuesen, igual hasta me hacía fan del grupo.

De verdad, estoy muy decepcionado. Después de ver el plan de estabilización para la central accidentada me estaba haciendo ilusiones sobre el futuro, pero ahora, pensando en cómo conseguir que despierte esa mayoría de mis compatriotas, empiezo a verlo todo negro.

Así no hay forma de escribir nada decente. El otro día me permití reproducir aquí una parte de algo que escribí en octubre del año pasado. Esta noche permítanme que recupere dos escritos que tienen ya unos diez años, pues son de septiembre de 2002. Están incluidos en la recopilación de las obras que he escrito con el seudónimo de Fuji Teivo («fugitivo»), que a su vez está en la sección Kenkyūshitsu de mi página web. Quienes accedan a la página por primera vez no encontrarán estos dos textos fácilmente, así que los reproduzco aquí.

En la ciudad de Fukushima Daiichi
Hoy me toca visitar la localidad de Ōkuma, cosa que hago una vez cada 10 días. El sol ha pegado fuerte, al punto de que la bajada de temperaturas que se pronostica para mañana se siente como una buena noticia. Como siempre, tomo la Nacional 6 en dirección sur. Al salir de casa he visto el periódico de pasada, pero había un titular que se me ha quedado clavado en la mente, como una espina: «Dimisión en pleno de los máximos responsables de la TEPCO — Por su responsabilidad en el ocultamiento de daños».

Sabía que las instalaciones de la central nuclear de Fukushima Daiichi estaban a caballo entre los municipios de Futaba y Ōkuma, y las de Fukushima Daini, entre los de Naraha y Tomioka, pero no estaba muy seguro al respecto. Para mí, esas chimeneas (¿?) pintadas de rojo y blanco pertenecen ya al familiar paisaje de la carretera nacional. Pero nunca había visto ningún problema en aquello que se decía en un anuncio televisivo de la TEPCO, en el que un exjugador de béisbol de los Giants y un experto en arqueología egipcia de la Universidad de Waseda comentaban que gran parte de la energía eléctrica que se consume en Tokio procedía de Fukushima y de Niigata (¿?).

Deberíamos haber estado más alerta, pero el despertar llega siempre demasiado tarde. Así que no tenemos derecho a criticar al gobernador ni al vicegobernador de la provincia de Fukushima, con esas poses de indignación que toman, aunque quisiéramos espetarles que a buenas horas se indignan. Sin embargo, por suerte, hubo un puñado de personas despiertas que se percataron enseguida del tremendo peligro que entraña la energía nuclear y nos pusieron sobre aviso. Una de ellas es un poeta local, Jōtarō Wakamatsu, que también recibe una alta consideración en la capital (¿?). En cuanto a mí, hace ya medio año que vivo en esta comarca de Hamadōri (nuestra prefectura de Fukushima consta de tres comarcas: Aizu, en el oeste, Nakadōri, en el centro y Hamadōri, en el este), y tengo que reconocer que acabo de darme cuenta del inquietante hecho de que en estas bellas tierras que se extienden a lo largo de la línea costera hay dos centrales nucleares.

Si ocurriera un accidente de la magnitud del de Chernóbil, la ciudad en la que vivo quedaría indiscutiblemente dentro del área de peligro:

Kochira mo awasete yaku jū-go-man nin
Watashitachi ga kieru beki saki wa doko ka
Watashitachi wa doko ni sugata wo keseba ii no ka[19].

(J. Wakamatsu, *Wakamatsu Jōtarō shishū*, ed. Kashinsha)

Desde que esta caja de Pandora que es la energía nuclear quedó abierta, la humanidad está en continuo peligro de extinción. ¿Será ya imposible cerrar la caja a toda prisa y sellarla de forma que nadie vuelva a abrirla? Estoy hablando sin tener ningún conocimiento especializado en la materia, pero en tanto sea, como es, imposible a todas luces garantizar una seguridad total en el manejo de la energía nuclear, en su mantenimiento y en su control, creo que deberíamos concentrar y dirigir toda nuestra inteligencia hacia el rápido sellado de esa caja. Coincidiendo en el tiempo con este caso protagonizado por TEPCO, tenemos ahí el buen juicio y la valentía que ha demostrado el pueblo de Nagano al apoyar una declaración de abandono de la política que favorecía la construcción de embalses. Ojalá no se quiebren estos endebles hilos de esperanza.

[19] Estos versos podrían traducirse así: «Sumamos en esta región unas ciento cincuenta mil almas / si tenemos que irnos de aquí, adónde iremos / adónde quieren que nos larguemos».

Y hoy, tras haber comprobado una vez más el mágico influjo benefactor del perrito Cookie sobre mi suegra, me he puesto en camino hacia casa bajo un cielo ardiente y mirando con el rabillo del ojo a la central nuclear de Fukushima Daiichi, que seguía alzándose arrogante en la lejanía. ¡Oh! (Día 3 de septiembre de 2002)

Simplemente porque está ahí

Soy indolente de nacimiento y debe de ser por eso que me desagradan los esfuerzos contrarios a la naturaleza. ¿Quién fue aquel que, a la pregunta de por qué escalaba montañas, respondió que porque estaban ahí? Sería el montañero Edmund Hillary, que en una expedición británica fue el primero en coronar el Everest. Esta respuesta, la verdad, no es de mi agrado. No pretendo decir que subir montañas sea antinatural, pero si exceptuamos los casos en que tal actividad es estrictamente necesaria y lo que se desea es, por ejemplo, establecer una estación meteorológica para observar el clima, en los demás casos entra de lleno en el terreno de las aficiones o *hobbies*, de modo que si quieren subir, suban. Pero que no digan que quienes no gustamos de subir montañas no tenemos agallas (¿eh?, ¿que nadie lo dice?).

Desde la exploración espacial, tan elevada, hasta las ambiciones políticas, en el extremo opuesto, pasando por las expediciones a tierras salvajes e inhóspitas o la biotecnología, todas estas cosas son exponentes de algo que se encuentra en el corazón humano, que queda bonito si definimos como ávido espíritu de búsqueda, pero que si hubiera que expresarlo más llanamente, lo llamaría codicia. Y si no, que se lo pregunten a nuestro amiguito Muneo (por supuesto, hablo de Muneo Suzuki[20]). Si alguien

20 Muneo Suzuki (Hokkaidō, 1948). Político nacido en el seno de una familia humilde. Tras trabajar como secretario del parlamentario Ichirō Nakagawa, inició su carrera política como miembro del conservador Partido Liberal Democrático. Ocupó importantes puestos en varios ministerios, siendo temido entre los funcionarios por su actitud prepotente. En 2002 se vio envuelto en un escándalo que lo llevó a la cárcel por un año. Actualmente lidera otro partido político que él mismo creó.

preguntase a una persona como él por qué quiso hacerse político, sin duda respondería que porque la política estaba ahí. Dicho más llanamente, «porque hay un político que se llama Ichirō Nakagawa, y detrás de él hay una silla allí en Tokio, en el Palacio de la Dieta, y quién sabe si también en la Presidencia del Gobierno».

Sobre los méritos y pecados de la Modernidad, parece que se ha dicho ya todo lo que podía decirse. Pero si hubiera que condensarlo todo en una idea, esa sería la ilusión del progreso, según la cual el ser humano debe seguir avanzando, pues su esfuerzo será siempre recompensado en su justa medida. La ilusión del progreso no necesariamente se circunscribe a los deseos terrenales o profanos. Afecta también a los deseos espirituales o religiosos de una forma más depurada y, por lo tanto, más potenciada, como se ve en los ascetismos y penitencias, que pueden alcanzar manifestaciones grotescas, y en los éxtasis místicos, que llegan a confundirse con lo masoquista.

Hoy en día, las técnicas y el resto de las cosas avanzan día a día, segundo a segundo, a una velocidad incomparablemente mayor que la de antes. ¿Hasta dónde tendrán que avanzar para que los humanos se den por satisfechos? Antes, un reloj servía como tal si no se retrasaba más de uno o dos minutos al día; hoy los alumnos de preescolar, que, supongo, no tendrán que estar tan pendientes del tiempo como un realizador de televisión, llevan relojes que no se retrasan ni unos pocos segundos en un mes. Tenemos relojes en las ollas arroceras, en los ventiladores; relojes hasta en la sopa. Si digo que tenemos 10 a nuestro alrededor, aún serán pocos. Pero ¿para qué tantos relojes?

Hoy he vuelto a ver el anuncio en televisión. Un nuevo modelo de coche con un moderno navegador programable durante la conducción que te muestra automáticamente la ruta. Pero ¿qué es esto? ¿Lo hacen para darle a la gente más oportunidades de accidentarse? Tenía previsto reflexionar sobre el asunto nuclear surgido ayer, pero vean hasta dónde he llegado. ¿Será esto también influjo del espíritu moderno? (Día 4 de septiembre de 2002)

Melancolía bajo la lluvia

19 de abril

Esta tarde la he pasado casi toda en casa, solo he salido un ratito en coche, con mi mujer, a la oficina de correos de Kashima, la ciudad vecina, aunque administrativamente ya no es una ciudad distinta, sino un distrito de la ciudad de Minamisōma. Era un día de lluvia como otro cualquiera anterior al terremoto, pero yo no tenía más que una cosa en la cabeza: el resultado de la encuesta de unos días antes. No puedo comprobar cuáles fueron los titulares con los que se encabezó la noticia en el periódico que la llevó a cabo, pero en internet leo: «41 % a favor de disminuir la dependencia de la energía nuclear o reducirla a cero». A juzgar solo por la redacción del titular, diríase que enfatiza el hecho de que el porcentaje de ciudadanos que mantiene una posición crítica hacia la energía nuclear es ya del 41 %.

Ciertamente, hace cuatro años se hizo otra encuesta similar y entonces salió un 21 % a favor de la reducción y un 7 % a favor del abandono total, así que los porcentajes han subido nueve y cuatro puntos porcentuales, respectivamente, hasta sumar un 41 %. Pero a mí me sorprende, de todas formas, que el voto crítico siga siendo tan bajo. La encuesta era de ámbito nacional, pero me pregunto qué resultados se habrían obtenido si se hubiera hecho solo en las zonas afectadas. Supongo que la oposición será aquí mayor, pero no puedo apartar de mí la sospecha de que la diferencia no sería tan grande. Para ser sincero, me da miedo. Prefiero no saberlo. ¿Podría ocurrir que esas mismas personas que, tras el terremoto, hacían acopio de agua potable y comestibles, apoyasen ahora seguir adelante con la energía nuclear pensando en las comodidades que reporta? Quizás teman la energía nuclear, pero a un nivel de temor similar al que pueden sentir hacia la gripe o hacia otras enfermedades contagiosas. El otro día vi por casualidad en la televisión un programa en el que varios corresponsales extranjeros dialogaban entre ellos sobre el problema originado en torno a la energía nuclear tras el terremoto. Un corresponsal ruso dijo algo increíble. Que pensar que la energía nuclear era especialmente peligrosa constituía un error. Que todas las formas de conseguir energía entrañaban algún tipo de peligro. Que en una central hidroeléctrica de su país hubo un accidente que dejó más de 150 víctimas mortales.

Lo que diferencia un accidente nuclear de otros accidentes, o de cosas como una gripe o cualquier otra epidemia, es que todo esto son asuntos pasajeros, que en algún momento se superarán. La instalación nuclear en sí podrá cubrirse de alguna forma, pero para neutralizar totalmente ese peligro, ese veneno, harían falta..., no quiero decirlo porque me dan escalofríos, pero se habla de periodos larguísimos de tiempo. Hace apenas unos meses pasaban por la televisión un anuncio en el que graciosos personajes de dibujos animados preguntaban si no habría algún municipio interesado en ceder sus terrenos para enterrar residuos radiactivos a varios cientos de metros bajo tierra y en condiciones de absoluta seguridad. Pero hasta los legos sabemos que eso nunca puede ser seguro, porque, si es tan seguro como afirman, también con los residuos radiactivos podrían hacerse, por ejemplo, bloques de esos que se usan en la construcción, muros, como se hace con otros materiales de desecho que se reciclan.

No, esto no es tan fácil de entender. Que haya, después de un accidente tan grave, cuando es todavía dudoso que pueda estabilizarse la central accidentada, un 55 % de los ciudadanos a favor de mantener en marcha las centrales existentes e incluso ampliarlas. Hace unos días dije que si las centrales nucleares son tan seguras como dicen, entonces debería obligarse a las familias del presidente, del director ejecutivo y de todos los altos responsables de la compañía eléctrica a vivir en las inmediaciones de alguna central. Pero, por el mismo razonamiento, lo mismo podría decirse de todos los que defienden las centrales nucleares. Adelante, que no les dé apuro, vivan ustedes junto a una de ellas, y quédense ustedes, si lo desean, con toda la electricidad que produce, no importa. Eso es lo que me gustaría decirles. ¿Que eso sería violar el derecho de la gente a vivir donde desee, una violación de los derechos humanos? ¿Y cómo se garantiza la libertad, el derecho de quienes bajo ningún concepto deseamos vivir cerca de una central?

Si no me equivoco, Kesennuma y Ōtsuchi, pequeñas ciudades que han quedado arrasadas por el terremoto y el subsiguiente tsunami, formaban parte del país imaginario de Kirikirikoku[21], ¿no es cierto? ¿Qué opinión les merece a ustedes, habitantes de Kirikirikoku, el problema nuclear? ¡Demonios, junto a Kirikirikoku nos han puesto la central nuclear de Onagawa! Mientras con la boca lisonjean a la gente de Tōhoku cantando sus virtudes (resistencia, perseverancia...), por detrás nos plantan, además del reactor de Onagawa, uno en Aomori, tres en Onagawa, seis en Fukushima Daiichi, cuatro en Fukushima Daini, uno en Tōkai, siete en Kashiwazaki...

Pienso que sería deseable presionar hasta conseguir que se cierren los reactores nucleares, por lo menos los situados en la región de Tōhoku, pero... ¡son tantos!

En estas estábamos, cuando dicen por la televisión que la ciudad de Tsukuba estaba exigiendo un certificado de haber pasado la prueba de detección de radiactividad a los habitantes de la provincia de Fukushima que quieran trasladar su residencia a esa ciudad, haciendo alarde así de un desconocimiento bestial. ¡Hay que ver lo tontos que somos los japoneses!

21 Aparece en la novela *Kirikirijin,* del escritor Hisashi Inoue (1934-2010). El país se constituye al independizarse unilateralmente una pequeña aldea situada entre las provincias de Miyagi e Iwate, en la región de Tōhoku.

Conversación de un día de lluvia

20 de abril

—¡Bueno!, ¿qué tal estamos? ¡Vaya cara de cansancio que traes!

—Te mentiría si te dijera que no estoy cansado.

—Ya estás hablando otra vez como las integrantes del grupo Candies cuando anunciaron la disolución del grupo...

—Lo que dijeron ellas fue que mentirían si dijesen que no estaban tristes, ¿no lo recuerdas?

—Me da igual, no me gusta ese tono. Si estás cansado, dilo claramente.

—Estoy cansado. Pero el culpable es este tiempo encapotado, este relente... Dentro llevo mucha rabia, rabia que sigue ardiendo, como un rescoldo...

—Eso ya me gusta más. Por cierto, el otro día una persona te preguntó qué significaba eso de «centro de gravedad del alma» y le dijiste que se lo explicarías otro día. Ahora tienes una buena oportunidad para hacerlo. ¿Por qué no lo explicas?

—¡Ah, aquello...! Alguna otra vez usé la palabra «contrapeso», vamos, que siempre tenemos que ir con el centro de gravedad bien bajo y...

—¿Que tenemos que ser modestos y accesibles, quieres decir?

—No. La idea no es exactamente esa. Por explicarlo de alguna forma, quiero decir que tenemos que estar como esos tentetiesos, siempre con el centro de gravedad bien bajo, de forma que no haya nada que nos haga perder el equilibrio, ni nos tambaleemos cuando nos comparamos con los demás.

—Sí, eso lo comparaste una vez con las técnicas de manejo de cámara del director Yasujirō Ozu.

—Ya veo que te acuerdas (cosa lógica, por otra parte, dado que tú eres yo y yo soy tú).

—Creo que más o menos lo entiendo, pero ¿cómo podemos poner más bajo nuestro centro de gravedad?

—Bueno..., supongo que habrá muchas formas de responder a eso, pero al final, llevado a su última expresión, sería: «Sé tú mismo».

—Ya, eso está muy bien, pero... Además, eso ya lo dijo algún filósofo griego, ¿no?

—Lo importante no es si ya lo ha dicho alguien o no. Primero, las cosas que son importantes para el ser humano ya se han dicho todas, todas las palabras y todas las expresiones ya no son más que citas de alguien.

—¿Te ha molestado lo que he dicho?

—En absoluto. Pero sigo con lo que estaba diciendo. Pues, eso, sé tú mismo, seamos nosotros mismos, que ya es suficientemente difícil. Resumiéndolo, dándole la forma de un aforismo al estilo de Teivo[22] (aunque seguro que esto también ha sido dicho ya por alguien), «Mira las cosas con tus ojos, piensa con tu cabeza y siente con tu corazón».

—Pero eso... ¿eso no lo hace todo el mundo?

—¿Te parece? Por ejemplo, ante un bello paisaje, ¿qué dice la gente?: «Un paisaje de postal», haciendo encajar sus sensaciones o sentimientos en estándares o modelos establecidos. Parece que si no nos adaptamos al estándar, no nos quedamos en paz. Y al hilo de eso me he acordado ahora de otra cosa. Últimamente, la gente, cuando se encuentra con algún famoso, siente que tiene que sacar la cámara o el móvil y fotografiarlo. Eso es justamente lo que tanto nos criticaban a los japoneses cuando íbamos por el mundo, cuando éramos aquellos orientales, aquellos retacos con gafas, siempre con su cámara a cuestas.

—Bueno, pero lo de estar continuamente sacando fotos es de alguna manera consecuencia de la difusión que ha alcanzado entre la gente la tecnología punta japonesa. Ahora por la televisión se dice que Japón es considerado *cool*, y palabras japonesas

22 Fuji Teivo («fugitivo») es el seudónimo utilizado por el autor.

como *kawaii*[23] han conquistado el mundo. En realidad, deberíamos estar orgullosos de todo eso.

—No sé...., a mí no me parece que sea para alegrarse, por ejemplo, esa estampa de unos jóvenes extranjeros enganchados al *kosupure*[24] hasta perder el juicio. ¿Que esto tiene algo en común con lo que ocurría cuando el *ukiyo-e* causaba sensación entre los impresionistas (¿eran impresionistas?) franceses? Me da la sensación de que este tipo de *japanization* tiene algo en común con la licuefacción espiritual a la que aludía hace unos días.

—Tú y tus «declaraciones controvertidas»... Bueno, sigamos con tu aforismo.

—Pensar con tu propia cabeza, eso es algo tremendamente difícil. La encuesta del otro día, por ejemplo, ¿qué me dices?, ¿te parece que las respuestas eran fruto de una reflexión personal y seria? Seguro que responden así porque un famoso comentarista ha dicho eso, porque lo dijo un profesor de alguna escuela, porque es lo que se dice en la televisión, porque es la tendencia general de la época...

—Ya. ¿Y la última parte de tu aforismo, lo de «siente con tu corazón»?

—Eso es lo más difícil de todo. Hoy no me siento capaz de explicarlo. Medítalo tú por tu cuenta.

—¿«Tú por tu cuenta»? ¿Te refieres a mí?

—¡Ah!, ahora que hablábamos del centro de gravedad o del contrapeso del alma, el asunto es literalmente «grave», «pesado». Esto es dar un salto y meterme en un asunto completamente diferente, pero lo cierto es que lo que le da sustancia y realidad a

[23] Los diccionarios proponen traducciones como «mono», «precioso», «bonito», «lindo», «encantador», etc.

[24] *Kosupure* o *cosplay* es un neologismo acuñado en Japón a partir de las palabras inglesas *costume* (disfraz) y *play* (juego, jugar). Es una diversión consistente en presentarse ante los amigos disfrazado y caracterizado de alguno de los populares personajes que pueblan los *manga* (cómics), los *anime* (dibujos animados) o los juegos de ordenador japoneses.

esa «pesadez» de la que hablo son las ataduras que me impone la vida, tales como el hecho de tener una mujer con un problema de demencia precoz. La enfermedad, la discapacidad, estas cosas son ciertamente desesperantes, son un incordio, pero en mi caso, impiden que mi centro de gravedad se vaya hacia arriba; y para mí son circunstancias que me ayudan a decidir qué es correcto y qué no lo es, qué es más o menos importante, más o menos apropiado.

—Pero ¡cómo te gusta decir cosas difíciles! Bueno, vamos a dejarlo por hoy, porque pareces muy cansado. Se ve que no estás acostumbrado a los debates.

El generador eléctrico de emergencia que inventó mi tío

21 de abril

El largo viaje no debió de sentarle bien a mi madre, que va a cumplir noventa y nueve años, porque desde que llegó a Towada no se siente bien y anda la pobre de casa al hospital y del hospital a casa. Ayer superó su último achaque y le dieron el alta en el hospital. Ahora está en otra residencia, ya van dos cambios desde que está allí. Pero no es nada comparado con la dureza de condiciones de vida que se experimenta en un refugio, y además ella está con su querido primogénito y con su biznieta, que últimamente más parece su novia, de modo que, para mis adentros (y no solo para mis adentros, ya que en una conversación telefónica, mi hermana y yo coincidimos plenamente en esto), pensaba que aunque no saliera viva de esta (¡perdón, madre!) su muerte sería para estar más que satisfechos. Pero una vez más se ha recuperado. Esta mujer asusta. Aunque todavía asusta más su hermano menor, es decir, mi tío, que vive en Obihiro.

Es cinco años menor que mi madre, tendrá, pues, noventa y tres años. Las relaciones entre ambos han sido siempre muy estrechas, de hecho, los dos nacieron el mismo día, el 30 de julio. Todavía va a todos los sitios conduciendo su coche, y disfruta bailando, practicando el *park-golf*[25] y cantando en el karaoke.

Ayer, con la ayuda de la «chica» (supongo que será la encargada de la clase de manejo de ordenador a la que asiste), mi tío me envió por correo electrónico algo muy interesante. Una carta de agradecimiento y la fotografía de un generador eléctrico de emergencia. La carta de agradecimiento decía lo siguiente:

«Carta de agradecimiento al señor don Kenjirō Andō. El reciente gran terremoto que asoló el Japón oriental nos obligó a detener la producción en nuestra fábrica de motores y llegó a poner en peligro la continuidad de nuestra compañía. Sin embargo, el generador eléctrico que puede ser alimentado por un tractor, que usted inventó y que nuestra compañía comenzó a producir en serie, ha recibido gran cantidad de pedidos, lo cual nos ha permitido superar este difícil momento, convirtiéndose en la verdadera fuerza motriz de nuestra compañía. En reconocimiento, la compañía le expresa por la presente su profundo agradecimiento y le adjunta esta gratificación económica. A 11 de abril del año 23 de la Era Heisei, Toshiyuki Araoka, consejero delegado de Tōyō Denki Kōgyō S.A.».

Este amable familiar, que sin dejar pasar dos días desde el gran terremoto me llamó para preguntar por nosotros, me contó el otro día lo de la carta de agradecimiento, un poco turbado. Ahora me la envía en respuesta a mi petición. Durante la guerra, sirvió en la Aviación japonesa como piloto de aviones de combate y derribó varios Grumman enemigos, lo que le valió incluso algún artículo en la revista *Kingu*[26]. Después de ser

25 Versión relajada y físicamente poco exigente del golf, creada en Japón en 1983 para disfrute, principalmente, de las personas mayores.

26 Revista mensual, una de las más exitosas del Japón del siglo XX. Creada en 1924, dejó de salir en 1957.

desmovilizado, probó suerte, sin demasiado éxito, en diversas actividades, como la fabricación de sal marina, la creación de una variedad de *nattō*[27] que no desprendiese hilitos, o la producción de *chou-à-la-crème*. Algo mejor le fue cuando comenzó a vender motosierras, ocupación que le llevó también a aprovechar su ingenio para inventar ese generador. Actividades estas que deberían haberle reportado más dinero del que de hecho tiene, pese a lo cual no ha escuchado las propuestas de su hija de mudarse a su casa y continúa viviendo solo. Según ella, es decir, según mi prima, el generador eléctrico inventado hace años por este hombre de salud tan formidable que resulta casi patológica ha demostrado su enorme utilidad tras el gran terremoto, ya que el motor de cualquiera de esos viejos tractorcillos que están abandonados por los campos es suficiente para alimentarlo, exactamente lo que necesitaba la gente tras el seísmo. Ahora mi tío dice que debería donar el dinero recibido. Cuando me dijo la cantidad, le sugerí que se quedase el dinero para sus gastos, pues no era gran cosa.

Pero no vaya a ser que alguna persona relacionada con la compañía lea este blog. Por si acaso, añadiré aquí a toda prisa que lo verdaderamente digno de galardón es la magnanimidad que han demostrado ellos al premiar de esta manera una simple idea recibida años atrás por un anónimo inventor de provincias.

¡Cuánto más enternecedor y admirable que esas centrales nucleares no será este generador de emergencia! El asunto me ha animado a investigar algunas cosas en internet. Si acerca de la energía nuclear no sé casi nada, sobre la generación de electricidad mediante el uso de las energías «naturales» mi ignorancia es absoluta. Sobre el tejado de mi casa tenemos placas solares desde hace años, pero me pregunto qué avances habrá habido en otras formas de energía, como la eólica. La línea ferroviaria Jōban, que

27 Alimento japonés muy popular especialmente en la mitad oriental del país, consistente en granos de soja fermentados. Los granos desprenden una sustancia muy viscosa que forma hilos.

pasa por nuestra ciudad, está muy expuesta al viento, incluso hay días que se ven obligados a detener el servicio varias veces. Una vez fenecida la central nuclear, habría que pensar en esta área como buena candidata para acoger ese tipo de instalaciones.

Últimamente, en España, la energía eólica ha alcanzado un gran desarrollo. He estado mirando en internet sitios donde se ve cómo a aquellos molinos de La Mancha contra los que arremetía Don Quijote se han sumado ahora los modernos molinos eólicos de gigantescas aspas, y he topado con un blog extraordinario. Lo lleva un estudiante de bachillerato de la provincia de Okinawa. En el sitio, no solo se nos informa con seriedad sobre los avances de la energía eólica en España, podemos leer también las agudas palabras de crítica del joven ante el accidente nuclear que hemos sufrido, y los mensajes enviados al blog por otros jóvenes, que con gran seriedad deploran la situación que vivimos en Japón. Últimamente me angustiaba mucho pensando en cómo verán nuestros jóvenes este accidente. Para ser sincero, había perdido toda esperanza al respecto y pensaba que tendríamos que ser nosotros, los mayores, los que diéramos la cara. Rápidamente le he enviado un mensaje y hace un rato he visto que me había llegado del estudiante la siguiente respuesta: «Yo ya tengo diecisiete años, pero tuve problemas de salud y dejé el instituto durante un año, así que todavía estoy en segundo. Escribo cosas que se me ocurren sobre los problemas sociales, aunque mis conocimientos son superficiales. Supongo que ustedes, en las áreas afectadas, estarán sufriendo muchísimo. Quizás haya pocas cosas que yo pueda hacer, pero le digo lo mismo que me ha dicho usted: Si puedo colaborar en algo, dígamelo. Ha sido para mí un honor recibir su comentario. Confío en seguir contando con su aprecio y favor».

Diecisiete años... justo mis setenta y uno, invertidos. ¡Qué maravilla, que existan jóvenes como este! Japón todavía tiene algún futuro. Al final de estas líneas tienen la dirección del blog al que me refiero. Si tienen interés en el tema, entren en sus páginas.

http://blogs.yahoo.co.jp/cabiunirainejp/23715237.html.

Zonificación: el colmo de la necedad

22 de abril

Parece que el blog del estudiante de Okinawa me ha servido de estímulo, porque he empezado a pensar de una forma constructiva y en términos políticos —que no van nada conmigo— en muchas cosas, entre ellas, cómo podríamos hacer de Japón un país serio. Lo más rápido y efectivo sería cambiar la forma de hacer política en Japón. Y se me ha ocurrido que, así como ciertas elecciones generales del pasado fueron convocadas para dirimir la controversia sobre la privatización de los servicios postales, las próximas elecciones (¿cuándo eran?) deberían centrarse únicamente en debatir la política energética. Pero los partidos que tenemos ahora no me inspiran ninguna confianza. ¿No sería mejor fundar un nuevo partido que, además de mantener una posición contraria a las centrales nucleares, promoviese la utilización a gran escala de las energías renovables, algo parecido a aquellos Verdes que tan gloriosamente enarbolaron su bandera en la Alemania Occidental de los años setenta? Su nombre podría ser Partido del Viento y del Sol, ¿no queda estupendamente bien? Por supuesto, la finalidad del partido sería la promoción activa de las energías eólica y solar.

Pero justo ahora que trataba de representarme ese luminoso futuro, se ha hecho pública una nueva medida tan necia como las anteriores. Se han establecido oficialmente dos zonas: una de evacuación planificada[28] y otra de preparación para una

[28] En japonés, *keikakuteki hinan kuiki.* Coincide aproximadamente con las áreas que, pese a estar a más de 20 kilómetros de la central accidentada, presentaban niveles de radiactividad relativamente altos. Incluye tierras que se hallan a casi 50 kilómetros de la central. El Gobierno consideró que, de continuar viviendo en esta zona durante un año, sus pobladores podrían recibir un total acumulado de más de 20 *milisieverts.*

evacuación de urgencia[29]. Además, lo que hasta ahora se denominaba zona de evacuación ha sido rebautizado como zona de alerta[30], y se ha prohibido terminantemente el acceso a la misma, lo cual es una necedad. Las tres zonas están representadas en Minamisōma, un gran honor para nuestra ciudad.

Empezaré por la última de estas zonas, la de alerta, en la que se han establecido multas de hasta 100.000 yenes para quienes violen la prohibición de entrada. Son tierras situadas a menos de 20 kilómetros de la central accidentada, pero en algunos lugares, la radiactividad está a niveles mucho más bajos que los de la capital provincial, Fukushima. Uno de mis amigos, cuya fábrica salió indemne del tsunami, había estado trabajando todos estos días de cara a la reapertura de la misma, pero el lugar ha quedado incluido, por apenas cien metros, dentro de la referida zona, lo cual le obliga a abandonar sus tareas a partir de mañana. Está indignado, porque sus insistentes peticiones para que se le permitiese continuar no han sido escuchadas (detalles del caso aparecen en el número de hoy del periódico *Tōkyō Shimbun*). Creo recordar que el Gobierno prometió tomar medidas «cuidadosas», pero al final vemos en sus decisiones una aplicación de las normas perfectamente rígida e inflexible. Medidas «cuidadosas» significa, en realidad, tener en consideración las circunstancias y, a veces, reconocer excepciones; pero ellos se zafan de esa labor de deslinde tan ardua e ignoran las excepciones de la forma más despiadada.

Como he dicho ya varias veces, este magnífico ordenancismo, burocratismo, formalismo (en los idiomas europeos todo esto

29 En japonés, *kinkyuji hinan junbi kuiki*. Coincide aproximadamente con el área en forma de arco que se extiende entre los 20 y los 30 kilómetros desde la central accidentada. Sus niveles de radiactividad eran menores que los de la zona de evacuación planificada. El Gobierno exhortó a sus pobladores a estar alerta para una posible reclusión en sus casas o evacuación a otras áreas. Esta área desapareció oficialmente el 30 de septiembre de 2011.

30 En japonés, *keikai kuiki*. Comprende todas las áreas situadas a menos de 20 kilómetros de la central siniestrada.

se resume en la palabra «burocracia») tiene su sentido en situaciones de normalidad, pero cuando se dan emergencias como la que vivimos, causa daños letales.

Sé que este ejemplo lo he usado alguna vez, pero como muchos de mis lectores son nuevos, me van a permitir usarlo de nuevo. Se trata de una escena que aparece en la película *Seishun den-deke-deke-deke*, del director Nobuhiko Ōbayashi. Una escena muy agradable, como un soplo de aire fresco. El profesor Terauchi, interpretado por Ittoku Kishibe, acaba de enterarse de que un grupo de alumnos de su escuela ha creado un club para tocar la guitarra eléctrica y está buscando un espacio para ensayar. La escena refleja el momento en que el profesor reserva un espacio especialmente para ellos. Los alumnos manifiestan al profesor su preocupación por estar recibiendo un trato de favor, a lo que el profesor responde que él siempre dará un trato de favor a los alumnos que tengan ganas de hacer cosas.

Más que las ayudas que recibiría al cabo del tiempo si cerrase su negocio, lo que quiere hacer mi amigo es poner en funcionamiento esas máquinas y esos motores que ya tiene a punto, y enviar el producto a sus clientes, sin hacerles esperar ni un día más. No habrá ningún vecino en el área que se oponga, conociendo bien las circunstancias del caso. El funcionariado, como se vio el otro día con los responsables de la sección de Registro de Residentes (¿?) de la ciudad de Tsukuba, es un clan que siente un temor patológico a ser criticado. Frente a estos funcionarios, el profesor de la película es un verdadero profesor al que le importa un rábano ser criticado por la Junta de Padres.

Sin embargo, según se ha informado, el establecimiento de esa zona de alerta ha sido una exigencia del gobernador de la provincia de Fukushima, Yūhei Satō, al gobierno central. Si esto es cierto, no me entra en la cabeza con qué intención pudo haber reclamado eso. Si el problema es que en esa zona están entrando a robar a las casas que han quedado vacías, sería suficiente con que, como hasta ahora, la policía patrullase las calles. Pero que los agentes puedan llegar a impedir incluso físicamente la entrada a los vecinos y que para colmo les impongan multas, eso no es más que una política de imposición por la fuerza, que no cree ni en la sensatez ni en la madurez del pueblo; una política propia de un régimen dictatorial. No sé qué estaría ocurriendo hasta ahora en las líneas divisorias de los 20 y los 30 kilómetros alrededor de la central, pero pienso que sería suficiente con que policías o bomberos se turnasen en las carreteras y explicasen amablemente a quienes se acercan que solo los vecinos del área pueden pasar.

La verdad es que lo que más me ha enfadado es la razón que se ha dado para establecer esa zona de preparación para una evacuación de emergencia, zona en la que queda incluido el lugar donde vivo. ¿Qué hago? ¿Sigo en esta línea y desato toda mi ira, o me doy un cierto tiempo y retomo el tema mañana, con más serenidad? Sí, será mejor así, no tengo ninguna prisa. Tengo tiempo de sobra. Lo dejo para mañana.

Sí, voy a aprovechar la ocasión para escribir aquí sobre otro asunto diferente. Hoy, un amigo me ha recordado que yo en una ocasión critiqué la forma en que el alcalde de Minamisōma se dirigió a los habitantes de la ciudad inmediatamente después del terremoto y me ha preguntado mi opinión sobre la alta valoración que, inesperadamente, ha merecido el hecho de que el alcalde haya enviado a través de YouTube un mensaje al mundo explicando la dureza de nuestra situación.

No sé cómo ese mensaje habrá llegado a ser difundido por YouTube o como se llame. Supongo que el alcalde hablaría con algún reportero que se coló hasta donde estaba. Pero me parece algo desencaminado. Esto, ante todo es un problema de Japón. Además, el alcalde es, al fin y al cabo, una pieza de la Administración. Si lo que él pretendía era, mediante este mensaje enviado al mundo, aprovechar la presión exterior para conseguir que el Gobierno japonés se mueva, todavía sería comprensible. Pero no parece que sea así. Yo no me considero un ultranacionalista, ni un patriotero (aunque sí un patriota), pero sí creo tener al respecto la suficiente prudencia o moderación. Bueno, esa es mi impresión.

De todos modos, mañana trataré de hacer una crítica más a fondo de estas necias medidas.

¡Encendido de emergencia!

23 de abril

Anoche, después de escribir aquello, estuve dándole vueltas y más vueltas al asunto, lo cual no me impidió dormir luego perfectamente. Y hoy he empezado a sentir que no iba a poder esperar hasta la noche para escribir esto. Realmente, la última decisión del Gobierno no es que me parezca simplemente una medida necia, creo que es el colmo de la perversión legal. Ante ello, he entendido que no tenía otra opción más que encender urgentemente mi desvencijado calentador automático interior. Lean, por favor, la página de medidas contra desastres de la Residencia del primer ministro de Japón, en especial el punto 4 del apartado 2 (Establecimiento de la Zona de Preparación para la Evacuación de Emergencia) que reproduzco aquí: «4) En la Zona de Preparación para la Evacuación de Emergencia se sigue exhortando a la evacuación voluntaria. Se exhorta especialmente a niños, embarazadas, personas necesitadas de asistencia, enfermos hospitalizados, etcétera, a hacer lo posible por no entrar en esta zona. Conociendo los sacrificios que esto supone, pedimos la colaboración de todos. Por otra parte, las guarderías, jardines de infancia y escuelas de primaria, secundaria y bachillerato de la zona permanecerán cerradas».

Quizás, con una lectura rápida de este texto no se llegue a sentir cabalmente el tacto, el toque cruel, inhumano, que realmente tiene. Lo que se viene a decir es que aquí, además de los niños y de las embarazadas, no pueden entrar las personas necesitadas de asistencia ni los hospitalizados. ¿Todavía no lo captan? Quiere decir que, por ejemplo, mi mujer y las personas en su situación no pueden estar aquí. ¿Que estoy sacando las cosas de quicio? Nada de eso. Es lo que dice el texto. O sea, que lo que antes era un «Ah, entiendo, entonces, si ocurre algo y hay que evacuar el área, su marido estará con usted, ¿verdad?», se convierte de repente en un «¿Por qué una persona con demencia senil está aquí?, ¡mire (enseñando la orden), aquí pone que no pueden entrar en esta zona!».

¿Que el texto no implica eso? ¡Tú no te enteras de nada! La ley, en su último extremo, se transforma siempre en una disciplina férrea, totalmente inflexible. El ejecutor último de la ley, aunque sea el inofensivo marido de la señora de la casa de enfrente, se convierte en un monstruo llamado Estado, que blande una afilada hoja de acero.

No hace falta ir a una ley de ámbito nacional, fijémonos, por ejemplo, en los reglamentos de las escuelas. En ocasiones, los reglamentos se convierten en hojas cortantes de verdad. Si no, acuérdate de aquel caso, era la época en que una ola de violencia recorría las aulas (por cierto, ¿ha remitido ya aquella locura?), y un profesor apostado a la entrada de la escuela, sin siquiera alzar los ojos para ver que una alumna trataba de entrar en el último segundo, cerró sobre ella la puerta de hierro, y la mató[31]...

¿De verdad piensas que es una decisión basada en el amable deseo de evitar que la salud de las personas se vea dañada? Pero ¡qué estás diciendo! Lo único que les importa es que no pueda decirse que ha habido una sola víctima mortal de las radiaciones, eso sería un descrédito para ellos. ¡Ellos no piensan para nada en los enfermos ni en los discapacitados! ¿Dices que de esos todavía no ha muerto ninguno? ¡Qué mentira! ¿Sabes

[31] El llamado «Caso de la muerte por aplastamiento a la entrada del Instituto de Bachillerato Takatsuka, de Kōbe» ocurrió en julio de 1990 en la ciudad de Kōbe (provincia de Hyōgo), un día de exámenes. El causante de la muerte fue un profesor de treinta y nueve años. Otros dos profesores se encontraban en el lugar cuando se produjo el suceso. La puerta corredera de hierro pesaba 230 kilogramos.

cuánta gente ha muerto por culpa de esos traslados de enfermos indebidos, o de la dureza de las condiciones de vida en los refugios? ¿Daños sobre la salud? ¡Con qué cosas sales! ¡Con la cantidad de gente cuya salud ha resultado dañada, no por la radiactividad, sino por culpa de esos estúpidos políticos, de esos necios alcalduchos. Alguna vez habrá que investigar eso a fondo para saber exactamente cuántas víctimas de este gran terremoto son en realidad víctimas de la incapacidad humana.

Me preocupa que esto sea un estrangulamiento para todos los médicos que han regresado a la ciudad, para los hospitales algunas de cuyas secciones por fin han comenzado a atender, que cunda el desánimo entre todos ellos, así que he llamado a nuestro médico de cabecera, un destacado profesional, voy a decir su nombre, el doctor Hiraku Ishihara. ¿Seguiremos contando con usted? Y él, al momento: Por supuesto, a mí eso no me afecta. En la asociación de médicos de la ciudad todos pensamos igual. Eso es lo que me dice. Qué alegría. Qué tranquilo me deja. Digan lo que digan los tontos de los políticos, la gente, la ciudadanía (una parte de ella) no es tan tonta.

Cambiando de tema, por la mañana he ido a la oficina de correos de Kashima a recoger un paquete que me habían enviado allí. He aprovechado el viaje para llevar también una cosita que quería enviar por el sistema *yūmēru* (libros, CD, etcétera). Me ha atendido un joven empleado que no parecía muy acostumbrado a este sistema y ha tardado un siglo en hacer el cálculo de la tarifa aplicable, cálculo que finalmente ha hecho mal. No era mi intención, pero he terminado enfadándome (últimamente esto me ocurre mucho) y espetándole que, haciendo una interpretación literal de lo que había dicho por la televisión el primer ministro, el transporte y el reparto de correo y materiales a las zonas que antes eran de reclusión y ahora son de preparación (para desalojo de emergencia) deberían mejorar inmediatamente, pese a lo cual ellos, a saber qué interpretación habrían hecho, seguían desatendiendo sus obligaciones. A ver qué clase de servicio era ese. Y resulta que todos los empleados jóvenes que se encontraban en el lugar asintieron a mis palabras, usted, señor cliente, tiene toda la razón, pediremos a nuestros superiores que tomen las medidas oportunas. ¿Lo han oído? ¿Han oído estas palabras humanas, esta decencia? El empleado joven que acababa de recibir mis gritos me ha llevado el paquete más pesado hasta el coche. ¡Mientras haya jóvenes como él, este abuelete no perderá las esperanzas!

Un día de calma chicha

24 de abril

Buen tiempo desde el amanecer. Me doy cuenta de que hoy es domingo. Desde que me jubilé, especialmente desde que me vine a vivir a Minamisōma, para mí todos los días eran festivos, vivía en unas permanentes vacaciones con muy poca conciencia de qué día de la semana era, pero desde que ocurrió el gran terremoto, esto se ha agudizado y por lo que respecta al paso de las semanas, lo mío es ya una verdadera parálisis sensorial. La mosquitera metálica de la ventana se ha despegado por una esquina y se mueve al viento. No sé por qué, pero de repente me ha venido a la cabeza el paisaje del cabo Shioya. Quizás sea porque todavía resuenan en mi cabeza los sones de la canción de Hibari Misora que pasaron anoche por televisión.

> Me llevo la mano al revuelto cabello / mueve el viento entonces mi rojo *kedashi*[32] / añoranza y rabia en el cabo Shioya / ese hilo de amor que lanzo y no llega / se enreda en mi pecho y me hace llorar.
>
> (Letra: Tetsurō Hoshino; música: Tōru Funamura)

32 Ropa interior femenina tradicional, visible solo cuando se levantan los bajos del quimono.

Según he visto en internet, el tsunami afectó también al cabo Shioya, en la ciudad de Iwaki (provincia de Fukushima).

La gente —la gente en general, quiero decir—, ¿habrá recuperado ya la sensación del paso del tiempo que tenía antes del terremoto? Me pregunto esto porque anteayer y ayer, yo no sabía cómo desahogarme, con esa indignación que me hervía en la sangre, y en ese estado me puse a escribir una cosa tras otra; pero ahora no sopla ni el más ligero viento, es como si me hubiera llegado la *Calma Total* (*Dead Calm*), es decir, no ha habido ni una sola reacción a mis escritos. Entonces me he dado cuenta. Claro, hoy es domingo. Vamos a olvidar las prisas y conectar con el fin de semana.

Y justo en un momento tan oportuno como este, he recibido en mi casa las dos primeras visitas tras el terremoto, dos grupos. La primera de esas visitas fue ayer por la tarde. Vino el hijo de un profesor de mis tiempos de universidad, no, más que eso, un maestro para toda la vida, ya fallecido. El joven ha venido con la intención de hacer algunas averiguaciones necesarias para poner en marcha un proyecto de ayuda a las áreas damnificadas, organizado por la universidad en la que trabaja. Yo no tengo ningún tipo de conexión con el ayuntamiento, así que se lo he confiado todo a mi amigo Nishiuchi, que se ha convertido en una especie de decano o patriarca del barrio. El alojamiento se lo he puesto yo. Por lo demás, ayer por la tarde y hoy hasta poco después del mediodía se ha encargado de él Nishiuchi. Al parecer, ha podido hacer las comprobaciones, que eran cosas perfectamente concretas y prácticas, y además ha conocido a algunas personas, por lo que se ha ido, hoy por la tarde, muy satisfecho.

El segundo grupo ha llegado cuando el primero se iba. Era una antigua alumna, que ha llegado con su esposo y su hija, y con el coche lleno de víveres que había reunido para mí con sus antiguos compañeros. He recordado con mucha nostalgia la boda que ellos dos celebraron en la capilla de la universidad. Y ya tienen una hija que ha llegado a la mayoría de edad. Esta tarde de domingo no solo le he perdido el ritmo a la semana: mi sentido del paso de los años está también muy alterado.

Puede que no sea una expresión apropiada al caso, pero «gracias al» gran terremoto he podido recobrar mi relación con personas de las que durante mucho tiempo no había sabido nada, y he conocido también a personas con las que de otro modo nunca me hubiera encontrado en la vida. Ciertamente, uno nunca sabe lo que va a encontrar en la vida.

Lo dicho: un día de descanso como hacía tiempo que no lo tenía. Ahora el asunto es si mañana seré capaz de volver a la faena. Muy a propósito para ponerme a tono con lo cotidiano es el programa de televisión que acabo de ver, en el que jóvenes parlamentarios (bueno, a mí, después del terremoto, todos me parecen descarados jovenzuelos) de los diferentes partidos hablaban de esta forma: «Mi impresión es que, con el último gran terremoto, hemos entrado en una nueva fase, una fase en la que habrá que reconsiderar el futuro de la energía nuclear». ¿Que «habrá que reconsiderar», dices? Bueno, ¿y tú?, ¿nos vas a decir lo que piensas o no? ¿Que hablas después de haber confirmado las tendencias generales de la opinión pública? ¿Con qué memeces nos sales a estas alturas? ¿Y si empezaras tú por decir lo que piensas? ¿Que todavía es pronto para expresar claramente tu postura? ¿Qué pasa, es que no tienes ninguna idea al respecto?

Delirio bajo verdeantes cerezos

26 de abril

Después de comer hemos ido a la oficina de correos de Kashima para recoger un paquetito y hacer ciertos envíos. El día estaba fresco y soleado. De camino, hemos pasado por la casa de mi amigo Nishiuchi. Está haciéndome favores continuamente, así que se me ha ocurrido ofrecerme para hacerle yo alguno a él. Pero no tenía nada que pedirme. Me ha contado, eso sí, una cosa muy interesante. Al parecer, se ha organizado un grupo para llevarles alimentos y hacerles recados a los ancianos postrados en cama o con dificultades para desplazarse que siguen viviendo dentro del círculo de los 20 kilómetros en torno a la central. Ciertamente, aunque en las carreteras hayan apostado a agentes de policía para controlar el paso, allá donde no haya carreteras tampoco habrá ninguna línea precisa, y eso permite una aplicación laxa de la zonificación. Mirándolo así, el amigo del que hablé el otro día ¿no podía haberse hecho el sueco y reactivar su negocio sin molestarse en obtener autorizaciones de aquella forma tan inocente?

En cualquier caso, cuando llamaban al área donde vivo zona de reclusión en interiores uno siempre acababa saliendo de casa, y ahora que la llaman zona de preparación para la evacuación nadie está preparándose para la evacuación. Porque la gente no está dispuesta a seguir siendo manejada por el Gobierno.

Y había otra buena noticia. Desde hoy, las compañías transportistas del gato negro y del *hikyaku* están repartiendo otra vez en nuestra área. Oído esto, con toda la mala intención le he preguntado al empleado de Correos de Kashima a ver cuándo iban a reanudar ellos el reparto, que demostraban muy poca vergüenza no repartiendo en nuestra zona mientras aplicaban la misma tarifa para los envíos, a lo que él me ha respondido que yo tenía toda la razón y que precisamente esta tarde iban a reanudar el reparto. ¿De verdad? ¡Ánimo, pues, muchachos!

Y a la vuelta, efectivamente, me he cruzado con un vehículo de Correos. ¿Dónde os habíais metido vosotros? Ahí andaba el coche, todo rojo, como avergonzado (¿eh?, ¿que los coches de Correos ya eran rojos antes?). Si ocurre otra vez algo parecido a esto (¡no, por favor, me niego a pasar por esto otra vez!), espero que no hagáis el ridículo de esta forma.

Me he pasado también por el parque Yo-no-mori, donde nos hemos sentado en nuestro habitual banco de piedra y hemos tomado el sol disfrutando del fresco vientecillo. He experimentado entonces una repentina alegría, algo que se me colaba en el cuerpo como una corriente eléctrica. Era la sensación de que mis células iban reviviendo una a una. Y un firme convencimiento. ¡No, ya no vamos a tener más emergencias, no vamos a permitirlo! Esta zona será de preparación, si insisten, pero no para una evacuación de emergencia, sino para el renacimiento.

Las dos visitas que hemos recibido en casa estos días deben de haber sido un buen estímulo para mi mujer, porque ahora muestra más aquella sonrisa suya de siempre. Parecía estar muy a gusto sentada conmigo en el banco. Yo, contemplando los cerezos, que están cubiertos ya con un manto verde, me he sumido en estas delirantes cavilaciones.

Cuando se haya solucionado definitivamente el problema del accidente nuclear y volvamos a la normalidad, ¿terminará todo sin que nadie tenga que responsabilizarse por lo ocurrido? Vienen a mi mente, no sé por qué, las imágenes del juicio de la Banda de los Cuatro, tras la gran Revolución Cultural. ¿La Banda de los Cuatro? ¿Quiénes la integraban? El diseñador de la central nuclear de Fukushima, la persona que la impulsó, el primer ministro Kan, que se equivocó al tomar medidas, y el ministro Edano (¿cuál era su cartera...?). Bueno, ¿y qué les pasó al final a los de la Banda de los Cuatro? ¿Pena de muerte? Con el actual sistema legal no se podrá llegar a esos extremos. ¿Será lo suyo un delito de homicidio culposo? ¡Qué va! Al final, todo se difuminará y terminará sin que a nadie se le recrimine nada. ¿Y no es eso rarísimo? Don Quijote aceptó la sentencia dictada en el acto, pero criticó el sistema judicial que alarga interminablemente los procesos. Tampoco se trata de aplicar el ojo por ojo, diente por diente del Código de Hammurabi, pero por lo menos me gustaría que a los responsables de la central de Fukushima se les obligara a prestar servicio, por ejemplo, en la mejora de las tierras contaminadas a consecuencia del accidente.

Mientras pensaba estas cosas sentía sueño y ahora que las escribo me están entrando todavía más ganas de dormir, así que lo dejaré por hoy. Pero, pensándolo bien, todavía no hemos llegado siquiera al primer sexto del proceso cuyo esquema hizo público TEPCO. Qué duro resulta esto.

Del atontamiento al despertar

27 de abril

Desde la Calma Total de anteayer soy víctima de un ligero atontamiento. Se parece mucho al estado psicológico en que me encontraba cuando, el verano de hace dos años, después de 40 días cuidando de mi mujer en el hospital durante su operación de columna y luego, durante el posoperatorio, le dieron de pronto el alta y regresé a casa con ella mientras recibía los rayos cegadores del sol. Claro, hay una diferencia fundamental entre estas dos situaciones, porque en aquella ocasión sentía el alivio de pensar que todos los problemas se habían solucionado, y ahora la solución se ha pospuesto y me voy a ver obligado a vivir una vida de espera durante un largo periodo. Lo de ahora es un bajón, una pájara a mitad del esfuerzo, pero en lo que tiene de atonía mental, se parece a lo primero.

Pero anoche, viendo sin particular interés el programa informativo Hōdō Station, en el que un tipo con bigote, que debe de ser miembro del consejo de redacción de alguno de los principales periódicos de difusión nacional, charlaba con el presentador Ichirō Furutachi, eso que llamo la aguja de mi dispositivo de medición interior sufrió un violento vaivén. Charlaban de la encuesta a la que me referí días atrás, que fue realizada hace cosa de una semana precisamente por ese periódico. Lo que venía a decir el tipo era que si los resultados de la encuesta no se apartaban demasiado de los de otras encuestas anteriores al accidente, eso era una señal de que el pueblo japonés era un pueblo maduro.

¡Qué bonito queda dicho así! Pero para mí eso no es madurez ni es nada, eso es el aturdimiento mental producto de los años de paz que hemos vivido en este país, la modorra del que se siente seguro y, además, una muestra de que la gente piensa movida por su propio interés egoísta, porque no quiere renunciar al alto estándar de vida de que disfruta actualmente.

Me acuerdo de aquella película de John Ford, *¡Qué verde era mi valle!* Una película muy famosa, protagonizada por Maureen O'Hara y Walter Pidgeon, que presentaba a una familia de mineros del carbón. Narra la historia de esta pobre pero orgullosa familia, cuyos miembros tienen que continuar con su trabajo pese a los derrumbamientos que ocurren en la mina. Las víctimas de un accidente nuclear no son solo los trabajadores de la central (las labores más peligrosas se las dejan a los empleados de las empresas cooperantes, o sea, subcontratadas), porque los daños se extienden a 20 kilómetros, a 30 kilómetros, qué digo, a muchos más, a 50 kilómetros, en algunos casos. Un accidente así da paso a una catástrofe que tardará decenas de años en superarse.

Esta vez, por suerte, la central nuclear de Onagawa no ha sufrido daños, pero a juzgar por las imágenes que ahora por primera vez difunden, faltó menos de un metro para quedar inundada por el tsunami. No comprendo por qué es ahora cuando se hace público el estado en que ha quedado esta central, quizás sea porque tanto esta como el resto de las centrales nucleares de la región de Tōhoku han sufrido grandes daños.

Vuelvo al asunto del invitado del programa televisivo. Por lo que dice, imagino que si no está abiertamente a favor de las centrales, al menos aceptará su existencia o será favorable a mantener la situación tal como está. El suyo es un gran periódico (utilizo ese «gran» en un sentido meramente cuantitativo, no cualitativo) y, por tanto, él es uno más de los muchos miembros del consejo de redacción, miembros que no necesariamente compartirán sus opiniones, pero de repente, qué cosas..., se me han quitado las ganas de leer ese periódico. Ahí, en el armario que tengo junto a la mesa, está pegado el contrato de suscripción con el distribuidor de periódicos local y el periodo de suscripción es de un año, a contar desde agosto del año pasado. O sea, que me seguirá llegando durante otros tres meses. Aunque es posible que con el gran terremoto todos los contratos sean rescindidos. Ojalá sea así.

Un periodista es una persona y como tal es libre de pensar lo que quiera. Pero cuando se trata de la guerra, las centrales nucleares, los grandes problemas que afectan a este país o, mejor dicho, a la base de la propia existencia humana, me pregunto si será posible defender simplemente el *statu quo*. Por supuesto, habrá casos en que uno no pueda decidirse entre tomar una actitud a favor o en contra y prefiera por eso no clarificar su postura. Pero incluso en ese caso el eje sobre el que bascula su pensamiento tendrá que estar apoyado en alguna de las dos partes. Es decir, que una neutralidad absoluta es imposible.

Se puede decir todavía de forma más simple: los grandes retos de la vida solo pueden revelársenos al final de todo. Pongamos que vas a despedirte de este mundo. Entonces, ¿qué mundo quieres dejar a tus hijos? Dejando a un lado cosas como las comodidades, el temor al qué dirán y el resto de los criterios secundarios, en última instancia, ¿qué es lo que realmente quieres? Ese es el asunto. Esa es la situación en la que más claramente se ven el pensamiento escatológico en crudo del que hablé el otro día o el radicalismo al que también me he referido.

Pues eso... no quiero marcharme de este mundo dejando el interior de la Tierra lleno de residuos radiactivos. Durante algún tiempo (¿acaso hasta morir?) voy a tener que andar bien despierto.

¡Qué fastidio!

27 de abril

Por la mañana me ha llamado desde Towada mi nuera Emi. Con las prisas de la partida, se dejó en el cuarto de baño a Meru-chan, que tanto le gusta a su hija Ai. Me pide que la saque de ahí y la lleve al cuarto de estar o a alguna otra parte de la casa para que se seque. Es una muñequita cuyo pelo se pone verde cuando se moja y dorado cuando se seca, creo. Rápidamente he ido al baño a mirar. Efectivamente, ahí esta Meru-chan con su pelo verde. Emi no me ha pedido que se la envíe, pero un abuelo no puede dejar de hacer estas cosas.

El paseo matinal ha empezado, pues, con una visita a la oficina de correos. Meru-chan ha ido acompañada de otros juguetes de Ai, algunos dulces tradicionales japoneses que me habían llegado como parte de la ayuda para damnificados y un detallito para Emi, que cumple años dentro de unos días. Todo en una caja de cartón, que envío por el sistema llamado *yūpakku*. Se supone que la oficina ha reanudado los servicios de recepción y envío de sobres y paquetes, pero nos han privado un mes y medio del servicio y yo todavía no me lo creía del todo cuando he entrado en la oficina. Lo que he visto ahí tampoco voy a compararlo a lo que hacen en los grandes almacenes al abrir sus puertas cada mañana, pero aun así, cinco o seis miembros de la plantilla de la oficina estaban ahí para recibir al cliente atentamente y con gesto servicial. Así me gusta. Espero que no olvidéis esa actitud. Que os habéis pasado todo este tiempo haciéndonos recorrer distancias llevando cartas y paquetes, haciéndonos gastar gasolina, y encima nos lo cobrabais aplicándonos la tarifa normal.

Después, siguiendo nuestra ruta habitual, hemos ido al parque Yo-no-mori y nos hemos sentado al sol en nuestro banco de siempre. He saludado a un matrimonio algo mayor que nosotros que pasaba por ahí. Las peripecias que me han contado me han pillado un poco por sorpresa. Eran del barrio de Odaka, que queda dentro del círculo de 20 kilómetros de radio en torno a la central accidentada. Su vivienda solo sufrió pequeños desperfectos pero, lógicamente, tuvieron que huir de allí. Por suerte, unos parientes suyos tenían una casa vacía aquí, en Haramachi, y pudieron mudarse a ella. Querían volver a su casa de Odaka para recuperar algunas cosas, pero desde anteayer la vigilancia policial es muy estricta y se lo han impedido. Da mucha rabia que te impidan entrar en tu propia casa. Al parecer, los agentes que vigilan la Nacional 6 han llegado aquí procedentes de la provincia de Kioto son unos agentes que se limitan a vigilar y ni siquiera sonríen cuando alguien les dice algo.

¿No os lo decía? Si se da el caso, los policías y militares dejan de proteger al pueblo y, en un abrir y cerrar de ojos, se transforman en vigilantes del pueblo. Por eso han traído hasta aquí a agentes procedentes de la zona de Kioto, porque su efecto conminatorio es mucho mayor que el que tendrían los agentes locales, cuyos rostros estamos acostumbrados a ver.

—¡Y que nos hagan pasar por esto a nuestra edad...! ¡Qué asco de vida! —dice la señora, dos años mayor que yo, mientras su marido, de aspecto apacible, asiente a su lado.

—No diga usted esas cosas y anímese, mujer. ¿No salió usted viva de aquellos tiempos tan duros, al final de la guerra? Tampoco están las cosas para mucho optimismo pero..., la vida siempre te da alegrías. Sin ir más lejos, el otro día encontré ahí, donde el aparcamiento, un chaval que había apilado unas cuantas cajas de cartón y estaba vendiendo *yakitori*. Le dije que vaya ánimo tenía para estar vendiendo aquí *yakitori*, y me respondió que con toda la gente que había por ahí sufriendo de verdad no podíamos quejarnos. Resulta que todo el dinero que saca de la venta lo lleva al ayuntamiento. Con esta juventud, la ciudad va a superar esto sin ninguna duda.

—Pues sí, porque lo que es los políticos y los funcionarios..., no hay uno decente. Pero con esta juventud aún podemos tener esperanzas, ¿verdad? —comenta la señora a su marido.

Y diciendo eso, la bien avenida pareja se ha perdido entre los cerezos verdeantes. Qué cierto es esto: ese Kan, ese otro Edano, y el tipo del Partido Liberal Democrático, el banquero ese, o lo que sea, que pese a sus años parece no haber crecido... no los quiero ni ver. Eso es lo que siento hacia ellos. La rabia es que no se me ocurren otros políticos que puedan sustituirlos.

La gente de Iitate[33] está enfadada y su reacción es lógica. El caso de este municipio es tratado a menudo en la televisión, pero en nuestra ciudad, en Minamisōma también hay una parte que ha sido incluida en esa zona de «no-sé-qué planificada». Por supuesto, hay gente que vive ahí, no os olvidéis de ellos. Me pregunto en qué zona quedará ahora el puerto de Yagisawa, por el que tantas veces pasamos Yoshiko y yo en aquella época en que ella vivía en la ciudad de Fukushima y nos visitábamos mutuamente. ¿Será la zona de evacuación planificada?, ¿la zona de preparación para la evacuación? ¡Qué fastidioso es todo esto!

Mi condiscípula de Iitate

28 de abril

No es que me haya acordado de ella solo porque ayer sacase el tema de Iitate, pero lo cierto es que una de mis compañeras de secundaria vive ahí. Iitate es el primer pueblo pasando el puerto de Yagisawa, camino de la capital provincial. Mis compañeros de secundaria en su mayoría procedían de familias propietarias de algún negocio, o eran hijos de asalariados, pero ella, cosa rara, fue a casarse con un agricultor de ese pueblo (de esto hace

33 El autor se ha referido a esta población vecina en su escrito del 28 de marzo. Situada en una zona de colinas entre la costa (Minamisōma) y la capital provincial, venía presentado altos índices de contaminación radiactiva.

ya mucho tiempo). Yo vine a Sōma en 2002 y desde entonces hemos celebrado dos veces reuniones de antiguos alumnos. En ambas ocasiones, ella se dejó ver y parecía estar feliz.

Antes de venir aquí, en cierta época, yo estaba convencido de que me quedaría a vivir para siempre en Hachiōji (Tokio). Pero se dieron ciertas circunstancias en mi vida, y además mi madre vivía sola aquí, así que, al final, decidí venirme, algo que nunca había previsto hacer. Incluso ahora, después de lo que ha pasado, estoy convencido de que fue un acierto. Principalmente, porque en esta última etapa de mi vida puedo disfrutar del lujo, de la felicidad de vivir rodeado por mis amigos de primaria y secundaria, y poder estar con ellos siempre que quiera. Así pues, me salvé por muy poco del destino que parece reservado a la gente de provincias que, venciendo muchas dificultades, consigue un lugar para vivir en algún rincón de la gran ciudad: volver al terruño una o dos veces al año mientras sus padres están vivos, y hacer alguna visita suelta a la tumba familiar cuando ya están muertos.

He dicho «ciertas circunstancias en mi vida», que es un comentario un tanto nebuloso. Pero no tengo necesidad de ocultar nada. Mi trabajo como profesor universitario, con el que llevaba muchos años, se me antojó, dicho en pocas palabras, carente de sentido. El problema no afecta solo a la universidad donde trabajaba. A consecuencia del paulatino descenso —vertiginoso descenso, en realidad— del número de jóvenes que aspiran a matricularse en la universidad, se ha producido, no ya entre los administradores, incluso entre el profesorado, una degradación moral del tipo que tan bien refleja el refrán «Gran maestra es la pobreza, pero empuja a hacer vileza», y un ambiente de desorientación y desconcierto en el que ya nadie se preocupa por las apariencias, con un desprecio olímpico también por los ideales fundacionales, y todo esto terminó por hartarme.

Vaya, me he apartado del tema de Iitate. Me preguntaba cómo estaría esa compañera y hoy la he llamado por teléfono. Se ha apresurado a preguntarme cómo estaba yo, si había dejado mi casa, etcétera. No, he estado aquí todo este tiempo. Claro, en Haramachi los índices de radiactividad son bajos.

Cuenta que, al principio, le decían que ella había tenido suerte por estar en Iitate. Porque la casa de sus padres había sido arrasada por el tsunami. He querido preguntarle si ha muerto alguien de su familia, pero me he contenido. Bueno, el caso es que ella pensaba, al principio, que había tenido suerte. Pero poco a poco ha empezado a dudarlo y, entre unas cosas y otras, resulta que ahora imponen en Iitate la zona de evacuación planificada.

Le pregunto si en su casa criaban animales y me responde que no, pero que sí tenían campos, campos que no han podido plantar y que se verán obligados a abandonar. En su casa tienen a un chico en el bachillerato (supongo que será su nieto), así que han alquilado una casa en Kitakata (¿o dijo Sukagawa?) y tienen previsto mudarse a ella. Menos mal que no criaban terneros (la carne de Iitate tiene indicación geográfica protegida), pero igual de duro tiene que ser decir adiós a los campos que se han labrado durante tantos años. Es una vida ligada a la tierra, que nada tiene que ver con la de un asalariado urbano. He probado a decirle que sin duda podrían volver a trabajar la tierra algún día, que yo no podía hacer gran cosa para conseguirlo, pero que la apoyaba, que trataría de mover las cosas para que empezasen las operaciones de recuperación de tierras contaminadas, y otras cosas no demasiado creíbles para animarla, pero ella no ha respondido nada. Dice que le gustaría verme otra vez en la próxima reunión de exalumnos. ¿Cuánto tiempo será necesario para solucionar esto? Nadie está tomando medidas precisas ni se están fijando plazos concretos para conseguir que esas tierras queden otra vez disponibles para uso agrícola.

El primer ministro y el resto del Gobierno, la gente de TEPCO (ahora que me acuerdo, me quedo con la idea del señor Tetsurō Sawai, uno de los visitantes de mi blog, quien, respetando la pronunciación del nombre japonés de esta compañía, hace una pequeña travesura con los ideogramas para conseguir que signifique «Compañía Eléctrica de los Ladrones»), toda esta gente..., yo me pregunto: ¿Podrá entender la tristeza de la mirada de nuestras vacas?, ¿entenderá la amargura de tener que tirar la leche que acabas de ordeñar?, ¿entenderán lo duro que es tener que deshacerse de unas tierras que has cultivado años y años, insuflándoles tu propia vida, por culpa de ese terrorífico veneno que es la radiactividad, que las corroe y devora?, ¿y ese dolor que sentimos, como si nos arrancasen el alma? «Entenderlo, entenderlo, ¿cómo van a entenderlo?», que dice el famoso gag de nuestro humorista Chitose Shōkakuya (ahora dirán de él que nació en la zona de alerta de Minamisōma, o algo así. Por cierto, ¿qué habrá sido de él?). La tristeza que debe de sufrir la familia de mi excompañera al alejarse de su pueblo va calando también en mi corazón. Que no puedan vencerte, no te desalientes, vuelve algún día a Iitate, y ojalá volvamos a vernos en nuestras reuniones de exalumnos.

Auténticos monigotes

30 de abril

Durante todo este tiempo he evitado por todos los medios ver las informaciones televisivas sobre el accidente nuclear, sobre todo, las ruedas de prensa del portavoz del Gobierno Edano, de la Agencia de Seguridad Nuclear y de la eléctrica TEPCO. He oído por ahí que ahora esta «Santísima Trinidad» ofrece ruedas de prensa conjuntas, pero tampoco lo he comprobado personalmente hasta ahora. La razón es sencilla: estas cosas son malas para mi higiene mental. Para empezar, porque te dicen que el nivel del agua de refrigeración de uno de los reactores ha descendido, luego que en el otro reactor se ha producido una fractura o que no se ha producido tal fractura..., no puedes andar alegrándote y entristeciéndote al ritmo de estas noticias, porque al final te vuelves loco. A ellos, solo se me ocurre decirles que lo dejo todo en sus manos, que pongan el alma en ello y solucionen el problema cuanto antes.

Hoy, cerca del mediodía, he pasado por delante de la televisión (entrando desde el pasillo al espacio donde está mi escritorio, tengo que pasar por delante de la televisión, porque ese es el lugar donde se sienta mi mujer y ella suele estar viéndola, o al menos la tiene encendida) y, para bien o para mal, me he parado frente a la pantalla. No, al final ha resultado ser realmente para bien. Si el otro día, también por casualidad, vi a aquella señora mayor de Futaba, hoy he visto a una mujer, esta vez en Naraha, que plantaba cara resueltamente al poder estatal. El reportaje estaba empezado y no me he enterado bien de las circunstancias concretas, pero la señora tenía a su padre, de noventa y ocho años, en cama. No sé cómo era el asunto, si es que la señora había salido de la zona de 20 kilómetros, había hecho algunas compras e iba a llevar las cosas a la casa donde estaba su padre, o es que ambos vivían juntos. En todo caso, la cámara captaba la escena en que ella se acercaba al control policial y negociaba con el agente. No se la veía enfurecida ni implorante. Sentada en el asiento del acompañante de un vehículo, parecía estar analizando al agente y le decía: «Pero ¿tú eres humano, diciendo esas cosas?, ¿tú tienes sangre en las venas?, ¿me dices que deje tirada a una persona mayor que se puede morir en cualquier momento?», todo eso dicho con dignidad, con apostura. La respuesta del agente no se oía, pero estaba claro que su única forma de hacer frente a la situación era insistir en que había que cumplir las normas.

En esta ocasión, algún concejal había tomado cartas en el asunto y le había conseguido a la señora un salvoconducto o un pase. Pero al llegar al control policial, empezaron a ponerle pegas, diciendo que el pase no llevaba fecha o alguna cosa por el estilo. ¿De dónde serían los agentes? ¿Otra vez de Kioto?

De ordinario, yo no suelo tener ningún interés en las llamadas cualidades o virtudes de los japoneses, lo que quizás me venga de la animadversión que siento hacia las pretensiones nacionalistas o ultranacionalistas que estas supuestas virtudes suelen llevar anexas y, por lo tanto, nunca las ensalzo, pero al ver esta escena en la televisión, repentinamente ha acudido a mi cabeza la expresión *sokuin no jō*[34], y por asociación de ideas también una obra de kabuki incluida entre las 18 obras maestras clásicas, la titulada *Kanjinchō*, y más en concreto la escena llamada «*Ataka no seki*». Es la escena en que el noble Minamoto-no-Yoshitsune, que huye con su gente a la región de Ōshū, atraviesa el puerto fronterizo de Ataka, en lo que entonces era el país de Kaga (la actual ciudad de Komatsu, en la provincia de Ishikawa). El perseguido Yoshitsune y sus acompañantes ocultan su identidad haciéndose pasar por un grupo de *yamabushi*[35], pero el guardián del puerto, Togashi Saemon, los reconoce. Movido por su *sokuin no jō*, Togashi se deja engañar y les permite seguir su camino.

Como dije el otro día, la existencia de personas que en casos así juzguen por sí mismas y obren con justicia, aun a riesgo de perder su posición, es una prueba del grado de madurez al que ha llegado el pueblo en cuyo seno se han criado esas personas. Si aquel agente estaba convencido de que permitirle el paso a la señora era una acción incorrecta, eso ya es otro asunto, pero no parece que sea el caso, porque lo único que cabe pensar es que, lejos de ese «Mira las cosas con tus ojos, piensa con tu cabeza y siente con tu corazón», se ha limitado a cerrar el acceso como si fuera uno de esos muñecos de cartón que representa la figura de un policía y que se pone en las obras de la carretera y otros lugares (aquí encaja perfectamente la palabra *monigote*).

Ya puesto a decir cosas, últimamente, en los anuncios televisivos se usa con profusión la frase «Expresamos nuestra solidaridad de todo corazón». ¿Lo dicen de verdad? Porque si no es así, les pediría que dejasen de usar tan a la ligera esa bella palabra que es «corazón».

[34] Sentimiento de compasión.

[35] Monje budista penitente, o practicante del Shugendō y que recorre las montañas.

Bueno, del nombre de aquella señora mayor de Futaba no pude enterarme, pero esta vez tenía papel y lápiz a mano, y he apuntado el de esta mujer de Naraha. Se llama Naoko Itō y tiene sesenta y dos años. El concejal que la apoyó es Kiichi Matsumoto.

MAYO DE 2011

El donativo de Bell

1 de mayo

Al día siguiente del de aquel gran temblor sentí preocupación por Noriko Saga[1] (de soltera, Noriko Akazawa), que vive en Morioka, y quise saber si estaba sana y salva. Debía de estar bien, teniendo esas dos hijas tan inteligentes, videntes las dos además, me dije. Pero una persona como ella, con ceguera total, tiene que sentir un miedo diferente al que sentimos nosotros. Afortunadamente, algunos días después y tras mucho insistir pude hablar por fin con ella y saber que se encontraba bien. Era ella la que estaba muy preocupada por nosotros. En octubre del año pasado vinieron a visitarme ella, su hija mayor, Rina, que conducía el coche, y su marido (oh, me olvidaba de su perro lazarillo, Bell). Nos habían visitado ya una vez de recién casados, cuando Yoshiko y yo vivíamos en Hachiōji (Tokio). Entonces llegaron acompañados de su primer lazarillo, Coral. Así pues, el de octubre fue mi segundo encuentro con su marido. Invidente total, como Noriko, es, sin embargo, un tipo alegre, muy amable y, además, muy bien parecido. Recuerdo que durante nuestro primer encuentro me quedé muy admirado pensando en la elección que había hecho Noriko, una elección propia de una persona inteligente como ella. Su hija no ha perdido aquel aire tan encantador que tenía de pequeña, pero ya es una mujer hecha y derecha. Mi nieta Ai le tomó mucho cariño.

[1] El autor se ha referido a esta exalumna en su escrito del 28 de marzo.

Ya que estoy en el tema, voy a revelar un secreto que ha prescrito. Cuando Noriko se disponía a entrar en la universidad, yo hice lo posible, de común acuerdo con una monja española, por que entrase en la nuestra, la Femenina de Seisen. Antes de que los resultados de los exámenes de acceso fueran hechos públicos, la llamé por teléfono y traté de convencerla de forma bastante insistente de que no se decidiera por la otra universidad a la que se había presentado, la Universidad Femenina de Tokio, sino por la nuestra. Fue una clara violación de las reglas. Sin embargo, hasta que su admisión fue definitiva, las reuniones del claustro de profesores vinieron acompañadas de tormentosas discusiones. Quienes se posicionaban en contra argüían que nuestro centro no estaba dotado de las instalaciones necesarias para acoger a invidentes y que finalmente sería la propia Noriko la perjudicada. Que así no había garantías de que pudiera llegar hasta su graduación. Pero era más simple que todo eso. Era evidente para cualquiera que su verdadera preocupación se situaba a un nivel mucho más pedestre: temían que alguna organización de apoyo a los invidentes pudiera plantear a la universidad exigencias difíciles de satisfacer.

En ese momento comprendí perfectamente que la sociedad japonesa, bajo una capa de amabilidad fingida y en el fondo egoísta, condena a los discapacitados a una muerte lenta. Esto quedó todavía más claro cuando Noriko marchó a España a continuar sus estudios y pudo comparar ambos países. En España se dispone de mecanismos como la Organización Nacional de Ciegos Españoles (ONCE), que a nivel nacional impulsa fuertemente la autonomía de las personas invidentes. La ONCE maneja un potente sistema de lotería muy popular entre los españoles, y hay un considerable número de invidentes trabajando en las administraciones públicas. En resumidas cuentas, lo que se hace no es aislar a los discapacitados, sino reservar en el seno de la sociedad, como la cosa más natural del mundo, un lugar para ellos.

Sus años de estudios en España quedaron reflejados en la película documental *Hikari to kage no kizuna — Watashi wa Pirenē wo koeta*[2] (1983) y en el libro *Pirenē wo koete — Noriko to Kōraru no Supein ryūgaku*[3] (ed. Tōyō Keizai Shinpōsha, 1984). Por cierto, mi esposa Yoshiko se encargó de transcribir las cintas que había dejado grabadas Noriko.

Siguiendo las buenas costumbres, he vuelto a castigar al lector con un larguísimo prólogo. El tema principal viene a continuación. Ayer me llegó de Noriko un donativo. Al parecer, se enteró de que aquí se ha organizado un servicio de reparto a domicilio de comida para los ancianos (no sé qué sistema tendrá su ordenador, pero ella lee mi blog y responde a mis mensajes de correo electrónico de una forma perfectamente legible) y me envía un dinero que ella había recibido como donación para su perro lazarillo, pidiéndome que lo destine a ese fin. Por eso he reunido estas líneas bajo el título de «El donativo de Bell». Le quedo muy agradecido y me comprometo a entregárselo a mi amigo Nishiuchi mañana mismo.

Queda raro añadir un apéndice a un tema principal tan exiguo, pero diré que esa monja española de la que durante tanto tiempo, desde que ella volvió a su país, no había sabido nada, es decir, la madre Garaizábal, es la misma monja con la que tramé el ingreso de Noriko en la Seisen. Recuperar el contacto con ella ha sido una de las propinas que me ha dejado —que nos ha dejado a Noriko y a mí— el gran terremoto.

[2] «El vínculo de luces y sombras — Yo crucé los Pirineos». Cabe comentar que la expresión *hikari to kage* (luces y sombras), así como *jōnetsu no kuni* (el país de la pasión) se utilizan continuamente en Japón para adjetivar o identificar a España.

[3] «Cruzando los Pirineos: Noriko y Coral estudian en España».

La lógica de *El tercer hombre*

2 de mayo

Cuando me planteo el arduo problema de la esencia humana siempre recuerdo una escena muy sugerente de la película *El tercer hombre* (1949, Reino Unido), dirigida por Carol Reed y basada en la novela homónima de Graham Green. En la película, el escritor norteamericano de novelas baratas Holly Martins (interpretado por Joseph Cotten) descubre que Harry Lime, el viejo amigo que creía muerto (Orson Welles) está en realidad vivo y se lucra adulterando penicilina robada del Ejército y vendiéndola ilegalmente. En la escena a que me refiero, que está ambientada en una noria de un parque de atracciones situado a las afueras de Viena, Martins reprende a Lime. Cuando su amigo le recrimina por las muertes de tantos niños a quienes se ha tratado con su inefectiva penicilina diluida en agua, el tercer hombre responde: «¿Víctimas? No seas sentimental. Mira allá abajo [Lime señala abajo, donde la gente se mueve como atareadas hormigas, y continúa]. Dime, ¿de veras sentirías pena si una de esas manchas dejara de moverse para siempre? Viejo, si yo te ofreciera veinte mil libras por cada mancha que se detuviera, ¿de verdad me dirías que me quedara con mi dinero, o calcularías cuántas manchas te podrías permitir perdonar?...». (Comentario entre corchetes del autor.)

He recordado ahora esa escena porque, viendo las reacciones del Gobierno y de TEPCO al accidente nuclear, he recibido muchas veces la impresión de que ellos no perciben las caras de las personas afectadas. Por supuesto, no puede pedírseles que vean las caras individuales de cada una de todas esas personas a las que no conocen, pero partimos de que el ser humano está dotado de algo que llamamos imaginación. Aun así, mucho me temo, para decirlo rápido, que ellos sufren una grave carencia al respecto.

Alguien podría objetar que un político no es un novelista ni un artista. Pero tanto a los políticos como al resto de las personas, para vivir dignamente como seres humanos que somos, la imaginación nos es imprescindible. Y para los políticos muy especialmente, en tanto deben responsabilizarse no ya de las condiciones en las que vive un gran número de personas, sino a veces también de su vida y de su muerte. Es posible que saliera en los antiguos libros de Shūshin[4] y a mí no me van mucho estas citas, pero adjunto aquí un poema atribuido al emperador Nintoku[5].

Takakiya ni
noborite mireba
keburitatsu
tami no kamado wa
nigiwai ni keri[6].

(Poema 707 de la recopilación *Shin Kokin Wakashū*)

Son muchos los políticos a quienes preocupa su índice de popularidad, pero extremadamente pocos los que comprueban si de las chimeneas del pueblo sale humo o no. Aunque el humo al que me refiero no es solo el que señala el grado de prosperidad, como en el poema, sino el que podría elevarse también de una pira funeraria, de una vida que se esfuma.

El razonamiento del tercer hombre está viciado desde su raíz, pero desde un punto de vista puramente lógico es bastante certero. El entendimiento humano se transforma, según el punto de vista que adopte. Se me permitirá volver una vez más al cine.

[4] Véase la nota 14 del mes de abril.

[5] Emperador del siglo IV de nuestra era, que aplicó una política tributaria indulgente.

[6] «A una elevada estancia / subí y contemplé el paisaje. / Columnas de humo se alzaban / de rústicas chimeneas, / señal de prosperidad.» (Versión del traductor.)

Pensemos en los indios que aparecían en aquellas películas del Oeste americano. No eran más que los muñecos que se usan como blanco en una barraca de tiro. El punto de vista, unilateral, era el de los colonos blancos. Hubieron de pasar muchos años hasta que en Hollywood los indios comenzaron a tener el rostro de las víctimas, de personas que han sufrido el expolio de las tierras de sus antepasados. Es decir, que durante esa primera etapa, tanto en los productores como en la audiencia se hizo sentir una radical falta de esa imaginación que tan necesaria le es al entendimiento humano.

Para el entendimiento humano resulta de gran importancia ver las cosas, de vez en cuando, desde el lado de la otra persona, conseguir un cambio de perspectiva poniéndose en la situación del otro. Pero hay una cosa más igualmente importante, y es que no caben reducciones ni ampliaciones. Para el entendimiento humano, la comprensión ha de ser siempre «de tamaño natural». Porque si, como en el caso de *El tercer hombre*, el ser humano queda reducido a la condición de atareada hormiguita, o, como en el caso de los indios de los wésterns, se convierte literalmente en un puntito, en el «punto de mira» de un rifle, de ahí nacen los asesinatos, las guerras... y las medidas políticas más necias. En cuanto a las ampliaciones perniciosas, quizás puedan servir de ejemplo los casos en que, nublada la vista por el poder o por el dinero, una determinada persona se nos aparece anormalmente grande.

Recuerdo ahora, en relación con lo anterior, que esto ya lo expresó el escritor Hideo Kobayashi al decir que él no temía las críticas por muy acerbas que fuesen, que a lo que más miedo tenía era al juicio de su madre, porque ella ni lo reducía ni lo aumentaba en absoluto, lo juzgaba en su medida real. No recuerdo dónde lo dice Kobayashi, pero sus palabras han acudido a mi mente y no podía dejar de escribirlo.

¡Cuidaos, amigos!

3 de mayo

Por la tarde he visto en televisión al pueblo estadounidense que, tras enterarse de la noticia del asesinato de Bin Laden y a pesar de ser pasada ya la medianoche, se reunía por centenares frente a la Casa Blanca (¿no era allí?) en un clima de gran alegría. Se habla de «asesinato» y no acaba de estar del todo mal la palabra. Porque, aunque no lo dicen, no parece que hayan tratado de detener a Bin Laden y, ante su inesperada resistencia, se hayan visto obligados a dispararle, causándole la muerte. Ha sido eso, un asesinato premeditado. Dicho claramente, un crimen.

En apariencia, Bush llevaba las de perder frente a Bin Laden. No me voy a meter con la cara de Bush, pero el otro tenía más estilo. Por supuesto, los americanos no lo verían así: para ellos, Bin Laden no era nada más que la encarnación del Mal. Pero a mí la noticia me dejó mal sabor de boca. Obama ha dicho que «Se ha hecho justicia». Las cosas, desde luego, no son tan simples. No pretendo decir que, por su lejano parecido físico con la imagen de Cristo, ahora que ha sido muerto a tiros se le vea todavía más como a un mártir. Eso sería demasiado subjetivismo. Si decía que las cosas no son tan simples, es porque en este mundo nuestro cada vez más revuelto, ya no puede pretenderse que algo sea malo al 100 % y lo otro, bueno al 100 %.

En este mundo hay personas que están condenadas a ser perdedoras desde su nacimiento. Pensemos, por ejemplo, en un palestino nacido en un campo de refugiados de la Franja de Gaza. Siendo un niño de pecho, toma ya leche mezclada con odio. Ahora que, por cosas del destino, he acabado viviendo en un lugar que llaman «zona de reclusión en interiores» o «zona de preparación para evacuación de emergencia», a veces me da por pensar en los palestinos de la Franja de Gaza. Comparada con el área en la que ellos se ven obligados a vivir, incluso nuestra «zona de exclusión» vigilada por agentes llegados de Kioto parece un juego de niños. En Gaza, la línea divisoria está marcada a veces por un alto muro que impide ver el cielo y vivir ahí dentro significa absorber cada día no sé cuántos, pero muchos, muchísimos *sieverts* o *becquerels* de odio, e ir acumulándolos en el cuerpo.

No es que esté haciendo un seguimiento exhaustivo de los acontecimientos del mundo, pero me da la impresión de que la situación internacional, aparte de este accidente nuclear, o, mejor dicho, incluyendo este accidente nuclear, y muy en particular lo que está ocurriendo en Libia, está empezando a oler a chamusquina. Lo que Estados Unidos hizo en el pasado con Irak lo están haciendo ahora Francia y Reino Unido con Libia. Parece que cambian las tornas y el país que hasta anteayer era objeto de un decidido apoyo ahora pasa a verse como un enemigo. ¿No eran aliados el egipcio Mubarak, el iraquí Husein, o el Bin Laden de otras épocas? La historia se repite. Una interminable sucesión de hechos de los que no aprendemos nada.

Desearía, por supuesto, que terminasen cuanto antes las labores de estabilización del accidente nuclear, pero el mundo que emergerá de ahí no parece que vaya a ser más habitable que el que teníamos antes. Nuestro escritor Natsume Sōseki habría dicho que en este mundo, amigos, hay que andarse con cuidado.

Cómo luchar en momentos de emergencia

4 de mayo

Por la mañana he mirado en el buzón y había un periódico, el primero que recibo desde el gran terremoto. No sé cuándo se habrá hecho el reparto, si habrá sido como siempre, de madrugada. Pero es el primer periódico que recibo en unos cincuenta días. La línea ferroviaria Jōban no puede estar ya restablecida, así que imagino que lo habrán traído por carretera desde la ciudad de Fukushima. Primero fueron las empresas transportistas Yamato y Sagawa las que reanudaron el servicio. Luego lo hizo Correos. Ahora ya no podrán deshonrarnos diciéndonos que somos «una isla rodeada de tierra». Sobre la forma en que se ha ido aplazando hasta ahora el restablecimiento de los servicios de correos y paquetería, porque no ha sido solo el periódico, diría un montón de cosas, pero no lo haré para evitar fatigarme. Hoy me han llegado unas diez cartas liadas con una cuerdecita. Se ve que tenían la oficina de Kōriyama a reventar. Los chicos de Correos saben hacer las cosas.

El día estaba nublado, pero hemos ido otra vez al parque Yono-mori. El paso de mi mujer se ha hecho mucho más lento, incluso cuando la llevo de la mano, pero ya no ladea el cuerpo como antes. El encogimiento en la región del cerebro que gobierna los movimientos debe de haber cerrado su primera etapa (¡qué cosas tan terribles digo!). ¡Con lo bien que corría desde niña, y con las carreras que nos echábamos hasta hace apenas unos años, en las que siempre me ganaba...! Esto parece un sueño (una expresión inapropiada al caso). Pero no importa que lo haga despacio, si es capaz de caminar, para mí es más que suficiente. Ruego por que pueda caminar hasta el final (¿?).

Bajando por la suave pendiente hasta el aparcamiento he visto el momento en que arrancaba y salía un vehículo publicitario de alguna tienda. Apenas me ha dado tiempo para leer en el anuncio que portaba que el supermercado de la cadena York Benimaru abrirá el día 4, es decir, hoy. Las tiendecitas de barrio y los supermercados menos potentes abrieron antes para atender a la población que no había abandonado la ciudad, pero estas grandes cadenas (ignoro si York Benimaru es una gran cadena, pero al menos es la mayor de Fukushima) son así de lentas.

No quería decirlo, pero tanto Correos como York Benimaru educarán a sus empleados para situaciones de normalidad. Es obvio, en cambio, que no los educan para situaciones de emergencia. Por ejemplo, en el caso de Correos de Japón, mientras las cartas y paquetes se acumulaban ante sus ojos, han desatendido su principal función, que es repartir y hacer llegar el correo a las casas, maniatados por directrices del Ministerio de Interior y Comunicaciones o por reglamentos internos de la compañía, lo cual es evidentemente deplorable (hablo ya como los políticos). Pongamos, por ejemplo, que alguien como el director de una oficina, plenamente consciente de que podría ser reprendido, decidiera seguir con el trabajo, para recibir y enviar siquiera una parte del correo, contratando para ello a eventuales si no es suficiente con la plantilla, como se hace durante el periodo de envío de felicitaciones de Año Nuevo. Una vez superada la crisis, un comportamiento así podrá ser objeto de elogio, quizás por presión de la opinión pública, pero nunca de censura.

Día tras día llegan a Japón mensajes de adhesión de nuestros futbolistas en el extranjero. En ellos suelen recalcar que nuestro punto fuerte es precisamente la capacidad que tenemos de unir nuestras fuerzas. Sí, supongo que en situaciones normales y cuando se trata de reconstruir lo destruido, la capacidad de formar equipo será la clave. Pero en casos de emergencia, cuando ocurre una calamidad como esta, más que en la capacidad de unir fuerzas, la clave está en la capacidad individual de formarse un criterio y actuar en consecuencia, y en la capacidad de ejecución. Es lo que ocurre cuando una sección militar (*platoon*) ha quedado desgajada del resto del ejército. A veces todo queda en manos del jefe de sección, o del jefe de escuadra, o incluso de un soldado raso, de su criterio y de su capacidad de ejecución.

Hablando de jefes militares, parece que aquí, a la hora de elegir entre evacuar la zona o permanecer en ella, en muchos hogares se ha impuesto la postura de la madre sobre la del padre. «Yo decía que nos quedásemos, pero mi mujer insistía en que nos fuéramos y al final nos hemos ido», se oye decir por ahí. Yo pensaba que, llegado el caso, las mujeres demostrarían mayor firmeza que los hombres y resistirían, pero por lo visto ha ocurrido lo contrario. ¿Serán, entonces, excepciones la viejecita de Futaba y la señora de Naraha? ¡Qué van a ser excepciones! En conjunto y a pesar de los pesares, las mujeres llevan mejor puestos los pantalones. En situaciones normales es mejor para la paz del hogar que sea la madre la que mande, pero cuando hay una emergencia, debería ser el padre el que diera la cara.

Mal que bien, tenemos abierto este gran supermercado, y esta área designada «zona de preparación para evacuación de emergencia», una denominación parida quizás con grandes sufrimientos, cada vez más (y en contra de las intenciones del Gobierno) va adquiriendo todo el aspecto de una «zona de preparación para el renacimiento». Eso es precisamente lo que yo deseaba y a lo que he tratado de contribuir con mis escasas fuerzas. Ahora solo me queda pedir una vez más, y más intensamente que nunca, que el accidente nuclear quede definitivamente cerrado cuanto antes.

El martillo de juguete

5 de mayo

Por la tarde he ido al supermercado York Benimaru. El aparcamiento estaba casi lleno, hasta el punto de que me ha costado mucho encontrar un sitio, algo que no ocurre ni a fin de año ni durante el Obon[7]. He entrado en el supermercado, que no estaba menos lleno: había clientes por todas partes. No necesitaba nada en particular, pero he recordado que no bebemos leche desde

[7] Fiesta de origen budista, que se celebra a mediados de agosto (a mediados de julio en ciertas regiones). Muchas empresas establecen en estas fechas las vacaciones pagadas y la gente que vive en las ciudades aprovecha para visitar a sus parientes del campo.

que ocurrió el gran terremoto, así que he comprado leche enriquecida con calcio, para los huesos de Yoshiko, y algo parecido a una borla de empolvar para aplicarle en la cara la crema después de frotarle la cara con la toalla húmeda, algo que le hago todos los días al acostarla y cuando se despierta. De paso, he comprado también helado, que le encanta.

Entre tanta gente como había, esperaba poder encontrar a algún conocido. No ha sido así. Esta es una ciudad pequeña pero, claro, entre los clientes no siempre hay conocidos. De todas formas, hoy se sentía algo diferente en la clientela. Quizás, al tratarse del día de la reapertura, haya venido desde otras zonas gente a la que normalmente no vemos por aquí. Muchos de ellos llevan mascarilla y en sus caras hay una peculiar falta de holgura mental.

Quien así escribe también debía de mostrar un rostro consumido, carente de holgura. De hecho, desde ayer me siento muy cansado, sin que haya una razón. Por ejemplo, la operación de vestir a Yoshiko, que cuando estoy fuerte hago con destreza de prestidigitador, me ha costado una eternidad. Siento que las manos y los brazos de Yoshiko están duros, agarrotados, como si fueran de acero, y no puedo extendérselos. Dejo escapar largos suspiros. Basta que me sienta así para que Yoshiko se obstine, por alguna extraña razón, en desoír lo que le digo.

Ha ocurrido a la vuelta a casa, después de nuestro paseo por el parque Yo-no-mori, que hoy ha durado la mitad. Tenía agarrada su mano, hoy más pesada que nunca, y estábamos a punto de terminar de subir las escaleras, cuando de repente Yoshiko se ha plantado. Solo le quedaba un escalón, pero ella no hacía ademán de levantar la pierna. Era como si hubiera algo que la hacía vacilar, que le impedía abordar ese último escalón. Pero no podía quedarse ahí, en cualquier momento podía rodar escaleras abajo. He tirado de ella con todas mis fuerzas. Nada, se negaba a moverse, era como si se hubiera convertido en una mula. Aun así, he conseguido a duras penas subirla, pero ha sido a costa de que ella perdiera el equilibrio y se quedara sentada sobre el suelo. En estos casos resulta dificilísimo rodearla con los brazos y ponerla en pie.

Se supone que en situaciones así uno tiene que dar instrucciones con voz alegre y despreocupada, pero era absolutamente incapaz de hacerlo. Me sentía desgraciado y miserable. Salir de ese pozo me puede costar fácilmente media hora. Por suerte, Yoshiko no se entera de la forma en que la regaño, de las cosas feas que le digo. O, si se entera, las olvida. Seguro que los cuidadores profesionales saben qué voz tienen que sacar para que sus instrucciones surtan efecto, cuándo decir exactamente las cosas, cómo graduar la fuerza de las manos, y saben compenetrarse perfectamente con la otra persona igual que el domador con sus fieras o el amaestrador con sus monos (¡perdón, Yoshiko, por compararte a tales bestias!).

Estas cosas me han distanciado durante todo el día de la actualidad del accidente nuclear, pero esta noche, por desgracia, he visto en la televisión al presidente de la eléctrica TEPCO visitar uno por uno a los alcaldes y otras autoridades de los municipios afectados por el accidente, y presentar sus excusas ante ellos. El tipo ya sabía la que se le venía encima pero aun así tenía que hacer la ronda, una especie de ritual, y todo eso no resultaba muy agradable como espectáculo. A la gente sensible como yo, estas cosas nos resultan extremadamente desagradables.

Mucho más fresca y placentera habría resultado la escena para los espectadores si el tipo de TEPCO hubiera llevado uno de esos martillos de juguete con cabeza de fuelle que hacen ruido para que le pegaran golpecitos en la cabeza, los alcaldes a él, quiero decir. Él podría haberse presentado con su casco de seguridad. Aunque hay que pensar que conforme fueran dándole con el martillo, se acumularía en ellos el odio, así que lo mejor sería establecer un límite máximo de 10 golpes dados con toda la rabia.

El valor necesario para desenchufar

6 de mayo

Está muy bien poder leer el periódico una vez más, pero lo que ya no está tan bien son las noticias con que uno topa. Leo, por ejemplo, que dentro del principal partido de la oposición, el Partido Liberal Democrático, se ha puesto en marcha una comisión de fijación de políticas cuya meta es lograr que se siga promoviendo la energía nuclear. La comisión cuenta como asesor con un exvicepresidente y actual consultor de TEPCO, el exmiembro de la Cámara Baja de la Dieta Tokio Kanō. En una entrevista, demostró nula sensibilidad hacia los afectados por el accidente de la central al decir burradas como que «Las radiaciones, en baja cantidad, son incluso buenas para la salud; si he aceptado la entrevista, ha sido para poder decir por lo menos eso». Esto ya lo he dicho en alguna ocasión, pero si tan segura es la energía nuclear y tan beneficiosas para la salud las radiaciones, entonces que se traslade a vivir junto a una central, o que reciba un buen baño de radiactividad en un salón de bronceado o algún sitio así. Salvó a su partido Tarō Kōno, que demostró mucha más seriedad respondiendo, en otra entrevista que aparece al lado del primer artículo, que para las próximas elecciones «habrá que impedir que estos congresistas (los que apoyan el uso de la energía nuclear) renueven sus escaños». Conque los pronucleares han comenzado a moverse... Siempre pasa lo mismo, se ve una vez más que en el Japón actual, la gente seria constituye una pequeña minoría y eso es una gran vergüenza.

Más repugnante todavía que la noticia de Tokio Kanō me ha resultado la ampliación informativa del asesinato de Bin Laden. Que después de matarlo cuando estaba desarmado, sin dejarle decir palabra, comprobaran que se trataba de él mediante una prueba de ADN y arrojaran su cadáver al mar. ¿No es una manera de obrar propia de una mafia de la peor calaña? Para evitar que sus planes se filtraran, lo han hecho todo sin avisar al Gobierno de Pakistán y, lógicamente, sin su consentimiento. Se queda uno maravillado, más aún cuando te dicen que toda la operación, de principio a fin, ha sido filmada y seguida con gran expectación por el presidente y su equipo.

Está claro que por muy execrables que hayan sido los crímenes del 11 de septiembre esta brutal acción no es admisible, pero apenas se oyen voces críticas. ¿No hay algo raro aquí? ¿Con tantos miramientos tenemos que andarnos al hablar de Estados Unidos? Porque aquí no se puede usar la lógica de los números y decir que en un caso han matado a más personas que en el otro. Osama y Obama apenas se diferencian en una letra y en cuanto a su brutalidad tampoco andan muy lejos el uno del otro, esto es lo que hay y no hay forma de rebatirlo.

Y en otra entrevista televisiva que he visto solo de reojo, a la pregunta de cómo veía el futuro de las centrales nucleares, si íbamos hacia el abandono de esa energía o no, he oído que el premio Nóbel de Química Ryōji Noyori, después de un comentario muy ambiguo, añadía que no se podía caer en el fundamentalismo ni a favor ni en contra. He de confesar que no entiendo muy bien qué diferencia hay entre el abandono de la energía nuclear y la oposición a la energía nuclear, como nunca llegué a entender tampoco qué diferencia había entre el Gensuikyō y el Gensuikin[8]. No sé a qué se refería en concreto Noyori cuando hablaba de fundamentalismo, pero no creo que en la oposición al uso de la energía nuclear concurran razones de tipo religioso. De hecho, mi oposición desde hace tanto tiempo a esta energía no tiene nada que ver con la religión. Quizás sea un atrevimiento decir que me baso en razones científicas, pero en todo caso mis razones son tan simples y claras como que la energía nuclear

8 Organizaciones antinucleares enfrentadas ideológicamente. El Japan Congress against A- and H- Bombs (Gensuikin, acrónimo de Gensuibaku Kinshi Nihon Kokumin Kaigi), fue una escisión del Japan Council against Atomic and Hydrogen Bombs (Gensuikyō, acrónimo de Gensuibaku Kinshi Nihon Kyōgikai).

no es limpia en absoluto y que el ser humano nada puede hacer para evitar los peligros que entraña.

Dicho de otro modo, lo que yo digo es que la humanidad no tendrá salvación mientras no tenga valor para «desenchufar», como decía Ivan Illich, o para «tapar la caja de Pandora», por usar un símil más antiguo. El problema nuclear, la tensión a la que nos arrastra el asesinato de Bin Laden..., me da rabia tener que volver a decirlo, pero este mundo se torna cada vez menos habitable. Lo que pasa es que, en tanto no tengamos otro sitio al que ir, pensando en estas cosas lo único que conseguimos es desvelarnos por la noche. Por fortuna, o por providencia natural, Morfeo está listo para visitarme. Dejemos las cuestiones difíciles para mañana. Buenas noches a todos.

Ante el dilema

7 de mayo

Hasta ahora he recurrido al tema de mi madre cuando se me ha agotado el resto de temas. Ponerte a hablar así, del carácter de tu madre..., en fin. Pero la verdad es que el suyo es realmente divertido y por eso siempre hay algo que contar sobre ella. Y ahora esta divertida madre mía está en la lejana ciudad de Towada. Primero estuvo en una residencia pública de cuidados especiales para ancianos, luego en una residencia privada, de pago. No me enteré muy bien, pero me dijeron que en esa segunda residencia el trato era un tanto rudo, digamos, y se puso mal (en eso debió de influir también el largo desplazamiento), por lo que fue hospitalizada. Tras recibir el alta, la ingresaron en otra residencia donde al parecer sí tratan bien a las personas. Así pues, durante el último mes ha cambiado tres veces de residencia. Me da un poco de pena, pero hay ancianos que lo han pasado mucho peor tras el gran terremoto, de modo que no podemos quejarnos.

En estas páginas, yo creía haberme pitorreado de ella, haberme empleado con dureza. Por eso me ha sorprendido saber que entre mis lectores hay no pocos admiradores de mi madre. Me agradaría que la razón fuese que, pese a ese trato que le doy, mis escritos rezuman cariño hacia ella; pero más bien debe de ser que el encanto personal que tiene en sí misma sale a relucir incluso en contra de la voluntad del que escribe.

Lo que quería decir es que creo estar volviendo a la anodina vida de siempre, hasta el punto de echar en falta a esa persona que tan buen papel me ha hecho. Sin embargo, al salir fuera de casa, por fuerza, acabo reparando en alguno de esos grandes carteles que indican con una flecha el lugar donde se ha habilitado la «sala de identificación de objetos perdidos». Son las pertenencias de las víctimas del tsunami, que quedaron desparramadas por todos los sitios. Nunca he seguido las flechas, pero seguramente llevarán a un pequeño gimnasio, un edificio que suele utilizarse para practicar el kendo.

El número de coches, que durante un primer periodo se redujo mucho, va aumentando, más que el de viandantes, que todavía son bastante escasos. Y cruzan las calles muchos *jeeps* y camiones de las Fuerzas de Autodefensa, llegados aquí quién sabe de dónde. Durante estos días no laborables[9] han venido muchos voluntarios para ayudar a desescombrar y desenlodar la ciudad. Vamos, que la vuelta a la anodina vida de siempre a la que me refería se hará esperar algo más.

Quizás se hayan fijado en que desde el día 17 de marzo he faltado muy pocos días a mi cita con este blog. Esto ha sido posible gracias a los muchos apoyos que he recibido, pero ahora, aunque el sosiego y la normalidad estén todavía por llegar, siento que algo ha terminado ya. Antes solía comprobar todos los días los niveles de radiactividad ambiental, pero ahora me parece

[9] El autor se refiere a la llamada Golden Week, una concentración de días festivos con pequeñas variaciones anuales entre los que se suelen conceder puentes.

que esa costumbre la perdí ya hace mucho tiempo (acabo de ver el dato por primera vez en mucho tiempo: a las 0.00 horas teníamos 0,50 *microsieverts* por hora. Parece que la radiactividad últimamente se ha estabilizado a ese nivel).

He dado un buen rodeo pero, abreviando, diré que si durante un tiempo he sido muy consciente de las miradas de mucha gente que estaba tras de mí, como si leyera con otras muchas personas un periódico colocado en la pared, ahora empiezo a sentir que esa etapa está llegando a su fin. A partir de ahora voy a escribir lo que quiero y como quiero, pues ese era originariamente el estilo de *Monodiálogos*. No es que pretenda refugiarme en mi interior, pero sí escribir siendo fiel a mi interior.

Pero no, no va a serme tan fácil renunciar al placer (¿?) que me han reportado estos días en que he sentido tantas miradas amigas. Sinceramente, es un dilema para mí.

El señor secretario general visita nuestra tierra

8 de mayo

En la televisión, que como siempre he visto apenas de pasada, aparecía un primer plano del rostro del secretario general del Partido Democrático de Japón, Katsuya Okada, que ha visitado Minamisōma. Últimamente, los únicos programas televisivos que veo son cosas como ese programa de viajes por el mundo que dan en una cadena vía satélite, así que no me había enterado de eso. Buscando luego en internet, he visto que ha inspeccionado también el municipio de Namie, que queda dentro del círculo de los 20 kilómetros. Cuando le han hablado de la necesidad de permitir que reanude sus actividades una empresa químico-farmacéutica radicada en la zona de nuestra ciudad que también ha quedado comprendida en el círculo, ha respondido diciendo que pensaba que estas cosas tenían que decidirse al final en instancias políticas, lo cual no ha satisfecho a nadie. He pensado que podían estar hablando de una empresa llamada Monma, en la que trabaja un amigo mío, pero ha resultado ser otra, Ōuchi Shinkō Kagaku.

Por su parte, el primer ministro Naoto Kan ha exigido a la eléctrica Chūbu Denryoku que paralice la central nuclear de Hamaoka[10]. Ante esto, en una reunión extraordinaria del consejo de administración, la eléctrica ha anunciado que aplazaba la decisión definitiva. El gobernador de la provincia de Shizuoka ha hecho público su apoyo a la «valiente postura» de Kan, pero el alcalde de Omaezaki, donde se ubica la central, parece que está en contra del cierre. La única explicación que se me ocurre es que la dependencia con respecto a la central le ha calado hasta los huesos y no puede liberarse de ella, que es justo lo que les ocurría, hasta antes de suceder el accidente, a los alcaldes de los municipios de Fukushima donde se ubican las centrales. Cualquiera se da cuenta de que es muy extraño que mientras que la eléctrica que opera la central de Hamaoka tiene derecho a rechazar o posponer una exigencia del primer ministro de Japón, una empresa situada dentro del círculo de los 20 kilómetros no consigue que se consideren sus circunstancias particulares y su caso sea tratado con indulgencia. Desde un punto de vista legal, lo primero es una «exigencia», mientras que lo segundo es..., ¿en qué instancia se decidirán estas cosas?¿Será una decisión del Gobierno? En todo caso, será algo diferente a lo primero, pero lo primero, por muy desconocedor que pueda ser uno, parece de categoría superior. En resumen, aquí lo único que pasa es que en un caso están los políticos en sus puestos de mando y el gran

10 La central nuclear de Hamaoka está localizada en la ciudad de Omaezaki, provincia de Shizuoka (suroeste de Tokio). La compañía Chūbu Denryoku es otra de las eléctricas que se reparten el territorio japonés junto a TEPCO.

capital, mientras que en el otro solo hay una minúscula empresa carente de todo poder.

Como autoridad máxima de la administración local, un alcalde que en su aparición en YouTube hizo alarde de un espíritu tan indómito bien podía autorizar la reapertura de la empresa, aun a costa de recibir después una regañina del Gobierno, o al menos dar su consentimiento tácito; no creo que nadie vaya a quejarse por una cosa así, digo yo. Si obra así, es posible que los de arriba ni siquiera le regañen, y apliquen la misma regla del consentimiento tácito. Como autoridad administrativa, me gustaría que ese alcalde tuviera esa entereza. Porque la situación no es de normalidad, sino de emergencia (de guerra).

La probabilidad de que, a su regreso a Tokio, el secretario general Okada no olvide su promesa, mueva los hilos de los organismos implicados y esa empresa consiga la autorización para reanudar su actividad es, digamos, del 50 %. ¿Del 70 %? ¿De que se la den o de que no se la den? Por supuesto, de que no se la den. Y eso en el mejor de los casos, porque al final lo más probable es que no haya ningún tipo de respuesta.

En fin, hoy hemos tenido un día templado (¿será una versión «mini» del efecto Foehn?). Esta es una estación de vientos recios y mi pobre choza se mueve como si estuviera sufriendo otro terremoto. Así es imposible salir a pasear. Me he ido al Seven Eleven y he comprado uno de esos cupones-regalo de Amazon de 10.000 yenes. Y con él, he pedido la máquina de ejercicios Room March. Son unos pedales con motor eléctrico que pones en el suelo y puedes usar sentado en tu silla. La anunciaba hace tiempo la atleta de maratón Masako Chiba. Cuando veía la publicidad del aparato en la televisión me reía mucho, pero de pronto se me ocurrió que a Yoshiko podía irle bien y al final me convencí. He pedido también un libro titulado *Terapias de rehabilitación vistas desde el cerebro*. Podría ser que a Yoshiko le resultara difícil usar el aparato, pero en ese caso lo aprovecharé yo para usarlo mientras veo la televisión, a ver qué se puede hacer con este cuerpo añoso y rechoncho que se me está poniendo.

¿Empiezo con lo mío otra vez?

10 de mayo

Me pasó ayer y ha vuelto a pasarme hoy. De madrugada, estando en la cama, me ha venido un fuerte calambre muscular en la pantorrilla derecha, y eso que no estoy haciendo ejercicio. Es la primera vez que lo experimento. Y no solo eso: estaba todavía medio dormido cuando el dedo medio del pie derecho se me ha contraído. He tratado de estirarlo, pero me ha sorprendido lo que me dolía. Sobre estas contracciones de los dedos, que tengo desde hace unos dos meses, ya he hablado con el médico en la consulta periódica de la clínica. Como me dijo que no tenían importancia, estaba tranquilo. Me tomaron la tensión y me analizaron la orina, pero todo estaba bien, así que la causa debe de ser, simplemente, el cansancio.

Por la tarde me ha llegado una carta de mi nieta Ai, que ahora vive en Towada. «Carta» quizás no sea la palabra: era una pequeña hoja en la que había dibujado tres patatas y adornado con pegatinas de Hello Kitty. Mirándolas bien, resulta que esas tres cosas no eran patatas, sino caras en las que podían distinguirse ojos y boca. Y he descubierto también pequeños comentarios de Emi, mi nuera, que me informaban de que una de esas caras era la de Ai y las otras, supuestamente, la de «el abuelito» y la de «la abuelita». Ai ha pensado también en los colores, eligiendo el rosa para ella, el azul para mí y el naranja para Yoshiko. Dentro de un mes cumplirá los tres años y esta es su primera «carta».

No es porque la carta me haya dado ánimos (aunque en realidad sí que me los ha dado), pero durante mi habitual paseo he sentido que ya es hora de reanudar yo también lo mío, mis clases de español. Ese accidente nuclear de mierda no va tenernos postrados por los siglos de los siglos. Ahora bien, el espacio que usaba en el centro cultural del municipio no podrá usarse todavía. Habrá que pensar en reabrir el aula en mi casa. A ese fin, después de comer, he llamado a Ōtani, que vive en la vecina ciudad de Sōma. Me ha dicho que me devolvería la llamada después de arreglar las cosas con Nishiuchi, que solía ser el que se encargaba de todo, y con Abe. Por ahora, más que de estudiar, se trataría de vernos todos otra vez, tomarnos un té y darnos ánimos unos a otros. En vez de reunirnos por la noche, como hacíamos hasta ahora, lo haríamos durante el día, ya que nadie tiene trabajo. Eso es lo que hemos pensado.

En cuanto a los cursillos de literatura del Salón Cultural Ukifune, de Odaka, ni se sabe cuándo podremos reiniciarlos, porque el edificio está ubicado en la parte sur de Minamisōma, que ha quedado incluida en la zona de alerta, y los habitantes han tenido que evacuar el área. Podremos darnos por satisfechos si los retomamos este año. A propósito, ¿qué habrá sido de la prima de mi madre, a quien llamamos Yotchan? Aunque teniendo a sus hijos (mis primos segundos) a su lado, supongo que estará bien.

También hoy mi fugaz paso frente al televisor me ha deparado una desagradable imagen. Se veía cómo cargaban en un camión a las vacas de una granja de Iitate, probablemente para llevarlas a sacrificar. Uno de los animales, muy flaco, se negaba con sus últimas fuerzas a enfilar la rampa de subida. Era como si supiera el destino que le esperaba. No puedo olvidar la imagen del granjero que, derramando lágrimas, metía la mano entre las tablas del camión para acariciarlas por última vez.

El ser humano sobresale de su rol

11 de mayo

Anoche, al final, no actualicé el blog. No es que estuviera particularmente cansado, es que mi esposa no había hecho lo que tenía que hacer (ni las mayores, ni las menores) desde la tarde y así yo no puedo estar tranquilo. Esto ya le ha pasado varias veces y, además, su aspecto no era malo, así que yo no estaba excesivamente preocupado, pero no podía quitármelo de la cabeza. Quien lea este blog por primera vez no comprenderá bien el asunto. Pues bien, le diré que el asunto es escatológico (menos va a comprenderlo así).

Ha sido poco antes del mediodía, tras dos intentos fallidos por la mañana, cuando tanto las aguas mayores como las menores han vuelto a su cauce. Y qué importancia podrá tener eso, dirá más de uno. Pues yo le digo que para mí es un problema de primer orden, puede pasar lo que sea con el mundo, con la central nuclear accidentada, que esto otro será siempre mucho más importante para mí.

Por la tarde hemos salido de paseo radiantes y a la vuelta nos hemos pasado por el supermercado, algo que no habíamos hecho en los últimos días. La idea era celebrar tan fausto hecho obsequiando a Yoshiko con un helado y a mí con un cartón de seis latas de cerveza (así queda más aparente; en realidad, lo que hemos comprado es un modesto sucedáneo de cerveza). Hacíamos cola ante la caja cuando se me ha acercado una viejecita pequeña, de rostro elegante. Su cara no me sonaba en absoluto, pero me ha dicho, con una dulce sonrisa, que el otro día nos conocimos en el parque Yo-no-mori, y a ver si frecuento mucho este supermercado. ¡Ah, claro, aquella señora!, ¡ sí, la que había tenido que dejar su casa de Odaka y vivía ahora en Haramachi!

¡Cómo consigue templar el corazón un saludo como el suyo, tan afable! Si cada vez que encontrásemos a alguien lo saludásemos así, el mundo se convertiría en un lugar luminoso. He recordado la conmovedora historia de unos jóvenes, una historia que apareció el otro día en el sitio web de una exalumna (vive en Nagoya y en internet se hace llamar Yūchan). Estos jóvenes se propusieron llevar a la práctica la propuesta de un anuncio televisivo en el que se repite el eslogan «Si saludas, tendrás más amigos». Algunas personas con las que se cruzaron sospecharon de ellos y los buenos chavales acabaron siendo conducidos a un puesto de policía.

Y esto a su vez me hace pensar en otra cosa. Algo que me intriga desde hace tiempo. Me pregunto por qué los policías que guardan los accesos por carretera a la zona de alerta tienen esa actitud tan intimidatoria. ¿Será que cada mañana, antes de ser llevados a sus puestos de vigilancia, se les instruye para que se muestren así? No son guardias a cargo de bases militares, ni de fronteras internacionales. ¿No podrían mostrar un semblante más amable, más humano? Aquí ya tenemos suficiente con las cosas que han pasado, la gente lo ha pasado fatal, fatal, de verdad (vaya, estoy hablando como esos travestis que salen en la tele). Que estos policías sonrieran (tampoco se trata de andarse con risitas maliciosas, eso sería peor) no sería un mal para nadie.

En la vida hay muchos trabajos, muchos papeles. Hay gente que trabaja en una empresa, empleados de banco, policías..., roles o papeles necesarios para que la sociedad funcione. Pero si cada ser humano queda reducido a su rol, la nuestra se convertirá en una sociedad robótica. El ser humano sobresale de su rol, o así debería ser, al menos. Un agente de policía que no sobresalga nada de su uniforme viene a ser como una de esas figuras de contrachapado en forma de agentes que ponen por la noche a los lados de las carreteras. Así el mundo se hace cada vez más inhumano.

Hay una película muy antigua, *Keisatsu nikki*[11], del director Seiji Hisamatsu. Estaba, sí, ambientada en un pueblo en las faldas del monte Bandai. Hisaya Morishige hacía el papel del policía humano, con corazón. Y es en esta película donde hizo su debut como niña prodigio la actriz Terumi Niki. Una película de 1955. Un año después, Shirō Sone, con su amable voz, cantaba la canción titulada *Wakai o-mawari-san*[12], que decía: «¡A ver, esa parejita, / que cuchichea en el banco!, / volved pronto

11 «Diario de un policía», película en blanco y negro.

12 «El joven guardia».

a vuestras casas, / porque el sol se pone ya; / no quisiera importunaros, / pero el barrio está que arde, / mañana continuaréis, / si tanto tenéis que hablar. / En la plaza, las farolas / muy pronto se apagarán». Pero últimamente el mundo se ha vuelto un lugar inhumano. Abundan ahora las personas «funcionalizadas». Tendríamos que vivir de forma más humana. Que este gran terremoto nos dé al menos una ocasión para recobrar nuestra humanidad.

Más de lo mismo: «Bajo su entera responsabilidad»

12 de mayo

Como imaginaba, ha vuelto a usarse la frase, esa frase tan popular en el país: bajo su entera responsabilidad. Todos estos últimos días me he negado a ver noticias sobre el accidente nuclear, por la ya expresada razón de que son dañinas para mi higiene mental. No me había enterado, pues, del asunto de Kawauchi, un pequeño pueblo cuyos vecinos se vieron obligados a evacuar al quedar incluido en la zona que ahora llaman de alerta. Por lo visto, a los que desean volver unas horas a sus casas, les han obligado a firmar una carta de consentimiento en la que reconocen estar al corriente de la peligrosidad de la zona y asumen todas las responsabilidades por lo que pueda pasarles. En las noticias de hoy han dicho que los habitantes de otro pueblo del área, Katsurao, a quienes también se les conminaba a firmar un documento similar, han protestado enérgicamente, han obligado a las autoridades a retirar la expresión «bajo su entera responsabilidad» y además han logrado convertir la carta de consentimiento en un simple documento de confirmación o constatación. «¡Vaya mérito!», me he sorprendido diciendo ante el televisor.

Creo que fue en mayo de hace dos años cuando visité, con todo el grupo de alumnos de mis cursillos de Español, la casa de los señores Nakamoto, que vivían en Katsurao. Procedentes de Tokio, se habían establecido en este pueblecito, donde se dedicaban a sus actividades creativas, cada cual a la suya, y cultivaban las tierras. Katsurao era una aldea muy bonita, en aquella meseta situada al otro lado de los montes de Abukuma[13]. Tras el gran terremoto les llamé por teléfono varias veces para saber cómo estaban, pero siempre era en vano: el teléfono sonaba y sonaba y nadie lo cogía, quizás, pensé, porque habían tenido que desalojar la casa. Hoy he estado mirando las imágenes con mucha atención pero no he distinguido sus caras. Tal vez se hayan vuelto a Tokio, a la casa de algún pariente o amigo que les ha dado cobijo.

Al margen de esto y siguiendo con el otro asunto, ¿quién habrá escrito esos documentos burocráticos, mezquinos, en los que la autoridad se evade de sus responsabilidades? El escrito de consentimiento (ahora, de confirmación) no está dirigido a nadie en particular y desconozco si este hecho es intencional o fruto de un simple olvido, pero deja traslucir unas entrañas miserables, carentes de toda humanidad.

Cuando trato de ponerme en el lugar de los pobladores de Kawauchi, de los de Katsurao, me siento incapaz de soportar todo aquello. Ni siquiera podría poner en marcha eso que he venido llamando mi calentador automático interno. Me imagino abatido, con lágrimas surcando mis mejillas y un persistente goteo nasal, viviendo en uno de esos refugios, donde me sentiría como un viejo lobo al que hubieran arrancado sus colmillos y sus garras. Con el pecho oprimido, deshecho por la rabia. Solo me sentiría capaz de seguir vivo por mi mujer, a quien tendría a mi lado turbada y confusa, incapaz de comprender bien la situación.

13 La zona montañosa de Abukuma, que se extiende de norte a sur con cotas máximas cercanas a los 1.200 metros, separa la región costera de Fukushima (Hamadōri) de la central (Nakadōri).

Dejémoslo ahí. ¿Y esa bolsa, esa birria de bolsa de plástico que les dan a los que vuelven a sus casas? Debe de tener 70 por 70 centímetros, así que si metes algo como la mochila de mi nieta, ya no queda espacio para nada más. ¿Y por qué tienen que ser bolsas transparentes? ¿Por qué de un vinilo tan fino? Recuerdan a esas bolsas que dan en las ofertas especiales de los supermercados para que el cliente meta en ellas todo lo que pueda por un precio fijo. Parece que todo está perfectamente dispuesto para que el ciudadano se sienta miserable al máximo. Estoy empezando a enfadarme.

¿No podían haberles ofrecido unas bolsas más grandes, más resistentes, de tela? Primero les hacen esperar un siglo, luego les obligan a hacer un estúpido ensayo. Pero ¡cómo nos encanta a los japoneses esto de los ensayitos! Ensayos por aquí, ensayos por allá. Actos de nombramiento o de concesión de ascensos, ceremonias de graduación, exámenes de acceso a las escuelas... todo tiene su ensayo previo.

Dos meses sin poder volver a casa. ¡Cómo han tenido que añorarla! ¡Y qué rabia han debido de sentir al regresar a ella! Lo lógico habría sido que los vecinos, en esas dos horas que les concedieron, hubieran podido llenar sus bolsas de objetos y dejarlas junto a la puerta de su casa, para que luego los funcionarios del ayuntamiento se pasasen por allí y se las llevaran cargándolas en camiones. Si tenían energías para organizar ensayitos, podían haber hecho también eso. Además, teniendo que recoger las bolsas ellos mismos, se habrían dado cuenta de que las más fuertes, de tela, son mucho más útiles. Vamos, que el acarreo de las bolsas podían haberlo hecho los de TEPCO o los del ayuntamiento, a eso voy. Porque el daño que han causado es inmenso. Por lo menos, que suden un poco.

El documento de confirmación debería terminar con una frase así: «Yo, ..., doy mi autorización a TEPCO o bien a la Oficina del Gabinete del primer ministro de Japón para que transporte hasta mi refugio las bolsas que he dejado junto a la puerta de mi casa. El transporte de mis pertenencias se hará *bajo entera responsabilidad* de la entidad encargada, de modo que si durante el mismo sufrieran algún desperfecto, exigiré una inmediata indemnización».

Anexo matinal. Anoche escribí «la Oficina del Gabinete del primer ministro», pero quienes han pergeñado ese documento de confirmación y dirigido la operación de retorno temporal a los hogares son, a buen seguro, los funcionarios locales. Porque desde tiempo inmemorial ocurre que cuanto más bajo es el nivel del funcionario, más dispuesto está a llevar a la práctica incluso esas cosas que el gobierno central ni se atreve a decir. Esto se puede comprobar, en el ámbito mundial, si observamos al sumo pontífice y a la curia romana, y en el nacional, si vemos lo que ocurre con el emperador y con la Agencia de la Casa Imperial. Pero esta vez, los emperadores, quizás yendo más allá de lo dispuesto por la agencia, quizás conteniendo sus pretensiones, han obrado siguiendo el impulso natural de sus corazones y hasta un antipatriota como yo se ha sentido muy enternecido[14].

Anexo al anexo. En el periódico de la mañana se dice que el referido documento de confirmación reza: «... actuar con la máxima precaución y responsabilidad...», o sea, que todavía siguen insistiendo en lo de la responsabilidad. Tienen las mismas ideas que aquellos profesores bobos, encargados de Moral Pública, que imponían disciplina a los alumnos díscolos. ¿Por quién tomáis al pueblo?

[14] El día 11 de mayo, los emperadores de Japón visitaron a los evacuados de las áreas próximas a la central nuclear accidentada en un polideportivo habilitado como refugio en la ciudad de Fukushima, y en tres lugares de la ciudad de Sōma, inmediatamente al norte de Minamisōma.

¡Hacia adentro!

14 de mayo

Haa!!
Haruka kanata wa
Sōma no sora ka yo
(nanda kora yo to
ha chōichoi!)
Sōma koishi ya
Natsukashi ya
(nanda kora yo to
ha chōichoi)...[15]

Al anochecer he oído en YouTube la pieza folclórica *Shin Sōmabushi* cantada por Michiya Mihashi (también he encontrado las interpretaciones de Masako Mori, Ayako Fuji y Fumio Ōtsuka). Al eco de la desahogada voz de Mihashi van extendiéndose ante mis ojos las inmensidades del cielo de Sōma. Añorada Sōma, siempre en el recuerdo. Y este cielo está ahora contaminado de radiactividad. Hacía mucho que no me ocurría, pero oyendo esa melodía, se me han escapado unas lágrimas. Nostalgia, rabia, vergüenza...

En junio de 1878 (año 11 de la Era Meiji), la hija de un pastor protestante de Yorkshire (Inglaterra), que se encontraba en Tokio, emprendió un arriesgado viaje que la llevó a Nikkō, Aizu y Niigata, desde donde tomó la ruta del norte para llegar hasta la isla de Hokkaidō, acompañada por un intérprete japonés.

15 «*Haa!!* A lo lejos, el cielo de Sōma / *nanda kora yo to / ha, chōichoi* / Añorada Sōma / siempre en el recuerdo / *nanda kora yo to / ha chōichoi...*» Pieza relativamente nueva, popularizada en la segunda mitad del siglo XX. Su título podría traducirse «Nuevos sones de Sōma». Como casi todas las canciones folclóricas japonesas, también esta contiene partes indescifrables, especialmente en los coros.

Las anotaciones de Isabella Bird han sido publicadas en inglés bajo el título *Unbeaten Tracks in Japan* (en japonés, *Nihon okuchi ryokō*). Su recorrido por la región norteña de Tōhoku es incluso más largo que el que sintetizó Matsuo Bashō en su colección de haikus *Oku no hosomichi*[16] (1702). Pero ahora mi atención se centra en el título original de la obra de Bird, donde se utiliza la palabra *unbeaten*, que puede significar «nunca hollado» (de hecho, Bird lo usa en ese sentido), pero que también puede traducirse por «invicto» o «nunca conquistado», cuyo equivalente japonés podría ser *matsurowanu*.

Yo, que soy un hombre de Tōhoku y además de pura cepa, he vivido siempre sin saber nada sobre mi propia tierra. La familia de mi madre procede de Hachinohe y la de mi padre, de Aizu. Ambas confluyeron en la fértil tierra de Sōma, donde «hasta las hierbecillas del camino dan arroz», que dice nuestra tradicional *Sōma bon uta*[17].

Esta región nuestra de Tōhoku, que ha sufrido un cataclismo sin precedentes, que con sus líneas ferroviarias y sus arterias de tráfico cortadas retrocedió a un estado similar al que conoció Bird hace más de un siglo, ahora empieza a poner rumbo a su renacimiento. El Japón de la Era Meiji, con su lema de «Enriquecer el país y reforzar el Ejército», vio en nuestra tierra un lugar donde surtirse de soldados. Durante los años de reconstrucción nacional que sucedieron a la guerra del Pacífico, el Estado vio en Tōhoku un lugar donde proveerse de obreros (es la época de crecimiento económico que refleja aquella canción de *Aa, Ueno eki!*[18]). Una vez Japón se convirtió en la segunda economía del

16 Esta inmortal obra ha sido traducida al español por Octavio Paz y Eikichi Hayashiya bajo el título de *Sendas de Oku,* y por Antonio Cabezas bajo el *de Senda hacia tierras hondas (Senda de Oku),* entre otros.

17 Canción que acompaña a los bailes de la fiesta de O-bon o Bon. Plasma la alegría popular por una abundante cosecha.

18 «¡Ah, estación de Ueno!» (1964). Ueno es uno de los nudos ferroviarios de Tokio. A esta estación llegaron por miles los jóvenes del norte contratados colectivamente para trabajar en fábricas y obras de construcción de la metrópolis.

mundo, el Estado vio en Tōhoku un lugar donde aprovisionarse de energía eléctrica. Tōhoku siempre moliéndose los huesos.

Me pregunto si este gran terremoto no nos estará ofreciendo una oportunidad de oro para replantearnos de raíz este pasado. Han ensalzado nuestra sencillez, nuestra perseverancia, pero esto no nos ha servido para forjarnos una verdadera identidad. Tenemos que aprovechar esta oportunidad para reflexionar seriamente sobre este hecho.

Nuestra región parecía haberse conformado, una vez más, con ese nuevo papel de suministrador que se le había asignado en la política energética estatal. El accidente nuclear ha puesto una vez más de manifiesto algo que estaba claro desde el principio: la forma en que TEPCO, este gigante «contratado» por el Estado, viene explotando Tōhoku. A partir de ahora tenemos que ir pensando para nosotros en algo diferente, algo que no consista en que una de estas corporaciones gigantes siga llevándose el beneficio, algo que sea más desconcentrado, una forma de energía que se produzca localmente y se consuma también localmente.

Pero no estoy en mi terreno, así que dejaré de hablar de cosas que no entiendo muy bien. Aun así, hay algo más que sí quisiera decir, por eso he encabezado este escrito con una estrofa de la canción *Shin Sōmabushi*. Es que, en estos momentos, cada uno de nosotros debería plantearse seriamente qué somos. Dicho de otro modo, proponerse la reconstrucción está muy bien. Pero ¿en qué dirección? Tanto para el individuo como para el Estado, hay dos, no, tres direcciones que pueden seguirse en pos del despertar: volver al pasado, mantener la situación actual y avanzar hacia adelante. Pretender restaurar lo antiguo o aferrarse a las condiciones actuales son en nuestro caso opciones impensables. Pero, entonces, ¿de qué forma podemos avanzar? A lo que hemos de aspirar no es a devolver a nuestras ciudades su anterior aspecto, sino a poner en marcha un nuevo modelo de ciudad.

Pero es de locos avanzar sin tener una idea clara sobre uno mismo. ¿Debemos, entonces, soñar con una tecnópolis, partiendo de un diseño nuevo? No, aunque sea una forma de avance, no me refiero a ese avance hacia ese futuro al que nos lleva el camino que hemos seguido hasta ahora, sino un avance hacia adentro.

Voy a poner un ejemplo que es ya un poco antiguo, un ejemplo del extranjero. En la España que surgió de la derrota ante la nueva potencia mundial Estados Unidos, en la guerra hispano-estadounidense de 1898, se desató un tumultuoso debate sobre la regeneración del país. Volver a la España de las glorias del pasado, o avanzar tomando como referencia los países desarrollados de Europa. Entonces, se defendió con gran vigor un pensamiento según el cual debía seguirse una tercera vía. La idea es, pues, avanzar, pero no hacia delante, sino hacia adentro.

¿A qué me refiero con eso? No es hacia un pasado ya experimentado, sino hacia eso que siempre estuvo vivo dentro de nuestra alma, cualquiera que fuese la época. Se trata de avanzar hacia el descubrimiento de eso que ha fluido incesantemente dentro de nuestra historia, o, dicho con más precisión, en su «paleostrato».

Es el redescubrimiento de eso que brota y rebosa en nuestro interior al oír la canción folclórica *Shin Sōmabushi*. La discusión se ha complicado un poco, así que, aunque la he dejado a medio terminar, la reservo para la próxima ocasión.

¡Hacia adentro! (continuación)

15 de mayo

Dado que he obtenido una reacción muy aguda y certera a las insuficientes explicaciones de mi anterior escrito, voy a seguir un poco con mis reflexiones, pues sería una irresponsabilidad dejarlas sin terminar.

He usado una palabreja inventada, que lógicamente no está en los diccionarios, el «paleostrato» de la historia, pero podría sustituirla por «estrato básico». Todas esas ideas a las que me refería son herederas de las del pensador español Miguel de Unamuno, que en la primera mitad del siglo pasado alcanzó fama mundial con obras como *El pensamiento trágico de la vida* (1913). Unamuno bautizó también con el nombre de *Monodiálogos* mi blog, bueno, lo que hizo en realidad fue ponerle ese título a una colección de ensayos suyos.

Normalmente, consideramos que la historia es una serie de relevos en el poder de emperadores, reyes y gobernantes, o una sucesión de grandes acontecimientos, como guerras o expansiones territoriales. Sin embargo, en realidad, esas sucesiones de personas y de hechos tan notables, son como las olas que erizan la superficie del mar, que no existirían si no hubiera unas profundidades marinas que las sustentan y les dan vida. Unamuno llamó intrahistoria a ese estrato básico de la historia. Es decir, que sin la existencia de todos esos seres anónimos que el día de la gran victoria en la batalla naval de Lepanto, como cualquier otro día, tomaron su tibia agua y su duro pan, y se concentraron silenciosamente en su trabajo, lo anterior no pasaría de ser un alarde sin sentido.

Si profundizamos en los estratos que se han ido acumulando sobre la superficie de la historia, toparemos al final con un estrato muy consistente, el estrato básico del ser humano. Por ejemplo, después de este gran terremoto que hemos sufrido, cabe pensar que en todos los rincones de Japón haya habido muchos encuentros, y que muchas personas se hayan reencontrado con seres añorados. No todos esos encuentros y reencuentros habrán sido agradables. También habrá ocurrido, y esto es muy duro, que personas en las que confiábamos, a quienes teníamos en muy buen concepto, resultaron ser muy diferentes de lo que pensábamos.

Y dentro de cada persona se extiende también un mundo interior. Se puede dar aquí el descubrimiento de un yo interior en el que no habíamos reparado. Lo que quiero decir corre el peligro de deshilacharse, quedar en algo disperso, pero olvido esos temores y sigo adelante. Por ejemplo, en mí mismo he descubierto cosas que no caben en mi ser de Fukushima, ni en mi ser de la región de Tōhoku, ni en mi ser japonés. Por ejemplo, es más que probable que por mis venas corra sangre del pueblo indígena ainu (palabra que, en esa lengua, significa «ser humano» en oposición a «dios»), que al final parece que equivale a tener sangre Jōmon[19]...

Ahora pocos le prestan atención, pero hace algún tiempo causó un gran revuelo la teoría del arqueólogo Namio Egami, según la cual, Japón habría sido conquistado en la Antigüedad por un pueblo de jinetes (pueblo ecuestre). Creo que desde una perspectiva académica se ha discrepado de esta teoría, pero cuando nos planteamos el problema de la identidad de los japoneses como pueblo, no conviene encerrarse en la idea de que somos un pueblo agrícola forjado en torno a la corte de Yamato y en ese sentido, la idea de Egami puede ser una valiosa pista para situar a Japón en el marco más amplio de la historia del mundo.

Me desvío una vez más de mi tema, porque el periódico de la mañana me ha dejado pasmado y envuelto en una desagradable sensación. Me refiero a la noticia de que el grupo parlamentario en la Asamblea Provincial de Osaka del partido regional Ōsaka Ishin no Kai (abreviado, Ishin), que lidera el gobernador provincial Tōru Hashimoto, ha decidido presentar a la Asamblea, durante la reunión ordinaria de mayo, una propuesta de nuevo reglamento provincial que impondría al personal docente de las escuelas públicas la obligación de ponerse en pie y cantar el himno nacional en las ceremonias de ingreso y graduación y en otras ocasiones. Pero ¡qué tonterías hace esta gente! Como

[19] En Japón se ha desarrollado todo un discurso sobre la influencia de las dos grandes culturas prehistóricas (Jōmon y Yayoi) en la formación del carácter nacional. A las regiones más apartadas del centro del archipiélago (Hokkaidō y Tōhoku en el norte, Okinawa en el sur) se les atribuye una mayor concentración de rasgos Jōmon.

he dicho y repetido hasta la saciedad, sentimiento patriótico y patriotismo se parecen pero no son lo mismo, como pasa con la tradición y el tradicionalismo. No será necesario citar al historiador Yoshihiko Amino para decir que la existencia del Estado japonés no ha sido históricamente demasiado larga. Y qué decir de la bandera nacional, del himno nacional... Yo soy japonés, pero antes de ser japonés soy de Tōhoku, soy un mestizo de ainu y soy..., digamos, también un Jōmon. No quiero que me encasillen, que me categoricen en ese concepto de «japonés» tan mezquino y excluyente, que apenas tiene unos cientos de años de historia.

Voy a saltar de nuevo, aunque son ya tantos los saltos que no merece la pena anunciarlos. Por todas estas cosas me quedo profundamente admirado cuando en uno de los canales vía satélite veo los programas de Benishia-san[20]. Ella es mucho más japonesa que la mayoría de los japoneses y, por supuesto, que el gobernador Hashimoto. Aunque no tenga la nacionalidad japonesa (¿era británica esta señora?), eso no tiene la menor importancia. En ella pervive esa alma japonesa que los japoneses estamos perdiendo.

Como me temía desde un principio, mi exposición ha sido caótica. En alguna otra ocasión volveré sobre el tema. Buenas noches a todos.

[20] Venetia Stanley-Smith (1950-) es un conocido rostro de la televisión japonesa. Experta en herboristería, regenta además una escuela de inglés. En 1996 se estableció en una zona rural de Kioto, donde comenzó a ser objeto de reportajes televisivos. Propone un tipo de vida tranquila, ligada a la naturaleza y respetuosa con las tradiciones.

Pensándolo bien...

16 de mayo

Entre las dos visitas desde Tokio que he tenido y el fuerte viento que recorre esta zona, llevamos dos días sin dar nuestro paseo. Por eso ha sido muy oportuna la llegada anteayer del aparato de ejercicios Room March que había pedido por Amazon. La velocidad de giro de los pedales se puede graduar. He elegido para Yoshiko la más lenta y se lo he colocado para que lo probara. Pone un pie en el pedal y, cuando trata de colocar el otro, baja el primero. Le digo que lo mantenga ahí. No parece comprender bien el asunto. Pero a fuerza de intentarlo, al final lo ha conseguido. El aparato se mueve por su cuenta sin necesidad de impulsarlo y esto la deja un poco perpleja, pero no parece que le haya cogido miedo. Es cuestión de que se acostumbre. A partir de ahora, los días de lluvia o de fuerte viento podrá hacer un ejercicio similar al que haría si saliésemos. En los anuncios dicen que el uso del aparato tiene el mismo efecto que el que se obtiene de un paseo, lo cual será una exageración. Pero lo que es indudable es que la sensación que te deja cuando paras la máquina es, precisamente, la de haber dado un paseo.

Por cierto, mis dos visitas me han hecho una pregunta muy parecida. Me han preguntado cómo me siento viviendo aquí, ahora. Me he puesto a pensar, pero ni yo mismo lo sé. Tengo una sensación de inconexión, cómo podría expresarlo, esa sensación de estar flotando que se experimenta durante los viajes. Es como si viviera un tiempo de espera hasta el retorno de la vida de verdad, una especie de moratoria. Nunca he sido muy aficionado a limpiar la casa, y ahora, por ejemplo, sigo sin ganas de ponerme a ordenar los libros que se cayeron con el gran terremoto. Me conformo con tener el suficiente espacio para vivir y con adecentar las cosas que veo en mis desplazamientos por la casa. Pero todavía no estoy de humor para meterme a hacer una limpieza más en profundidad. Entre las alimentos y materiales de socorro que he recibido de tanta gente, había sobres con semillas de cosmos, *edelweis*, y de *sekichiku*[21], una de las flores que más me gustan (he recordado ahora quién me las mandó: Noriko Saga, desde Morioka) y aunque estamos en la estación adecuada para sembrarlas, todavía no soy capaz de bajar al jardín y hacerlo.

Mientras no se solucione definitivamente el asunto de la central nuclear, es muy posible que este tiempo indefinido continúe fluyendo. Cuando lo pienso, me entristezco. Pero nuestro caso no es tan grave como el de otros. En comparación con lo que están pasando quienes siguen viviendo en los refugios, o quienes a partir de ahora se verán obligados a trasladarse a uno de esos lugares, la diferencia es abismal. Incluso fuera del círculo de los 30 kilómetros, como en el caso de la ciudad de Fukushima, hay lugares como los patios de las escuelas que no pueden ser utilizados porque los niveles de radiactividad son demasiado altos. Es lógico que los padres de los alumnos estén muy preocupados. Podrían quitar la capa superficial de tierra, pero no hay adónde llevar esa tierra.

Sobre si algo ha cambiado en mí en el plano psicológico, pues, por ejemplo, leyendo el periódico o viendo la televisión, algunas cosas que antes no me importaban demasiado ahora me importan extraordinariamente. Por ejemplo, me fijo mucho en el tono de voz y en la expresión del rostro de los locutores (de ambos sexos) cuando leen las noticias. Y me fijo muchísimo en la expresión que ponen durante esas décimas de segundo que median entre la noticia relacionada con el accidente nuclear y la siguiente noticia. Vamos, que resulta imposible saber, por sus caras, hasta qué punto el locutor ha comprendido el contenido de la noticia que acaba de leer, o cómo la siente. Su forma de leer me parece carente de toda humanidad, una lectura plana, maquinal.

Con los artículos periodísticos me ocurre que hasta ahora no me fijaba demasiado en si eran artículos firmados o no, pero

21 *Dianthus chinensis.*

tras el terremoto me fijo mucho en esto, me pongo a pensar que también los que van sin firma habrán sido escritos por alguien, y trato de adivinar qué postura sostiene ese redactor o esa redactora al escribir ese artículo. No es porque el cansancio derivado del terremoto haya hecho de mí una persona muy sensible, sino porque, quiero creer, ahora veo con más claridad si las cosas son correctas o no lo son, si son apropiadas o no, si son veraces o engañosas. Y esto no solo lo veo en las cosas, sino, lo que es más terrible, también en las personas, o al menos así me lo parece. En mi caso, los daños que he sufrido no son para tanto, pero hay personas que han pasado un verdadero infierno y cabe pensar que su visión de las cosas haya cambiado radicalmente. Porque si no es así, entonces carece de sentido esta experiencia insólita, y el precio que hemos pagado es dinero perdido.

Vaya, vaya, qué cosas tan serias digo esta noche, y de qué forma tan seria, con lo poco que me pega...

Súbita oda a la esposa

17 de mayo

Llega a su fin un día más. Un día que he conseguido terminar sin tener que regañar ni una sola vez a mi mujer. Es de agradecer.

A veces pierdo la paciencia cuando no hay forma de hacerle comprender algo e incluso he llegado a darle algún soplamocos. Pero así nunca voy a conseguir que entienda las cosas. Cuando sucede algo así, me siento una mierda de persona, me odio a mí mismo (bueno, en realidad, es pura rabia) y salir de ese pozo me puede costar fácilmente media hora. Pienso entonces en las cosas que podríamos haber decidido juntos si ella no padeciera esta demencia, en todo lo que podríamos haber hablado... Desde que nos casamos era a ella a quien primero enseñaba mis escritos, siempre estaba ansioso por conocer su reacción. ¡Qué bien escribes!, ¡me ha gustado mucho! Jamás decía nada malo. Todo quedaba completo cuando obtenía ese «¡qué bien!» de Yoshiko.

Y el día de hoy ha terminado sin grandes percances. Antes de meterla en la cama, la he acompañado al retrete y luego la he llevado adonde el lavabo para que se cepillara los dientes. A veces se queda con el cepillo en la boca sin saber qué hacer. Yo se lo tomo y lo muevo un poquito. Entonces parece que recuerda lo que estaba haciendo y sigue moviéndolo. Le llevo el vaso de agua a los labios e imito los ruiditos de enjuagarse, para que lo haga. Pero me cuesta mucho tiempo hasta que consigo que eche al lavabo el agua que tiene en la boca. No le entra en la cabeza tener que echar lo que guarda en la boca. Otras veces lo echa, pero no en el lavabo. Me deja un poco desolado, pero me digo que no puedo regañarla por eso, porque ella no va a entender la razón. Volvemos al cuarto de estar. Tampoco es fácil conseguir que se quite las zapatillas antes de pasar a los tatamis. A veces me doy por vencido, la siento en el sofá y después me llevo sus zapatillas. Es lo que llaman agnosia visuoespacial.

Las dificultades continúan en la mesa, pues hace ya mucho tiempo que no coge los palillos ni la cuchara. Tomo la cuchara en su lugar, se la llevo a la boca, ahhhh, a ver, abre la boca, pero mis palabras tardan mucho tiempo en llegar a su cerebro.

Dirán ustedes que esto debe de ser duro, pero a mí, aunque me irrito y pierdo los nervios, me resulta imposible pensar en otra vida que no sea en esta. Aunque pierda los nervios de cuando en cuando, estoy... sí, satisfecho con mi vida. Me resulta, decía, imposible pensar en otra vida que no sea esta.

Las cosas que le digo no le llegan correctamente, quizás ni el 5 %. Pero eso no tiene tanta importancia. ¿O sea, que no entiende nada? No, tampoco es eso, por lo visto. El otro día, mientras hablaba con una de las visitas, ¿sobre qué hablábamos?, no recuerdo bien, pero yo hablaba muy entusiasmado, con mucho sentimiento. Miré entonces inconscientemente a mi mujer, que estaba sentada a mi lado, y vi que lloraba copiosamente, con las dos mejillas surcadas de lágrimas. ¿Entendería de qué hablábamos? Tal vez no. Pero posiblemente mis emociones se le transmitían, las captaba y participaba de ellas.

Se preguntarán ustedes por qué, de súbito, entono esta oda a mi mujer. Bueno, tampoco está mal hacerlo de vez en cuando. Para el resto de la gente seremos un desgraciado caso de un viejo que debe cuidar de una vieja, pero yo no me siento desgraciado en absoluto. ¿Si no es digna de lástima mi mujer? Pues miren, es posible que no sea digna de lástima. Porque lo cierto es que desde hace mucho tiempo a ella le encanta estar a mi lado. Un anuncio televisivo que ella nunca pudo comprender era aquel en que un ama de casa decía que lo ideal era tener un marido fuerte y sano, que nunca estuviera en casa. Además, si metiera a mi mujer en una institución, entonces sería yo el que no sabría cómo vivir.

Ahora vamos juntos a todos los sitios y de la noche a la mañana estamos siempre pegaditos, separándonos un máximo de tres metros.

Hacia una «zona de preparación para el renacimiento»

18 de mayo

Para nuestro habitual paseo, hoy he elegido la ribera del río Niida. Hacía mucho que no íbamos por allí. No hemos visto la familia de patos silvestres, pero sí una desconocida ave acuática de largo pico, que estaba de pie, inmóvil, supongo que presta a saltar sobre el primer pez que pasara ante sus ojos. Nuestro recorrido consiste en tomar un sendero que pasa junto al centro de tratamiento de aguas residuales, llegar hasta el final y volver por ese mismo camino. Pero últimamente Yoshiko se cansa mucho, y por eso será que hoy, a mitad del camino de vuelta, de repente su paso se ha hecho lentísimo. Cuando ocurre esto, no es bueno meterle prisa ni tirarle de la mano para que vaya más rápido. Hay que conseguir que se fije en los pájaros, en las florecillas del camino, y así, lentamente, hacerla caminar.

A la vuelta hemos pasado por delante del mayorista donde solíamos hacer las compras y de la tienda de todo a 100 yenes. En los aparcamientos había bastantes vehículos. ¿Estarán abiertas ya las tiendas? Nos hemos acercado para comprobarlo y, efectivamente, así es. ¿Desde cuándo estarían en funcionamiento? No lo sé, pero con esto, a los vecinos del área, al menos a mí, ya no nos falta de nada.

Por eso, hay una cosa que me preocupa. Me pregunto qué estará pasando con las escuelas de primaria, secundaria e institutos de bachillerato de nuestra ciudad. Por ejemplo, he oído que los alumnos de primaria de nuestro distrito de Haramachi van todos los días a las escuelas del distrito de Kashima en autobuses escolares. Pasado el mediodía, he visto varias veces a niños que bajan de esos autobuses y se dirigen caminando a sus casas. De las tres escuelas de primaria que tenemos en Haramachi, la Número 1 es ahora un centro de acogida para desplazados, pero me extraña mucho que las otras dos, estando disponibles, no vuelvan a usarse. Los niños que se han quedado en la ciudad no son tantos, así que, con que abrieran una de las dos escuelas, podría atenderse a todos. Pero no lo hacen. ¿Por qué? Sí, estamos en la zona de preparación para una evacuación de emergencia, pero los índices de radiactividad apenas son más altos que los del vecino distrito de Kashima. Los niños podrían ir a la escuela desde sus casas, pero estamos bajo los efectos de la magia del círculo de los 30 kilómetros. Por lo que respecta a la radiactividad en el aire, si yo tuviera hijos en primaria, más que mandarlos a pie a una escuela cercana, me preocuparía de que tuvieran que caminar hasta la parada del autobús, esperar a que llegara y hacer el recorrido hasta una escuela de otro distrito. Parece que nadie protesta ante esta situación, así que yo no me meto. Pero lo que se está haciendo es, en cualquier caso, absurdo. No sé qué estará pasando con los chicos de secundaria, pero a los de bachillerato los mandan en autobús todavía más lejos, a la ciudad de Sōma.

Voy a decirlo otra vez. ¿Por qué hay que enviarlos a lugares lejanos donde los índices de radiactividad son prácticamente los mismos que tenemos aquí? Un problema todavía mayor es que en las escuelas que los reciben no andan sobrados de aulas y a veces las clases tienen que impartirse en los pasillos. Todas estas insensateces se hacen porque se obedece sin el menor recelo las notificaciones de la Oficina del Gabinete del primer ministro, también bajo los efectos del *magic circle*. Es lo mismo que ocurría con Correos de Japón y las transportistas Yamato y Sagawa, que estaban bajo el hechizo de las notificaciones del Ministerio de Interior y Comunicaciones. Aunque, afortunadamente, el transporte de mercancías está ya totalmente restablecido.

Si yo fuese padre o responsable de niños en esas edades, habría conseguido apoyos y habría protestado pegando por ahí unos cuantos gritos, como hice en Correos de Japón. Pero no es ese mi caso, así que no pienso decir nada.

De cualquier modo, como se ve en la reapertura de la tienda de todo a 100 yenes, la vida de los ciudadanos de Minamisōma, si bien con algunas lagunas, ha vuelto a una normalidad casi absoluta. Como he dicho varias veces, esa denominación de zona de preparación para una evacuación de emergencia, parida con sufrimiento, se está convirtiendo en un nombre vacío de contenido, porque nuestra área es ya una «zona de preparación para el renacimiento».

Y una cosa más. Sigo siendo un lego en radiactividad y así continuaré hasta el fin de mis días, porque no tengo la menor intención de investigar el tema; pero incluso una persona como yo va aprendiendo ciertas cosas. Una de ellas es que los datos que se hacen públicos cada hora corresponden, más que a la atmósfera, a la superficie de la tierra. Es decir, no es algo que esté permanentemente suspendido en la atmósfera. Si no fuera así, no cabría que, por ejemplo, durante los últimos días, el índice de Minamisōma fuera constantemente de 0,49 *microsieverts* por hora. Son datos muy estables porque corresponden a las partículas contaminadas que un día fueron arrastradas por el viento hasta aquí y que se han quedado en la tierra, con pequeñas variaciones en función del viento o de la lluvia. El caso de los niños quizás sea diferente, pero cuando veo a algún viejecito o viejecita de ochenta o noventa años con la nariz y la boca sudorosas de llevar todo el día la mascarilla, me entran ganas de acercarme y decirle: «¿Qué, tiene usted alergia? Si no es así, será mejor para su salud que aspire y espire a todo pulmón». Por supuesto, no soy tan entrometido como para preguntar esas cosas.

El saludo del director

19 de mayo

Estaba preparando la cena cuando, casualmente, he pasado por delante del televisor y he visto que el director del Instituto Provincial Sōma de Bachillerato Agrícola, un centro situado en Iitate (filial de una institución con sede en Minamisōma) que ha tenido que cerrar sus puertas y trasladar a todos sus profesores y alumnos a otro instituto, situado este en la ciudad de Fukushima, estaba dirigiendo a sus alumnos el discurso de apertura del curso escolar. Les decía que si había sido posible empezar por fin el curso y asistir a la ceremonia, era gracias al apoyo de muchas personas, ese tipo de cosas. Pero no sé qué había dicho antes ni lo que diría después. Les prevengo, pues, de que todo lo que viene a continuación es pura ficción. Permítanme llamar Fuji Teivo[22] al director, quien continuaría su discurso así:

«Lo que acabo de decir es lo que suelo decir siempre en mis discursos de apertura de curso. Pero ahora voy a hablar sobre el

22 Como explica el autor en su anotación del 18 de abril, Fuji Teivo («fugitivo») es su seudónimo.

verdadero significado de la ceremonia de este año. Lo haré como director, pero también como individuo, como Fuji Teivo. Veis que los asientos de invitados están ocupados por distinguidas personalidades del gobierno central y de nuestra provincia. Pues bien, tendré que decir algunas cosas que harán que se sientan aludidos, e incluso incómodos.

»Vosotros, alumnos, todavía no habéis alcanzado la mayoría de edad establecida por el Estado, pero tenéis una edad que os permite distinguir perfectamente lo que está bien y de lo que está mal. Sobre el asunto del último gran terremoto y, muy especialmente, de la desgracia que se ha cernido sobre vuestro pueblo, no creo que sea necesario explicar cómo se han desarrollado los hechos. Lo estaréis oyendo todos los días en vuestras casas, de boca de vuestros padres o abuelos. Así que estoy seguro de que todos sabéis muy bien qué es lo que está pasando allí.

»Por culpa del fracaso de la política energética estatal, hemos tenido que desprendernos de las tierras heredadas de nuestros antepasados, de las casas, del ganado, es decir, de todo lo que hasta ahora era nuestra vida. Todavía no tenemos la menor idea de cuándo podremos regresar a nuestro pueblo. He utilizado la palabra 'fracaso', aunque resulta muy ambigua. Por sí misma, no explica bien si es que la política energética del Estado, una política de dependencia con respecto a la energía nuclear, estaba equivocada en sí misma, o si, por el contrario, el 'fracaso' es el propio accidente, un hecho desafortunado, consecuencia de un terremoto y un tsunami sin precedentes. Pero aunque el accidente nuclear se haya originado en el terremoto y en el tsunami, en tanto es un accidente ocurrido en una instalación, el desastre resultante es, sin duda, un desastre acarreado por el ser humano[23].

»Como tal desastre acarreado por el ser humano, presupone algún tipo de actuación humana. Y aunque eso quizás no haya

[23] En japonés se distingue entre *tensai* (desastres causados por fenómenos naturales) y *jinsai* (aquellos otro desastres, de origen natural o no, con un fuerte componente de falta de previsión o negligencia, que podrían haber sido evitados).

sido la causa directa del accidente, es lo que lo ha hecho posible o lo ha favorecido. Así pues, las personas que han proyectado y llevado adelante el desarrollo nuclear han incurrido en graves responsabilidades que ahora deberán dirimirse detenidamente. Después del accidente se ha usado en muchas situaciones la expresión 'fuera de lo previsto' o 'fuera de los supuestos manejados'. En algunos casos se ha usado claramente para eludir responsabilidades. Pero si de un accidente se dice que queda 'fuera de lo previsto', eso quiere decir que algunas personas hicieron en su momento ciertas previsiones. Y esas previsiones han caído por tierra. Aquí no pretendo esclarecer, en concreto, qué personas han incurrido en tales responsabilidades.

»No obstante, en esta oportunidad hay algo que quiero deciros, o que quiero pediros a todos, a los que hoy empezáis una nueva vida como estudiantes de bachillerato y a los que os disponéis a iniciar vuestro segundo o tercer año, y es que no debéis olvidar enfadaros correctamente ante las cosas que se hacen mal en este mundo, ante las injusticias. Hasta ahora os habrán dicho muchas veces que os portéis bien, que sirváis a la sociedad, pero quizás sea la primera vez que alguien os dice que tenéis que saber enfadaros correctamente cuando sea necesario. Y es que yo creo que para hacer de este país un país mejor, saber enfadarse correctamente es algo totalmente necesario.

»Después de este accidente nuclear, muchas personas que venían posicionándose a favor de la central o que, aunque no manifestasen su apoyo explícitamente, la legitimaban con su silencio, se han convertido de la noche a la mañana en grandes opositores a las centrales. No pretendo criticarlos, pero es importantísimo saber decir 'no' cada vez que ocurre una injusticia, cada vez que una cosa se hace mal. Tenéis que elevar vuestras voces de enfado cuando las cosas empiecen a llevarse en la dirección equivocada. No pretendo deciros que os impliquéis directamente en movimientos de oposición, porque ahora lo más importante para vosotros es estudiar con ahínco para desarrollar una comprensión y un criterio que vais a necesitar, no ya para encontrar un trabajo, sino para darle un sentido a vuestra propia vida. Pero hoy en día no es como antes, hoy en día hay medios como la telefonía móvil o internet que pueden suplir a las manifestaciones o a las asambleas populares.

»De hecho, yo mismo he utilizado mi blog y otros medios para dar a conocer mis posturas después del terremoto. Y fue así como encontré otro blog, el de un estudiante de Okinawa, que me causó una profunda impresión. En esencia, el suyo es un blog antinuclear, que no pertenece a ningún partido político ni organización y que parte de una motivación y de un proceso mental estrictamente personales. Como buen estudiante de bachillerato, este muchacho ha reunido información objetiva sobre el problema de la energía en diversos países y sobre sus políticas energéticas, añadiendo lo que piensa con sus propias palabras. Como os he dicho muchas veces, el fin último de vuestros estudios debe ser saber mirar las cosas con vuestros ojos, pensar con vuestra cabeza y sentir con vuestro corazón. Es posible que yo no me haya enterado, y que entre vosotros haya personas que hayan estudiado ese asunto y que estén realizando alguna actividad similar a la del estudiante de Okinawa. Como profesor, me alegraría mucho que así fuera.

«Podría ocurrir —en realidad, hay muchas posibilidades de que así sea— que en el futuro tengáis que luchar en primera línea para volver a darle vida a vuestro pueblo de Iitate, y para ello tendréis que empezar por adquirir los conocimientos necesarios y ejercitar vuestras facultades mentales. Hace unos años, cuando erais alumnos de primaria y todavía estaba en marcha el proceso que llamamos Gran Fusión de Municipios de la Era Heisei, vuestros padres tomaron la sabia decisión de preservar la independencia y originalidad de Iitate, rechazando la fusión con Minamisōma. Sobre esa base, se venían desarrollado la agricultura y la ganadería, haciendo un uso eficaz de nuestra rica naturaleza. Por eso, podemos imaginar el sufrimiento tan desgarrador que estarán padeciendo los habitantes de Iitate ahora que el municipio ha sido incluido en esa humillante zona llamada de 'evacuación planificada'.

»Y ya para terminar, lo diré otra vez. No debéis olvidar nunca el dolor que llevan vuestros padres y abuelos en el corazón. Y esa gran desilusión que han sufrido debe ser para vosotros una energía en el estudio, al que tenéis que dedicaros con ahínco, para volver a darle vida a vuestro pueblo, y no solo para eso, también para hacer de Japón un país más habitable, más humano. Aquí, de pie sobre esta tarima, he estado observando vuestros ojos a través de estas gafas. Estoy muy tranquilo, porque veo que el brillo de vuestros ojos es verdadero. Tengo mucha confianza en vosotros. Al mismo tiempo, en un rincón de estas lentes veía continuamente los rostros de los señores representantes del gobierno central, de los funcionarios de nuestra provincia. Me ha parecido ver que asentían con la cabeza a muchas de las cosas que he dicho. Como quizás sepan, este será mi último año como director. Será un año que deberemos pasar lejos de nuestra escuela de Iitate, y un año lleno de incomodidades, pero dentro de la adversidad tendremos que sacar fuerzas de flaqueza y salir adelante tanto vosotros, los alumnos, como nosotros, los profesores. Voy a terminar así este discurso que ya se ha alargado suficientemente».

Declaración de «zona de preparación para el renacimiento»

22 de mayo

Yo nunca me había preocupado, hasta ahora, por saber qué significaban los niveles de radiactividad ambiental ni cómo se medían. Pero en esta situación en que va pasando el tiempo y seguimos sin saber con claridad si la central nuclear accidentada camina o no hacia su estabilización, es inevitable que uno se sienta interesado por esas cosas. Al principio pensaba que los datos que nos daban eran de la radiactividad que flota en la atmósfera, pero al oír cosas como que al retirar la capa de tierra superficial (de unos tres centímetros de profundidad) del patio de una escuela de la ciudad de Fukushima, el nivel de radiactividad había bajado a una quinta parte (¿?), por fin me di cuenta de mi error. Es decir, que la radiactividad contenida en las partículas flotantes en el aire que un día (será, supongo, el día de la explosión de hidrógeno que ocurrió en uno de los reactores) llegaron volando hasta aquí y se posaron en la tierra, aunque pueda variar ligeramente debido a factores como la lluvia o el viento, básicamente continúa al mismo nivel (eso es lo terrible de la radiactividad) del primer día. Diré de paso que este nivel se sitúa, en Minamisōma, en torno a 0,5 *microsieverts* por hora.

Mi amigo Yoshihiko Satō, que ha vuelto de Tokio para pasar unos días con su familia, me ha contado lo que le ha ocurrido en el ayuntamiento de nuestra ciudad. Fue allí a echar en cara a sus responsables que, mientras que esta parte de Minamisōma tiene que aguantar los inconvenientes derivados de su inclusión en la zona de preparación para una evacuación de emergencia, ciudades como Fukushima o Kōriyama, que tienen niveles de radiactividad tres veces superiores a los nuestros, hayan quedado excluidas. Pero me ha dicho que solo consiguió que se le enfadaran, y que le increparan por no darse cuenta de que si esas ciudades hubieran sido incluidas en la zona, los desplazados habrían sido decenas de veces más que en nuestro caso, con todos los grandes trastornos que ello habría supuesto. ¿Eh? ¿O sea, que esa es la razón? En realidad, es lo que yo imaginaba, pero que te lo digan así, tan abiertamente..., es de risa.

¿Qué significa este trato que ha recibido Minamisōma? ¿Es que se nos ha dado un trato especial, de favor, porque les preocupaba nuestra situación, o es más bien que nos toman a la ligera y nos dan un trato discriminatorio?

Gracias a los nuevos puntos de medición que se han establecido, tenemos una idea bastante exacta de cómo se distribuye la contaminación radiactiva por nuestro término municipal. ¿Por qué, pese a esto, no se corrige de una vez el «anillo mágico»? Por ejemplo, al distrito en el que vivo, a Haramachi, le han colgado el honroso letrero de «zona de preparación para una evacuación de emergencia», gracias al cual nada bueno nos pasa. En el aspecto logístico, las cosas por fin han mejorado, pero, como he dicho en alguna otra anotación, por lo que respecta al funcionamiento de los centros educativos, seguimos sufriendo todo tipo de trabas e inconvenientes. Sin embargo, lo más grave es que mucha gente de Haramachi se está yendo a vivir a otros lugares, en un goteo que está diezmando nuestra población. Un buen ejemplo es el del señor T., un vecino de mi barrio que, harto de la situación que vivíamos, renunció a su casa y se fue a vivir... ¡a Kōriyama, donde los niveles de radiactividad son más altos que aquí!

Últimamente, todo es confuso en la transmisión de informaciones. Mientras que en la televisión y otros medios, gracias a la digitalización, tenemos una mayor densidad informativa, cuando se trata, por ejemplo, de hacer llegar un importante mensaje a los pobladores de un área, vemos que las personas con dificultades de audición o aquellas que no tienen una relación muy fluida con sus vecinos no se enteran en absoluto de cosas como que ha pasado un vehículo municipal difundiendo un mensaje sobre una inminente reunión previa a la mudanza colectiva a un determinado refugio, mensaje que llega siempre entrecortado por el viento. No solo eso. Con los materiales de ayuda a damnificados que nos están enviando ocurre no mismo. Como no se hacen circular hojas informativas, yo, por ejemplo, nunca me habría enterado ni beneficiado de esas ayudas si mi amigo Nishiuchi no hubiera tenido la amabilidad de traérmelas a casa. Y algo parecido ha ocurrido también con las donaciones que ha distribuido el gobierno provincial y con las solicitudes de indemnización que hay que dirigir a la eléctrica TEPCO, que han sido recibidas y cursadas a última hora porque el alcalde del distrito regresó por fin del refugio donde se encontraba e hizo los trámites, pues, de otro modo, por aquí ni nos habríamos enterado de la existencia de esos programas.

Si hablásemos de un área que ha quedado arrasada por el tsunami sería otra cosa, pero me resulta difícil comprender por qué en un área como la nuestra, a día de hoy, sigue sin repararse la red de comunicaciones (me refiero a los servicios de comunicación del ayuntamiento y cosas parecidas). Una vez sí que nos llego una hojita, pero creo que no contenía ningún aviso de importancia. Este alcalde que tanta elocuencia muestra en YouTube, ¿por qué no nos hace saber qué es lo más importante para él en este momento, aunque sea en una sencilla hojita tamaño B5? Oh, se me ha ocurrido una cosa. El otro día falseé la alocución del director del instituto de bachillerato y hoy voy a suplantar a nuestro alcalde, redactando este mensaje.

«Ciudadanos de Minamisōma. Tras un terremoto y un tsunami sin precedentes, se ha cernido sobre nuestra ciudad la más funesta desgracia: el accidente nuclear. En la hoja que les adjunto podrán encontrar un informe preliminar de los daños infligidos por el terremoto y el tsunami (víctimas mortales, desaparecidos, número de viviendas total o parcialmente destruidas, etcétera). Desde que ocurrió el terremoto me he esforzado por defender las vidas y propiedades de todos los ciudadanos de Minamisōma, utilizando para ello todos los recursos de nuestro ayuntamiento y de todos los organismos relacionados. Sin embargo, me he percatado de que, dentro de estas actividades, he cometido un grave error. No me serviría de excusa decir que he estado enfrascado en la resolución de los formidables problemas que, uno tras otro, se nos han ido presentando. Les presento a todos ustedes mis más sinceras disculpas. El grave error no es otro que no haber sido capaz de transmitirles directamente y por escrito todo lo que tenía que haberse comunicado y pedido como alcalde a ustedes, los ciudadanos.

»Haré una breve exposición de nuestras circunstancias. Actualmente, nuestra ciudad se encuentra en una situación muy peculiar, dividida en cuatro sectores, pues una parte de su término municipal ha quedado incluida en la zona de alerta, otra, en la zona de evacuación planificada y una tercera, en la de preparación para una evacuación de emergencia, quedando el resto sin designación oficial. Sin embargo, por suerte, la mayor parte del distrito de Haramachi, donde se encuentra el edificio central del ayuntamiento, tiene unos niveles de radiactividad ambiental bajos, que no representan ningún obstáculo para el normal desarrollo de la vida ciudadana. El transporte y la distribución de mercancías, gracias a la mediación y buenos oficios de muchas personas, están ya prácticamente restablecidos. Pero nuestras escuelas de primaria y secundaria, y nuestros institutos de bachillerato, se ven obligados, en cumplimiento de las instrucciones que recibimos del gobierno central, a trasladar todas sus actividades a las instalaciones de otros centros situados fuera del círculo de 30 kilómetros de radio alrededor de la central, lo cual es un grave inconveniente para el normal desarrollo de la vida escolar. Mi deseo es que estos problemas vayan resolviéndose en el plazo más corto posible y que podamos volver a un funcionamiento acorde a la situación real de nuestra ciudad, seguro y racional. Por lo que respecta a estos temas, voy a mantenerme firme y a estar siempre al lado de los ciudadanos, aunque las decisiones que tome puedan no gustar en círculos gubernamentales.

»Hoy tengo una petición muy especial que hacerles. Tenemos que poner manos a la obra para hacer renacer nuestra ciudad y no podemos esperar hasta que se encuentre la solución definitiva al accidente de la central nuclear. Por eso, les pediría a todos que se quedasen en Minamisōma y colaborasen con el ayuntamiento. Lo diré con claridad: en Minamisōma sigue habiendo muchos lugares donde se puede vivir sin preocuparse por que nuestra salud se vea afectada. La herida que nos han infligido es más superficial de lo que parecía. Esas partes de la ciudad tienen que servirnos de base para comenzar un firme movimiento hacia el renacer. Trabajaremos para reabrir cuanto antes la biblioteca, el Salón de Actos Municipal Yumehatto y el centro cultural, de forma que tal como nos hemos recuperado en lo material, recuperemos también nuestra vitalidad en la faceta espiritual. Si conseguimos revitalizar ahora el núcleo de nuestra ciudad, cuando algún día recuperemos el área actualmente incluida en ese detestable círculo de los 20 kilómetros de radio y podamos pensar en un verdadero renacimiento del conjunto de la ciudad, será mucho más fácil acelerar ese proceso.

»Sí, esta zona de preparación para una evacuación de emergencia es desde hoy, de hecho, una zona de preparación para el renacimiento. No pretendo retener aquí contra su voluntad a quienes por circunstancias personales tengan que irse, pero es mi deseo que el mayor número posible de ciudadanos sean protagonistas de este grandioso y emocionante drama de nuestro renacimiento como ciudad. Es lo que les pide encarecidamente el alcalde de todos ustedes. 21 de mayo de 2011. El (falso) alcalde de Minamisōma».

La necedad de encogerse

23 de mayo

He recibido muchas muestras de apoyo a la declaración que hice ayer de zona de preparación para el renacimiento, pero hay una cosa que creo que tengo que añadir. Y es que no basta con que nosotros pensemos así: el Gobierno tiene que rectificar ese esquema sin sentido de los círculos concéntricos y terminar con esa zonificación que hace de, por ejemplo, el distrito de Haramachi, una «zona de preparación para la evacuación de emergencia». Y si el Estado se negase a rectificar, entonces es cuando debería darse, por parte del alcalde, una declaración que estableciera de hecho la zona de preparación para el renacimiento.

Lo peor de la situación en la que estamos es que todo se hace a medias, sin definición. Una de las causas es que hoy por hoy ni siquiera los expertos saben dónde se encuentra el umbral de la peligrosidad de la radiación, entendiendo por umbral el valor mínimo (o máximo) necesario para que un efecto produzca en un cuerpo vivo una reacción. Es un valor límite o crítico. Esto me recuerda las insensatas declaraciones del expresidente de TEPCO, en las que dijo que las radiaciones podían ser incluso buenas para el organismo si se recibían en pequeñas cantidades. Estas declaraciones me produjeron un gran enojo dadas las circunstancias, pero luego pensé que, en sí, lo que dijo podía ser científicamente correcto.

Hasta ese punto es incierta la situación que vivimos. Y lo peor, repito, es que vivimos de una forma ambigua, desdibujada. Vivimos cohibidos, tratando de no hacer ruido cuando respiramos. Teniendo en cuenta que todavía no está claro si la central accidentada podrá estabilizarse completamente o no, y que el asunto va para largo, de lo que más hay que cuidarse es de acumular estrés. Especialmente para los ancianos como yo (aunque lo diga de esa forma y físicamente tengo que reconocer que lo soy, yo nunca me he visto en serio como un anciano) a quienes nos queda ya poco de vida, este primer año tras el terremoto, estos dos primeros años (¿algunos más, quizás?), son uno o dos años valiosísimos.

Podría causar un malentendido diciéndolo así, pero lo diré de todas formas: de suyo, en la vida, las cosas no se hacen porque contemos con garantías de alguien, la vida es una incesante elección. Dicho más llanamente todavía, es proceder llevando a su último extremo la idea de la responsabilidad propia. También durante este terremoto, la cruel verdad que hemos descubierto por estos giros del destino debería ser, precisamente, esa «elección vital». Una plasmación dramática de esa verdad la vemos en las personas que, engullidas por la tremenda corriente del tsunami, han logrado, sin embargo, salir con vida. Por supuesto, cuando se decide por los niños, que no pueden hacer una elección libre y autónoma, la elección debe ser tan lúcida y prudente como sea posible (algo que nada tiene que ver con el exceso de preocupación).

En resumen, dejando al margen el caso de las personas que han decidido marchar a algún lejano lugar, una vez tomada la decisión de quedarse aquí, el colmo de la necedad sería vivir encogido, cohibido. Hay que confiar a alguien la supervisión de los trabajos de estabilización de la central nuclear accidentada, dejar de preocuparse por ese tema y por las radiaciones, y vivir el día a día con intensidad. Porque no cabe malgastar una cosa tan valiosa como el tiempo. No habrá que decir que esto no vale solo para los ancianos, sino para todas las personas.

¿Y si estudiasen en sus casas?

25 de mayo

En los artículos de la sección «*Ima tsutaetai — hisaisha no koe*»[24] del periódico *Asahi Shimbun*, que aparecen todos los días acompañados de una fotografía, el lector tiene la oportunidad de conocer de primera mano lo que piensan y dicen las personas afectadas por el terremoto, el tsunami y el accidente nuclear. Mi familia y yo salimos dos veces en los periódicos después del terremoto. Gracias a ello, me ha sido posible contactar de nuevo con personas con las que había perdido el contacto, y también gracias a ello muchas personas a quienes no conocía en absoluto son ahora lectores de mi blog. Una nueva prueba de lo influyente que es la prensa. Recuerdo ahora que después de finalizar la guerra comenzó en la emisora de radio NHK un programa titulado *Tazunebito*[25], gracias al cual muchas familias disgregadas por la guerra pudieron recomponerse. Esa misma función la cumplen hoy en día la televisión y los periódicos. La mía fue una más de aquellas familias de colonos japoneses

[24] «¡Que se sepa ahora! — La voz de los afectados».

[25] El significado literal de *tazunebito* es «persona buscada», «persona por la que se pregunta». A veces equivale a la expresión española «Se busca». El programa comenzó a emitirse bajo ese título en 1946, siendo posteriormente conocido como *Tazunebito no jikan* («La hora del *tazunebito*»).

retornados a Japón tras el fin de la guerra, y nosotros también escuchábamos a menudo aquel programa para tratar de saber algo sobre nuestros conocidos.

Hoy estaba mirando esa página del *Asahi Shimbun* cuando me ha llamado la atención un artículo sorprendente. Hablaba de una madre con dos hijas, todavía pequeñas, con las que vivía precisamente aquí, en el distrito de Haramachi, Minamisōma. Su casa no sufrió desperfectos con el tsunami, pero su temor a la radiactividad la impulsó a abandonar la ciudad y ahora vive en un gimnasio habilitado como refugio en el parque Azuma Sōgō Undō de la ciudad de Fukushima. Puedo comprender que su primera reacción después del terremoto fuera escapar de aquí, pero lo que ya es sorprendente es que habiendo transcurrido más de dos meses desde aquello y habiéndose aclarado tantas cosas, la señora siga allí. Sinceramente, no comprendo por qué sigue llevando esa vida de refugiada, con tantas incomodidades, en una ciudad como Fukushima, que registra niveles de radiactividad tres veces superiores a los de Haramachi. Si la vida de refugiada le resulta especialmente divertida no tengo nada que decir, pero... Lo único que se me ocurre es que la retenga allí esa nueva zonificación tan ignorante de la realidad, que hace de Haramachi una zona de preparación para una evacuación de emergencia.

Hoy, nuestro habitual paseo nos ha llevado otra vez a la ribera del río Niida, pero antes de llegar allí me he fijado en un niño y en su madre, que al parecer había salido a la calle a recogerlo. Supongo que el niño volvería a casa procedente de alguna escuela del distrito de Kashima. Como expliqué el otro día, es una absurdidad lo que se hace. He tratado de ponerme en el lugar de un padre con un hijo en primaria. Creo que reclamaría que no envíen a los niños en autobuses ni por ningún otro medio a Kashima, y que se retomen las clases en alguna de las escuelas de Haramachi que han quedado vacías. Y si no consiguiera que me hicieran caso, quizás trataría de que se le permita a mi hijo estudiar sin salir de casa hasta que se solucione definitivamente el asunto de la central nuclear. Diré que a mí no me gusta nada esa tendencia tan extendida de dejar en manos de la escuela toda la educación de los hijos. Aunque no solo es por eso. Estamos en una situación que no es normal (imagino que la empresa donde trabajo ha cerrado y que estoy libre), y por lo menos en estos momentos me gustaría que mi hijo se quedara en casa y leyera un montón de cosas. Si tuviera amigos a quienes invitar a casa, no sería para mí ningún problema encargarme también de ellos. Por supuesto, no se trata de permitirles hacer todo lo que quieran, podrían seguir estudiando los contenidos que indicara la escuela.

Que un exprofesor como yo diga estas cosas podrá sorprender, pero la verdad es que será muy difícil encontrar un país que haya desarrollado una fe en la escuela tan profunda como la que tenemos los japoneses desde la Era Meiji (1968-1912). En realidad, la escuela no es más que uno de los innumerables métodos o medios que existen para educar a los niños y, aunque ciertamente sea eficaz e igualitario, esta situación en la que la escuela ejerce un dominio monopolístico sobre el conjunto de la educación es muy poco saludable. Creo que el gran terremoto debería ser una buena ocasión para que los padres se replantearan estas cosas. No hay que entregarles el monopolio de la educación ni al ministerio, ni a la Junta Provincial de Educación ni a una escuela determinada. Los hogares tienen que recuperar la cuota de responsabilidad, la cuota de derecho a educar que les corresponde.

Hasta que se solucione definitivamente el asunto de la central, a los padres que deseen que sus hijos sigan asistiendo a la escuela podría ofrecérseles aulas y personal docente; a los que prefieran que sus hijos estudien en casa (por lo menos a los que cursan la primaria, si resulta difícil con los de secundaria y bachillerato), permitírselo, elaborando una guía de estudios y haciendo que un tutor visite periódicamente las casas y ofrezca su orientación y asesoramiento. También habría que cuidar el aspecto social, promoviendo el cultivo de la amistad entre los niños que estudian en sus casas durante las vacaciones de verano y siempre que haya ocasión, llevándolos a lugares donde se registren niveles de radiactividad bajos y organizando allí actividades escolares en la naturaleza. Tal vez todo esto de estudiar en casa sea un sueño, pero con la oportunidad tan estupenda que nos concede el terremoto para replantearnos desde su propia raíz toda la educación escolar, sería realmente una pena y una vergüenza que se perpetuara un sistema escolar que en vez de promover las capacidades mentales y la creatividad, produce como rosquillas, en serie, niños carentes de toda holgura espiritual, obedientes, pero que rara vez se ponen a pensar por sí mismos.

Una vez me llamaron a un taller o cursillo de formación en una determinada área de estudios, que se organizaba en una escuela local, dirigido a los profesores del distrito escolar de Sōsō, en el que está incluida nuestra ciudad de Minamisōma. Lo voy a decir sin ambages: ¡qué desánimo se notaba en los profesores! Estarían, supongo, cansados, porque tienen que sacrificar su tiempo libre para atender aburridas labores no propiamente docentes, o para guiar a los niños en las actividades artísticas o deportivas que se hacen fuera del horario escolar. Recuerdo que me llevé la idea de que con unos profesores así también los niños tenían que acabar perdiendo los ánimos. Como no cambiemos de mentalidad y giremos hacia un modelo en que toda la comunidad se implique en la educación de los niños, en Minamisōma nos espera un futuro muy negro. Si hay algo en lo que pueda ayudar, díganmelo, uno ya es viejo pero conserva los ánimos, así que ayudaré con mucho gusto. Bueno, una vez más me estoy desviando del tema. Corrijo mi órbita o, mejor, lo dejo por esta noche.

La perspectiva de los afectados

26 de mayo

—¿Otra vez con cara mustia? Es que es para cansarse, ¿no?

—¿Para cansarse?, ¿qué quieres decir?

—Vaya, qué respondón estás esta noche... Digo «para cansarse»...

—Déjalo, no hace falta que te justifiques. Seguro que querías decir que me he cansado de tener que dar testimonio como poblador de esta zona de preparación para la evacuación de emergencia, que me he cansado o me he hastiado, ¿no? Pero eso no me lo ha pedido nadie, he sido yo mismo el que me he asignado ese papel, ¿o no? Contra el cansancio, el descanso y contra el hastío, el abandono.

—Claro, eso es lo que pensaba hacer. Además, el nombre de esa zona, como he dicho muchas veces, es una denominación totalmente carente de sentido. Cambiando de tema, el otro día una persona muy comprometida me preguntó si podía reproducir íntegramente en su sitio mi alocución del falso director y mi declaración del falso alcalde. Por supuesto le dije que sí, encantado, pero me entró curiosidad por saber qué tipo de persona pediría algo así y tuve suerte, porque encontré algo sobre ella.

—¿Y qué tipo de persona es?

—Pues no sé qué tipo de persona es, pero debe de ser una mujer que lleva una página muy interesante, llamada crazy*3. Encontré mis escritos, pero también, en su última actualización, se podía ver el video de la reunión del 23 de mayo de la Comisión de Supervisión Administrativa de la Cámara Alta de la Dieta.

—Vaya, toda una profesional del manejo de internet, no como tú...

—Bueno, el caso es que a la reunión de la Comisión habían sido llamados como asesores Hiroaki Koide[26], Masashi Gotō, Katsuhiko Ishibashi y Masayoshi Son...

—Yo al único que conozco es al último, a Son.

—Yo también (¡es lógico!), y en el sitio aparecían también imágenes de unas declaraciones del tal Koide. Koide explica a los parlamentarios de forma sencilla y con la ayuda de diapositivas

26 Hiroaki Koide (Tokio, 1949) es físico nuclear y profesor adjunto del Instituto de Experimentación en Reactores Nucleares de la Universidad de Kioto.

hasta qué punto ha sido grave el reciente accidente nuclear. Conforme veía, iba cabreándome.

—¿Por qué? ¡Que les asuste con toda libertad a esos parlamentarios favorables a la energía nuclear!

—Es que no es solo él. Son muchos los que vienen comentando y explicando el accidente y la situación de las zonas y de las personas afectadas, pero no hay prácticamente nadie que lo haga desde la perspectiva de los afectados.

—Si lo que hacen es criticar al Gobierno y a TEPCO, estupendo.

—Pero..., no es eso. Como dije sobre el director general del Organismo Internacional de Energía Atómica, Amano, cuando lanzan críticas contra los responsables del accidente, estas acaban salpicando también a las víctimas. Me gustaría que se dieran cuenta de eso. Koide, por ejemplo, dice: «En cuanto a las tierras afectadas, si se aplicaran a rajatabla las leyes vigentes en Japón, habría que dar por perdida con este accidente una superficie de tierra enorme, quizás toda la provincia de Fukushima. Para evitar esto, habría que elevar el nivel de límite admitido de exposición a la radiactividad... Los pobladores del área van a perder sus pueblos y van a ver destruido su modo de vida». Eso es lo que pienso.

—Buf, qué futuro tan negro nos pinta Koide.

—Pensé, pero ¡tú de qué vas! Te creerás que te estás luciendo, largándoles un elocuente discurso a los señores parlamentarios, pero... ¿te has dignado pensar alguna vez cómo lo llevan los que viven en las zonas afectadas? En esa provincia de Fukushima a la que das por aniquilada, la gente vive con fuerza y va a demostrar a todo el mundo que puede salir de esta. Ya que dicen que estos niveles de radiactividad no suponen un peligro directo para la salud, pues vamos a echarle cojones y a sobrevivir, igual que nuestros antepasados han sobrevivido al frío y al calor, a sequías y a inundaciones.

—Pero ¡bueno, cómo se ha animado de pronto este hombre!

—¿Soy yo «este hombre»?

Ignorantes especialistas

27 de mayo

También hoy hemos dado nuestro paseo por el parque Yo-no-mori. Este parque, situado en la zona oeste de nuestra ciudad, ocupa una colina parecida a un ombligo saliente. Subo la pendiente despacito, tomando a mi mujer de la mano.

Las figuras que representaban a una niña y a su hermano menor, que ocupaban el centro del paseo circular, han desaparecido. ¿Se habrán roto con el terremoto? ¿Las veremos algún día otra vez sobre su pedestal, tras haber sido reparadas en algún sitio?

Damos una vuelta y nos sentamos en el banco de piedra. Un suave vientecillo nos refresca el ligero acaloramiento del cuerpo. Claro, todavía estamos en mayo. ¡Ah, pero mayo está ya a punto de terminar! ¿Qué ha sido de esta primavera? Junto a nuestros pies, las hormigas van y vienen muy atareadas. Estamos sobre una colina. La radiación llegó volando de allí, 25 kilómetros al sur. ¿Cuántos *microsieverts* se recibirán de esta tierra por la que corren las hormigas?

Y el expresidente de TEPCO suelta aquello de que la radiactividad, en pequeñas cantidades, es incluso buena para el cuerpo. Me revienta oírlo de esa persona, pero puede que sea cierto. Mira esas hormigas que van por ahí. Esas hormigas bañadas en las radiaciones procedentes del polvo, con sus pequeños movimientos, ¿en qué han cambiado después de haber quedado expuestas a la radiactividad? Con esos cuerpos atléticos..., ¿y ese brillo?, ¿no será...?

También hoy mi mujer tiene buena cara. Últimamente ya no me irrito aunque se ponga remolona. Ni creo que me irrite nunca más.

Ahora, cuando consigue ponerse ella sola los zapatos o subir las escaleras hasta el final, siempre le dirijo alguna palabra elogiosa. Ahora soy capaz de sostener una sonrisa durante un buen rato aunque ella se quede quieta, mirando desorientada sus zapatillas. Soy capaz de esperar a que esa conexión cerebral que ahora no se realiza lo haga al cabo de unos minutos.

Y ella también está observando las hormigas. ¿Podrán convertirse las hormigas en insectos para la experimentación científica, como los ratones? ¿Que los insectos no sirven para eso? Los *medaka*[27] sí que han sido utilizados en importantes experimentos espaciales, bueno, aunque no son insectos, sino peces. Mejor, pues, se lo pediremos a los *medaka*. Que suban a la mesa de experimentos donde se va a probar dónde se sitúa el umbral de peligrosidad para la salud de la radiactividad.

A propósito, el otro día los astronautas Wakata y Noguchi vinieron a las regiones afectadas por el terremoto para dar conferencias a los niños. Alejarse de la tierra y hablar de las inmensidades del espacio puede ser muy efectivo cuando se quiere que los niños olviden el terremoto y el gigantesco tsunami, pero, si he de ser sincero, creo que habría sido mejor hablarles de lo valioso que es nuestro planeta.

En los cohetes, en el desarrollo espacial, se concentran hoy todos los saberes de la ciencia. Hay algo que quiero pedir a esos científicos que trabajan en la vanguardia de sus respectivas disciplinas: que apliquen sus conocimientos a la radiología. No digo que continúen haciéndolo así eternamente, pero es que, aunque los reactores afectados acaben siendo desmantelados, durante los próximos años, quizás más de 10, habrá que hacer un seguimiento de la salud de los niños que han quedado expuestos a las radiaciones.

El sol ha empezado a pegar más fuerte. Buscando la sombra, nos hemos movido hacia uno de los extremos del banco. Esta calidez de los rayos del sol, la brisa que cosquillea en los tobillos, la realidad es esta, no es esa tierra que el profesor Koide dice que

27 *Oryzias latipes*. Pececillo de 2 a 4 centímetros que habita lugares como los campos de arroz inundados.

en realidad debería abandonarse. Quienesquiera que sean esos sujetos que niegan esta innegable realidad, que empiecen por venir aquí, que planten sus pies sobre esta tierra. ¿Una ilusión destinada a desaparecer algún día, como un espejismo? De ninguna manera. Esto es una realidad innegable, es la realidad.

Profesor Koide: aunque tenga usted razón, olvídelo por un momento y acérquese un poco a este parque Yo-no-mori. Si hubiera venido aquí, nunca podría haber hecho un discurso así ante la Cámara Alta.

Me permito, para terminar, citar a Ortega y Gasset, un gran pensador español contemporáneo. Dice así en su libro *La rebelión de las masas*: «El resultado más inmediato de este especialismo *no compensado* ha sido que hoy, cuando hay mayor número de 'hombres de ciencia' que nunca, haya muchos menos hombres 'cultos' que, por ejemplo, hacia 1750».

Esto lo comenté yo una vez como sigue: La verdadera cultura es «un sistema de convicciones positivas sobre lo que son las cosas y el mundo» (como viene a decir el propio Ortega en *Misión de la universidad*), o al menos un denodado esfuerzo por encontrar ese sistema. Sin embargo, nuestros científicos contemporáneos poseen amplios conocimientos sobre su campo de especialización, en los que hacen gala de un pensamiento enormemente minucioso, pero en el resto de las materias evidencian la mayor de las ignorancias.

Así es. Después del accidente nuclear han subido a la palestra muchos científicos, pero todos son algo así como «ignorantes especialistas». Por tanto, nuestra única opción es, tal como hicimos antes con los políticos, decirles a la cara: «¡Pero ¡qué tontos sois!». Entonémoslo todos juntos: «¡Qué tontos!». ¡Una vez más!: «¡Qué tontos!».

Retorno temporal a puerto del *Odisea*

28 de mayo

Sin que haya sido nuestra intención hacerlo coincidir con el regreso temporal a sus hogares de los habitantes del área de Minamisōma, que ha quedado comprendida dentro de la zona de alerta, también en nuestra casa hemos tenido algo parecido: la vuelta de la familia de mi hijo, que actualmente vive en Towada, y que ha venido hoy para pasar aquí tres noches. Han salido de Towada hacia las 10.30 de la mañana y han llegado aquí a las 6.30 de la tarde, de modo que han sido cerca de ocho horas de viaje. Para un desplazamiento tan largo han elegido el Odyssey, mucho más cómodo, de mi hermano cura, en vez del *kei car*[28] que han comprado en Towada. Es decir, que el buque *Odisea* ha vuelto temporalmente a su puerto.

Acabo de comprobar en el blog que fue el 27 de marzo cuando escribí aquello de «Zarpa el *Odisea*», así que es un regreso al cabo de dos meses. En Towada, mi hijo ha sido tratado como un evacuado, ha sido objeto de muchas atenciones. Además (esto era una esperanza que albergaba silenciosamente en su corazón desde que salió de aquí), el ayuntamiento de Towada lo va a contratar como eventual desde el 1 de junio hasta el 31 de marzo del año que viene. Un hecho de agradecer, porque significa que mi hijo camina ya de hecho hacia su autonomía.

Mi nieta Ai, que pronto cumplirá tres años, en estos dos meses ha crecido y ha ganado peso, al punto que al subir las escaleras con ella en brazos ha habido un momento en que casi pierdo el equilibrio. También habla más que antes. Parece que tiene buen oído, así que le resultará fácil aprender también el chino de su madre y ser una niña bilingüe, que es lo que yo quería; y si tiene

28 El *Kei car* o *keijidōsha* (literalmente, «automóvil ligero») es una categoría de vehículos de baja cilindrada (menos de 660 cc) existente en Japón.

esa habilidad llamada oído absoluto, me gustaría conseguir que estudie piano. Mi amigo Yoshihisa Suga, pianista, se ha ofrecido incluso a darle lecciones en el futuro.

Ah, es verdad, este es el lugar para hacerle un poco de publicidad. Para el 19 de junio y junto a la violista Ayako Kawaguchi, mi amigo Suga (su apellido, curiosamente, se escribe con el mismo ideograma que el del primer ministro Naoto Kan, pero no es Kan, sino Suga) tiene programado un concierto de solidaridad con los afectados por el terremoto del 11 de marzo en el Yotsuya Community Hall de Tokio. Colaboran con ellos otros muchos músicos, y en total serán tres pianistas, cinco vocalistas, un violinista, un oboísta y una violista, es decir, 11 personas, que ofrecerán sin duda un concierto de lujo. Desgraciadamente, yo no podré ir, pero lanzo desde aquí una invitación a todos los que vivan en la zona. El programa me llegará de un momento a otro y en cuanto lo tenga, se lo haré saber a todos.

Me preguntaba qué grado de comprensión y de memoria tendremos a los tres años. Yo no guardo ningún recuerdo de aquella edad. Mis primeros recuerdos deben de comenzar en torno a los cinco años, como muy pronto. Aunque estos dos meses hemos hablado mucho por teléfono y Ai no se ha olvidado de que tiene abuelo y abuela, en los primeros momentos se la notaba algo cohibida. Pero parece que ha ido recordando cosas y no le ha costado nada volver a la relación que tenía con nosotros hace dos meses. Después de la cena, como solía hacer antes, se ha venido al cuarto donde pasamos el día mi mujer y yo, en el primer piso. Quería ver alguno de los capítulos que emitieron en una cadena vía satélite y que fui grabando de *Chiisa na akai hana*[29], una serie china muy original ambientada en un jardín de infancia donde los niños viven en régimen de internado. Al principio no hacía más que repetir algo así como «fanchanchán», algo que yo no lograba entender, pero por fin me he acordado de que el niño

[29] Coproducción chino-italiana (2006). Chino: *Kàn shàng qù hén měi.* Italiano: *La guerra dei fiori rossi.* Inglés: *Little red flowers.*

que protagoniza la serie se llamaba Fāng Qiāng Qiāng. Me ha admirado esa pronunciación del chino, a sus tres años todavía por cumplir... pero lo dejo ahí; discúlpenme, pero es que, igual que a esos padres alelados que hay por el mundo, a mí también se me cae la baba con mi nieta.

Este día de reencuentro, Ai debe de estar cansada y dormirá como un tronco, y yo no voy a ser menos. Yoshiko sigue renovando sus récords de buen humor. Esta es una noche feliz, donde no hay espacio para recordar el accidente nuclear.

Un intento de prescindir de la escuela

30 de mayo

He leído un artículo que refiere el anómalo día a día que se vive en las escuelas de primaria de las ciudades de Fukushima y Kōriyama. Aulas asfixiantes, en las que las ventanas se mantienen herméticamente cerradas. Cambios diarios en la posición que ocupan los alumnos en el aula para evitar que alguien pueda ver una injusticia en que algunos de ellos ocupen siempre los puestos cercanos a la ventanas, donde la radiactividad es mayor (¿será verdad eso?). Se ha probado en experimentos que en estos casos tener la ventana abierta o tenerla cerrada no supone ninguna variación en la dosis que se recibe, pero los padres no lo creen y la escuela se ve obligada a responder así a su preocupación.

El otro día titulé un escrito «La necedad de encogerse», pero los extremos a los que estamos llegando entran ya dentro de lo anormal. Hemos perdido pie en esta ciénaga sin fondo de la inseguridad y la desconfianza. Y nadie nos abre los ojos a nuestra necedad. Porque nadie sabe dónde se encuentra ese umbral de la peligrosidad al que me he referido anteriormente.

Si se les obliga a hacer vida en común en estas condiciones, no van a ser las radiaciones sino el estrés lo que acabará minando su salud. Dado el punto al que hemos llegado, me pregunto otra vez si no sería lo mejor, mientras no se solucione completamente el asunto del accidente, hacer lo que propuse el otro día, es decir, ofrecer algunas opciones y dejar la decisión final a criterio de los padres. La situación no es exactamente igual que la de Minamisōma, pero habrá familias que quieran que sus hijos vayan a la escuela todos los días, y otras que prefieran que estudien en casa, a condición de que un profesor haga las rondas, así que la alternativa podría ser esa misma. Por supuesto, en adelante y durante un largo periodo de tiempo habrá que hacer un seguimiento del estado de salud del conjunto de los niños, lo cual debería correr por cuenta del Estado. Huelga decir que si en el futuro se constatase algún daño en su salud, el Estado debería responsabilizarse desde el principio y de forma incondicional, para que no se repita lo que pasó con la hepatitis B[30], que solo cuando se interpuso una demanda ante los tribunales reaccionó el Estado.

Lo que voy a decir a continuación lo dije también poco después de ocurrir el gran terremoto: en una situación en la que se desconoce dónde se encuentra el umbral de peligrosidad, a veces es necesario que cada cual establezca sus propios criterios de actuación, aunque sea de forma provisional y limitada. Y una vez estemos en la situación o condiciones que hayamos elegido, tenemos que esforzarnos por vivir con la mayor libertad y de la forma más activa en ese entorno. Como si no existiera ese algo que oprime nuestras vidas actuales (había un relato corto de

30 A partir de 1989, en Japón han ocurrido varios procesos judiciales contra el Estado por el contagio a miles de personas de la hepatitis B durante vacunaciones masivas en las que una misma jeringuilla se usaba para varias personas. En 2006, el Tribunal Supremo estableció la responsabilidad del Estado por no haber atajado el problema.

Mori Ōgai[31] titulado *Como si...*[32]). En una situación de emergencia como la que vivimos, deberíamos liberar eso que llamamos educación de las ataduras de la escuela, de esos edificios llenos de aulas o de las propias aulas y trasladarla a lugares más amplios, darle más oportunidades. Yo creo que es posible entender esta situación como una oportunidad de oro para comenzar a mirar la educación desde otro ángulo, movilizando a los ancianos que han sido profesores y otras personas que sin haberlo sido tienen interés en este campo.

Una experiencia así tendría sin duda un profundo significado para el futuro de los niños de hoy. ¿Que eso sería destruir el orden de la escuela? Sí, destruir, pero destruir para bien, en realidad habría que decir liberar. En una perspectiva global, el actual sistema educativo tiene, como mucho, 100 años de historia. ¿Pensáis que un mundo sin escuelas produciría personas ignorantes? De ninguna manera. No sé qué pensarán de que un exprofesor como yo diga estas cosas, pero una sociedad como la japonesa, tan dependiente de la educación escolar, produce seres homogéneos, rosquillas en serie, pero no sirve para criar personas que «miren con sus ojos, piensen con su cabeza y sientan con su corazón». No es que no sirva para eso, es que muchas veces lo dificulta.

Era un modesto intento de prescindir de la escuela, que es de lo que hablaba, no de la energía nuclear.

Y, a propósito, cambiando de tercio, mañana por la mañana, completada una estancia de cuatro días con sus tres noches intercaladas y como apremiado por el tifón número 2 de la temporada que se acerca desde el sur, el buque *Odisea* parte hacia su refugio. Ruego por que llegue sin percance a su puerto de

[31] Famoso novelista, crítico, traductor, dramaturgo y médico militar japonés (1862-1922).

[32] En japonés, *Ka no yō ni* (1912). El relato expone lo inevitable de sentar las bases de nuestro conocimiento, nuestra ética, etcétera, sobre cosas que no tienen existencia real.

destino. Mi nieta Ai va a cumplir tres años. A ver si consiguen meterla en el grupo de los más pequeños del jardín de infancia de la iglesia.

Más ominoso que la radiación

30 de mayo, anexo

Es asfixiante tener que vivir bajo la sombra de la radiación, pero ¿no hay una sombra más ominosa todavía que amenaza con abatirse sobre Japón? El diario *Asahi Shimbun* (sección de Noticias de Última Hora), informa muy asépticamente (¿?) que por primera vez el Tribunal Supremo ha emitido una sentencia que confirma la constitucionalidad de una orden emitida para obligar a los funcionarios públicos a ponerse en pie cuando suene el *Kimigayo*[33]. Supongo que en el editorial y en otras columnas se verterán las opiniones al respecto. Habrá que leer esas cosas también.

Yo, normalmente, no suelo ser demasiado consciente de la edad que tengo. A veces sufro la ilusión de creerme coetáneo de gente de tiene veinte o treinta años y ni se me ocurriría escudarme en mi edad para dármelas de persona que está de vuelta, o para cohibir a los jóvenes, pero esta sentencia..., a esos jueces que la han dictado ya me gustaría poder espabilarlos un poco, como veterano de la vida. Espabilarlos o, más bien, ponerlos verdes. Sí, vosotros: ¿en qué demonios estáis pensando?

En mi anotación «Hacia adentro (continuación)», del día 15 de mayo, les decía algunas cosas duras a los del grupo parlamentario de la formación política Ōsaka Ishin no Kai en la Asamblea

[33] El *Kimigayo* fue el himno de Japón de facto hasta 1999, año en que pasó a serlo también de jure.

Provincial de Osaka, quienes habían hecho una absurda propuesta. Pues bien, la última sentencia del Tribunal Supremo supone un espaldarazo decisivo a su iniciativa. Esto se está poniendo muy feo. Cuando escribí aquello, dije todo lo que quería decir al respecto y no quiero repetirme, pero, por decirlo en una palabra, aunque yo no me siento ni un ápice menos patriota que nadie, me repugna tremendamente el patrioterismo excluyente y estrecho de miras. Por ejemplo, cuando la selección japonesa de fútbol gana un partido en el Campeonato Mundial de Fútbol, y luego suena el *Kimigayo*[34] u ondea el Hinomaru, me emociono y me pongo como loco de contento, a veces hasta se me saltan las lágrimas. Pero si yo fuera profesor en una escuela pública de Tokio u Osaka, me negaría a ponerme de pie cuando suena el himno y a entonarlo, y para defender esa postura sería capaz de arriesgar, si no mi vida, sí mi puesto de trabajo (vaya, qué gallito me pongo ahora que estoy ya retirado...).

Una vez, al poco de entrar a trabajar en una universidad femenina católica, me percaté de que en el programa de la ceremonia de ingreso de las nuevas alumnas habían incluido el *Kimigayo*. Dije que, para cantar el *Kimigayo*, mejor sería que cantásemos el *Ave María*, y mi propuesta fue aceptada. Fue justo después de aquel suceso en que una alumna de un instituto de bachillerato de Yomitan (Okinawa), en una ceremonia de graduación, arrancó el Hinomaru de las manos del director del centro, que iba a izarlo sin haber obtenido el acuerdo del resto, y lo tiró a una zanja. Yo propuse aquello porque acababa de enterarme de la triste historia de esa chica y me había dado cuenta de la gravedad del problema. Como ven, yo siempre llego tarde a todo.

A la hora de explicar la oposición a que el *Kimigayo* y el Hinomaru nos sean impuestos, son muy importantes todos esos

[34] Al igual que el *Kimigayo*, la bandera de Japón (popularmente, Hinomaru) lo es oficialmente solo desde 1999, aunque ha sido utilizada en todas las ocasiones desde 1870. No debe confundirse con las banderas de 16 rayos usadas por el Ejército y la Armada de Japón.

argumentos de la libertad de pensamiento y de credo, del papel que esos símbolos han jugado en nuestra historia, etcétera, pero, en realidad, el asunto es más sencillo que todo eso, es la sensación de que esta gente, con las botas embarradas y sin ninguna consideración, se ha metido en un rincón tan profundo de tu intimidad como el ocupado por ese valor que es el amor patrio, una sensación casi física, desagradabilísima.

Puedo entender, hasta cierto punto, que en países de población étnicamente muy heterogénea, como Estados Unidos, se empeñen en usar los símbolos nacionales para promover el patriotismo entre la población. Pero incluso en Estados Unidos es libre ponerse en pie, cantar o dejar de hacerlo. Hay una sentencia dictada en 1977 por la Corte Federal de Nueva York que establece la libertad de ponerse en pie o de permanecer sentado cuando se ice la bandera nacional durante la interpretación del himno. Y en 1990, en ese mismo país, la Corte Suprema estableció que la Ley de la Bandera Nacional aprobada por el Senado el otoño de 1989 y que establecía castigos para quienes quemasen o hiciesen cosas similares con la enseña, era contraria a la Primera Enmienda a la Constitución que protege la libertad de expresión. En cuanto a la situación en otros países del mundo, según la documentación publicada por la Oficina de Asesores del Secretariado del primer ministro de Japón y por la Oficina de Protocolo del Ministerio de Asuntos Exteriores de Japón, se distinguen dos grupos: en las monarquías constitucionales europeas en contadas ocasiones se entona el himno ni se iza la bandera en las escuelas (Reino Unido, Holanda, Bélgica, España, Dinamarca, Noruega y Suecia); en las repúblicas europeas, si se insiste en cantar el himno o en izar la bandera, suele ser como parte de la promoción de unos ideales revolucionarios, pero eso con muchas excepciones. Por ejemplo, en Grecia, Italia, Suiza, Alemania, Austria, Hungría y en la antigua Yugoslavia, los libros de texto de las escuelas no explican nada sobre las respectivas banderas y en los actos escolares no es frecuente entonar el himno.

En nuestra vecina Corea del Sur, que a veces hace alarde ante Japón de un animoso patriotismo, el himno se confía a la usanza del pueblo y el Gobierno se limita a dar instrucciones para ratificar esa usanza, no habiendo leyes, decretos ni decisiones presidenciales que fijen su uso.

Una persona expuesta a radiaciones tendrá una pequeña probabilidad, quizás una entre 10.000, de contraer un cáncer de tiroides y los síntomas podrían aparecer pasados 10 años o más, pero esta asfixiante sentencia ha empezado ya a dificultarme la respiración. Y puede que nos acarree otros males en cadena. ¿Qué podemos hacer para romper la cadena? Aunque se solucione el accidente de la central nuclear, no parece que me espere una vejez particularmente divertida ni relajada, sino bastante penosa.

JUNIO DE 2011

¡Basta de someternos al *fumie*[1]!

2 de junio

¿Será que ha comenzado ya el *tsuyu*[2]? El cielo, nublado, tiene un aspecto opresivo y la temperatura ha dado un fuerte bajón. Rápidamente, le he abrigado bien los muslos a mi mujer. Yo por ahora voy a aguantar con los pantalones cortos que empecé a usar ayer. Pero esta opresión que siento no tiene su origen solo en ese cielo encapotado. Desde el otro día gravita pesadamente sobre mí el problema de la obligación de entonar el himno nacional.

He comprobado en internet lo que dice la prensa al respecto. El *Yomiuri Shimbun* argumentaba ya en su editorial del 31 de mayo, con muy poca razón, que la sentencia dictada por el Tribunal Supremo es justa. No esperaba otra cosa de este periódico. El *Mainichi Shimbun* y el *Tōkyō Shimbun* no abordan el problema, al menos en sus editoriales y me costaría mucho tiempo enterarme de qué postura mantiene el resto de la prensa, pero supongo que hoy en día muchos periódicos juzgarán «inoportuno» tratar estos temas en el editorial. El *Asahi Shimbun*, que va perdiendo, para mí, la credibilidad y la brillantez (¿?) que creí ver otrora en

1 Práctica llevada a cabo por las autoridades japonesas durante la Era Edo (1603-1867), consistente en obligar a la población a pisar imágenes de Cristo y la Virgen María para probar públicamente que no eran cristianos. Por extensión, cualquier otra práctica similar ideada para reprimir el pensamiento heterodoxo.

2 Estación de las lluvias. En la parte sur de la región de Tōhoku, donde se ubica la provincia de Fukushima, el *tsuyu* suele comenzar el 11 de junio y concluir el 16 de julio (promedio 1993-2012, Agencia Nacional de Meteorología).

él, no me ha fallado esta vez y recoge la sentencia en su editorial. Pero leyendo el artículo, titulado «¿Cumplió con su deber el poder judicial?», lo que primero me ha llamado la atención es el refinamiento que muestra, la «modesta contención» de la que hace gala. Permítaseme el atrevimiento.

Esto de la «modesta contención», una combinación que igual no es muy usada (o al menos, yo no la uso mucho) aparece, en realidad, en la propia sentencia del juez Masahiko Sudō. Cito aquí un fragmento de la sentencia tal como aparece en el editorial: «La obligatoriedad y las decisiones que afecten negativamente a los derechos de las personas deben tomarse, en la medida de lo posible, con modesta contención». A toda prisa he consultado el diccionario[3] para confirmar lo que significaba. Ya veo, pero... no es muy realista por parte del juez avalar con su sentencia la constitucionalidad de obligar a entonar el himno nacional, y a renglón seguido, pretender que, en la aplicación de esa obligatoriedad, se respete esa moderación que predica en la llamada «opinión suplementaria»[4]. Es lo mismo que ocurre con la zonificación en torno a la central nuclear, esto ya lo he dicho alguna otra vez: si pones letreros de «prohibido el paso» en los accesos a la zona de alerta, la norma se va a aplicar sin miramientos, sin contemplar ninguna excepción. Ni al gobernador de Osaka, Tōru Hashimoto[5], con su peculiar superávit de euforia, ni a su grupo les va a llegar el débil susurro de esa «opinión suplementaria» del juez.

Lo que más miedo me da es ese propósito de crear una nueva excusa para juzgar a la gente. Aquella prueba del *fumie* que se hacía en Japón poco después de la introducción del cristianismo era una forma de tortura en la que se jugaba vilmente con la conciencia de la gente. Para quienes sometían a la gente a esa

[3] El autor se refiere en estos párrafos a la palabra *ken´yoku* (modesta contención en la actuación), poco usada, que no suele tener entrada en los diccionarios bilingües.

[4] El término japonés *hosoku iken* suele traducirse al inglés como *supplementary opinion.*

[5] El autor se ha referido a Hashimoto en sus anotaciones del 15 de mayo.

prueba, las imágenes no era nada más que eso, unas imágenes. Pero para estos tipejos que usan los símbolos nacionales para poner a prueba las conciencias ajenas, esos símbolos son sagrados, son sus dioses cosificados, sus fetiches. Ellos tienen esa peculiar perversión en su corazón, son un par de vueltas más retorcidos que aquellos funcionarios del *fumie*.

Hay una cómica historia de un malévolo profesor que, por el placer de sorprender a alguno de sus alumnos copiando, durante los exámenes simulaba estar leyendo el periódico, un periódico en el que previamente había hecho un discreto agujero que le permitía ver a la clase. En esta historia, el profesor, como persona, sale peor parado que cualquiera de sus alumnos, por mucho que copiase.

Líneas arriba he dicho que hoy en día muchos podrían juzgar «inoportunos» estos debates sobre los símbolos patrios, porque ahora el tema por excelencia es el accidente de la central y no hay tiempo para ese otro debate. Pero para mí hay una clarísima conexión entre estos temas, los dos tienen la misma raíz. Reduciéndolos a su esencia, llegamos en ambos casos al problema del Estado y del individuo, al problema de hasta qué punto el Estado puede controlar la voluntad, la libertad del individuo.

Por si acaso, voy a aclarar que yo no soy de derechas, ni de izquierdas, ni tampoco de centro. Si tuviera que definirme de alguna forma, diría que soy de los que van a la raíz, que soy un «raícista». Dicho al estilo occidental, un «radical», aunque esa palabra también puede llegar a significar algo así como «extremista». Pero a mí siempre me ha costado mucho moverme y además soy muy poco atrevido, así que no he participado en ningún movimiento social y, para mi vergüenza, nunca he ido a ninguna manifestación. Pertenezco a aquella generación que tanto revuelo armó en los años sesenta con las protestas contra el Tratado de Seguridad entre Japón y Estados Unidos, pero no es solo, como he dicho más arriba, que llegase tarde a todo, es que nunca he realizado ninguna actividad política. A veces me pregunto con cierta nostalgia (tristeza) dónde andarán ahora todos aquellos jóvenes que tan ostentosamente participaban en los movimientos estudiantiles de la época. Y después de haber llevado esta vida tan al margen de la política, llego a esta edad y me pongo a pensar en el Japón, en el mundo que voy a dejar a mi muerte, y siento que no puedo tener la desvergüenza de morirme dejándolo en este estado. Un compañero de la universidad se mató el otro día bajando por las escaleras, después de haber estado bebiendo. Otro excompañero con algunos años más que yo lucha contra una enfermedad de esas que llaman mortales. En comparación con ellos, yo por lo menos muevo todavía la boca, o las manos. ¿Y la cabeza? Parece que podré seguir usándola algún tiempo más. Eso de retirarse a vivir una vida plácida no ha entrado nunca dentro de mis esquemas mentales. Y, ahora, en esta situación, menos todavía.

Yutaka Haniya[6], gran maestro, se humillaba humorísticamente hablando de su verborrea senil, que clasificaba en la «variedad bolero». Yo tengo la misma tendencia, así que voy a volver al tema que me proponía abordar. Dejemos de una vez la práctica del *fumie*, de imponer estas pruebas a la conciencia ajena, de jugar con ella. Primero, ¿no es repulsivo todo esto, no es insano eso de tener a una persona aterrorizada cada vez que hay una ceremonia porque sabe que alguien va a poner a prueba su conciencia, mientras que su vigilante, conteniendo la respiración, comprueba si se ha puesto de pie o no, canta o no canta? Aquí ya no hay ni pizca del sublime sentimiento del amor patrio, ni pizca de esa tolerancia que nos permite aceptar en el grupo a alguien de ideas diferentes a las nuestras.

Esta noche ha habido fútbol, el partido Japón-Perú de la Copa Kirin. Estaba expectante, a ver si sacaban a jugar a Tadanari Li[7]. Y no es que sea fan de este jugador. Pero creo que la figura de este joven coreano nacionalizado nos da una oportunidad a los

6 Yutaka Haniya (1901-1997). Novelista y crítico japonés nacido en Taiwán

7 Tadanari Li, cuyo nombre en coreano sería Li Chung-sung o I Chung-sung, es un futbolista coreano-japonés de cuarta generación, nacido en una ciudad a las afueras de Tokio, que se nacionalizó japonés en 2007.

japoneses para reflexionar qué es ser japonés, especialmente a los jóvenes.

Si pensamos en este joven coreano que ahora es japonés, está claro que lo que pretenden hacer Hashimoto y su grupo obligando a entonar el himno es una forma de hostigamiento o maltrato. No un maltrato escolar, sino asambleario, pues el escenario es la Asamblea Provincial de Osaka.

Seguramente todos ustedes recuerdan aquella escena de 2004 en que el jugador de *shogi*[8] y miembro de la Asamblea Legislativa de Tokio Kunio Yonenaga, que había sido invitado a una recepción en los jardines del Palacio Imperial, dijo durante una breve conversación con el emperador que su trabajo era hacer que se izase la bandera y se entonase el himno en todas las escuelas de Japón, a lo que, según se dice, el emperador respondió que «lo ideal sería que no fuese algo obligatorio». Sobre el actual sistema, que establece que el emperador es un símbolo de la unidad del pueblo japonés, lo único que se me ocurre es que quizás sea incluso mejor que el sistema presidencialista norteamericano, pero hasta una persona como yo se llevó la impresión de que el emperador tiene un pensamiento como es debido.

Efectivamente, verborrea «de la variedad bolero», que decía Haniya. Pero no vayan a pensar que bebo mientras escribo. Con esto, doy por terminada la sesión.

El tonel y la taza de té

4 de junio

En lugares como la pequeña impresora que tengo delante o el soporte de la lámpara de mesa suelo tener siempre papelitos

8 Juego de mesa denominado a veces ajedrez japonés.

pegados. Últimamente, o no tan últimamente (quizás desde que nací), estoy perdiendo la memoria, y me veo obligado a escribir en alguna parte las cosas que se me ocurren. Recuerdo haber visto alguna fotografía de Yutaka Haniya en la que aparecía delante de un futón[9] totalmente cubierto por grandes hojas de papel donde escribía los apuntes preparatorios para su novela *Shiryō*[10], parecía un niño jugando con sus cromos. Lo mío no es tan grave.

Muchas veces, las más de las veces, en realidad, leídas después, esa notas se convierten en una suerte ensalmos totalmente incomprensibles. Hoy tengo un buen ejemplo de este fenómeno encima de la mesa. A ver, lo copio: «¿No será que me falta algo que es lo realmente importante? Pero es algo que no tiene nada que ver con tener propiedades o patrimonio. Esa carencia me mantiene en un inestable equilibrio».

Escudriñando en la memoria, recuerdo que lo escribí apenas una semana después del gran terremoto. Las luces iban borrándose de las casas vecinas y, para cuando quise darme cuenta, la gente había desaparecido de mi alrededor. Sinceramente, no entendía por qué se marchaba con tantas prisas, cuando nada estaba claro todavía. Después supe que la ciudad estaba aterrorizada por rumores de que la explosión ocurrida en la central nuclear había sido mucho mayor de lo que se pretendía, que los informes del Gobierno y de la eléctrica TEPCO ocultaban la verdad, y que quedarse aquí significaba una muerte segura.

En esos momentos, de una forma muy vaga, se me ocurrió pensar que quizás la gente no tuviera nada tan sumamente valioso como para dar la vida por ello. Pero ¿qué podría ser esa cosa tan valiosa? ¿La hacienda heredada generación tras generación? ¿Esa casa cuyo crédito acabamos de pagar, después de tantas penalidades? No, esas cosas no valen tanto como para sacrificar la vida por ellas. ¿Será, entonces, esta tierra tan nuestra, este lugar

9 Colchas de diferente grosor, algunas a modo de colchoneta, que los japoneses vienen usando como cama.

10 El título podría traducirse por «Almas muertas».

donde alientan las almas de nuestros antepasados? Ciertamente, estas cosas son muy valiosas, pero quienes evacuaban la zona las dejaban atrás, así fuera temporalmente, por tanto, no debían de ser las cosas más valiosas. Pero voy a dejar a los demás con sus ideas y ahora me inquiero yo a mí mismo: Y tú, ¿por qué no pensaste en ponerte a salvo?

Como razones podría citar a mi madre, una mujer de noventa y ocho años que no habría resistido un traslado en tales condiciones, y mi mujer, cuya demencia precoz me hace totalmente impensable iniciar con ella una vida de «refugiados». Ambas son, sin duda, poderosas razones. Pero, a decir verdad, hubo otra razón más profunda que me impidió dar el paso de la evacuación. Aunque tampoco quiero decir que en aquellos momentos llegase a pensar conscientemente esas cosas. Es un pensamiento al que he llegado posteriormente, después de mucho cavilar. Y que resulta difícil plasmar en palabras. Me serviré de dos precedentes para expresarlo.

El primero es el de Diógenes, el filósofo griego de la escuela cínica. Pues vaya ejemplo tan antiguo que te has agenciado, dirá más de uno. Bueno, la anécdota a la que me refiero es perfectamente conocida. Visitado por Alejandro Magno, Diógenes no mostró ningún deseo de cambiar de vida y además osó decirle al soberano que se apartara, porque estaba tapándole el sol. Vemos, pues, a un hombre que se niega a abandonar su lugar incluso ante las propuestas del personaje más poderoso de su tiempo. Pero creo que estoy perdiendo un poco el hilo. Cambiar mi forma de vida, torcer mi libre albedrío en contra de..., no, yo iba a otra cosa. Para empezar, esto de equiparar mi caso con el de un gran filósofo no acaba de convencerme.

Paso, pues, al otro ejemplo. Veamos lo que dice aquel poblador del subsuelo creado por Dostoievsky:

> ... necesitaba tranquilidad. Si con tal de vivir en paz y tranquilidad, soy capaz hasta de vender el mundo entero por un kopek. Si he de elegir entre estas dos cosas: «que se hunda el mundo,

> o que yo deje de tomar mi té», prefiero que se hunda el mundo, con tal de que yo siempre pueda tomar mi té[11].

Sí, esto ya es más fácil de vincular de algún modo con mi caso. Porque aunque las palabras del hombre del subsuelo podrían parecer desconsideradas, bien entendidas no son ninguna tontería. El personaje no pretende que una taza de té sea más valiosa que todo el mundo. Lo que, para él, rivaliza en importancia con el resto del mundo es la libertad de poder tomarse ese té. El mensaje es que la libertad individual es equiparable en valor a todo este mundo. Hasta ese punto es preciosa. Por supuesto, siendo realistas, eso de decir que por una simple taza de té, o por la libertad de tomársela, se puede ir al garete todo el mundo, no es que sea desconsiderado, es ya un caso psicopatológico. No obstante, no hay que reflexionar demasiado para darse cuenta de que en el mundo en que vivimos la libertad individual no vale un pimiento (sigo con mis vulgaridades).

Si hubiéramos despertado ese gran valor que hay en cada uno de nosotros, la libertad, y la dignidad humana, y hubiéramos tenido estas cosas en más estima, nunca se habrían dado las descabelladas situaciones que vivimos hoy en Japón, en nuestra querida Fukushima. Y aunque tengamos que aceptar lo que de hecho ha ocurrido, por lo menos dejemos de una vez de ir de un lado para otro al dictado de nuestros necios políticos, como corderos que se dejan conducir dócilmente al matadero. Y en caso de que debamos irnos de aquí, que se nos diga claramente la razón, que se nos explique hasta cuándo pretenden que abandonemos nuestra ciudad, y mientras no nos lo digan, tengamos el orgullo de no ceder, de no movernos de aquí.

Que a la gente que por propia voluntad desee permanecer aquí, por supuesto, se le respete su opción, como es el caso de la anciana de Futaba, o el mío propio, salvando las distancias. Y

[11] *Memorias del subsuelo,* edición y traducción de Bela Martinova, Madrid, Cátedra, Letras Universales, 2011.

que si en el futuro se diera el caso de que alguien sufriese daños en su salud, que no le vengan con cosas raras, con racanerías, diciendo que como contravino las órdenes que se le dieron, lo dejan sin indemnización. Que le den sin poner condiciones el tratamiento médico que precise. Ese es el país en el que debería convertirse Japón, así deberían ser nuestros políticos. A un país así le entonaremos con todo el sentimiento el más laudatorio cántico, sin necesidad de que nadie nos obligue o nos lo ordene, de la forma más espontánea y natural.

La bonanza económica que trajo la central

6 de junio

Hace tres o cuatro días quedé en el Coco's, un *family restaurant*[12] situado entre la Nacional 6 y el centro de la ciudad, con mis alumnas de Español (digo «alumnas», pero ya no son unas jovencitas, con perdón). Nuestra última clase se celebró el 10 de marzo, precisamente el día anterior al gran terremoto, de modo que hacía dos meses que no nos veíamos (¡qué digo, son ya tres meses los que han pasado!). Una de ellas se encontraba aquí solo por unos días, pues decidió irse a la vecina provincia de Ibaraki y ahora vive allí. No hay ninguna perspectiva concreta de reanudar nuestras clases, pero queríamos vernos de todos modos para animarnos mutuamente.

En el centro de la ciudad no tenemos nada parecido a una cafetería apropiada para hacer este tipo de reuniones, y por lo visto el Coco's suple esa carencia. La hora que elegimos era precisamente la del almuerzo y, quizás también por esa razón, el restaurante estaba

12 Establecimiento amplio, con grandes ventanales y ambiente luminoso donde se sirven con gran rapidez y a precios económicos los platos más populares.

prácticamente lleno. En las otras mesas tenían lugar reencuentros muy similares al nuestro, se veía a la gente muy ocupada contándose las últimas novedades e intercambiando direcciones de correo electrónico. En nuestra mesa también había bullicio y mil historias que contar sobre cómo lo estábamos pasando cada uno, pero pronto el tema derivó hacia ciertas cosas que corren por ahí, digamos, extraoficialmente, desde que ocurrió el terremoto. Cosas como, por ejemplo, que hay muchas personas que, pudiendo volver ya a sus casas, continúan viviendo en los centros de acogida porque, según dicen, estando allí se reciben antes las ayudas procedentes de donativos y el pago de las indemnizaciones. Por aquí y por allá hay otros muchos comportamientos que suponen, finalmente, un desperdicio del dinero público, de los impuestos. Pero no me siento capaz de criticar a esas personas. Caer en ese estado de inseguridad, o dicho más claramente, de ruindad de corazón (igual me estoy pasando...) es parte, al fin y al cabo, del daño recibido.

Hace tiempo, cuando vivíamos en Tokio, hubo una época en que, al volver a Minamisōma, sentíamos en la ciudad una falta de sosiego, una gran agitación como la que envolvía las ciudades del Oeste americano en aquellas películas de la fiebre del oro. Era la época en que Minamisōma se beneficiaba y prosperaba gracias a la construcción, 25 kilómetros al sur, de la central nuclear Fukushima Daiichi. Se abrían bares por todas partes, porque noche sí y noche no los responsables de las obras de construcción llegaban aquí en sus taxis buscando diversión nocturna. Los letreros de «bar» que siguen viéndose hoy en día en lugares apartadísimos de los centros de Ōkuma y Futaba, municipios donde se ubican las instalaciones de la central, son vestigios de aquella época. Grandes, magníficos polideportivos, en disonancia con la modestia de esos municipios, se construyeron con el dinero de la eléctrica TEPCO. Y siempre había una buena razón para repartir propinas entre la gente.

El recuerdo que tengo es ya muy vago, pero en 2002, poco después de que mi mujer y yo volviéramos aquí, comenzó en esta zona el proceso de fusión de municipios. Haramachi se fusionó con nuestras vecinas del norte y del sur —Kashima y Odaka— para formar la nueva ciudad de Minamisōma. En Iitate se discutió hasta el último momento, pero finalmente se optó por no participar en la fusión. A mí me pareció, ya en aquel momento, una decisión sabia. Pero mucho más que eso me preocupaba el hecho de que Ōyama, junto al municipio colindante de Namie, inmediatamente al sur, hubiera aceptado los planes de la Compañía Eléctrica de Tōhoku para construir otra central nuclear más e incluso hubiera firmado ya un contrato a ese fin (la ejecución del proyecto, que iba a ser completado para 2021, viene siendo pospuesta año tras año).

Recuerdo que yo me dirigí a las autoridades por carta y por correo electrónico comparando la fusión con una boda entre dos personas y argumentando que si uno de los contrayentes hubiera firmado, antes de la boda, un contrato con una tercera persona del que cupiera pensar que pudiera ejercer una fuerte influencia sobre el futuro del matrimonio, lo lógico sería que las tres partes interesadas se reunieran, antes de la ceremonia, y discutieran si convenía mantener el contrato o anularlo. Pero mi idea no tuvo, por supuesto, ninguna repercusión. Tal como eran las cosas en aquella época, la gente no veía ningún problema en todo aquello. Pero yo sigo pensando que mi objeción fue correcta y razonable, incluso en términos legales.

Además, en los boletines municipales que nos hacía llegar la asociación de vecinos, periódicamente aparecía publicidad de la eléctrica TEPCO sobre la central nuclear y panfletos informativos. Cuando protesté por la forma tan unilateral en que se hacía circular aquella publicidad de una empresa privada, recuerdo que me respondieron que se hacía así porque aquello lo llevaba adelante el Estado. Es decir, que a TEPCO se le otorgaba la categoría de «empresa estatal».

Ya he dicho en algún lugar que me encoleriza ver a esos alcaldes presentarse a sí mismos como víctimas. Cuando se descubrió que TEPCO había manipulado informes para ocultar ciertos problemas en el funcionamiento de las centrales y estas fueron paralizadas temporalmente[13], estos alcaldes se dirigieron a la compañía eléctrica y al gobierno provincial para exigir la inmediata puesta en funcionamiento de las mismas. Para empezar, esta gente debería reconocer su ceguera y disculparse sinceramente ante la ciudadanía. Si ya lo ha hecho, está bien, pero hasta ahora nunca he visto ninguna noticia al respecto. Tal vez no sea este el momento más apropiado para hacer el cambio, pero la reconstrucción hay que afrontarla con nuevos líderes y eso no puede posponerse demasiado. Por supuesto, esto es un asunto que depende enteramente de lo que piensen los ciudadanos de los municipios afectados y yo no tengo por qué meterme en eso, pero...

Lo que quiero decir con todo esto es que en el gran desastre que hemos sufrido (incluyendo aquí el accidente nuclear) hay algo que no acaba de convencer, porque las verdaderas víctimas, los verdaderos afectados aparecen mezclados con sujetos necesitados de una profunda reflexión, de un examen de conciencia, aunque indudablemente también ellos sean víctimas. Para poder afrontar una verdadera reconstrucción, creo que habrá que ir poniendo orden también en esos aspectos. No habrá que añadir, a estas alturas, que ese comentario lo hago extensivo al Estado y a la clase política. Aquí todo el mundo es víctima pero nadie es responsable, tal es el esquema que se repite en nuestro país sin que nadie escarmiente por ello.

Algo más importante que la vida

8 de junio

No sé cuándo ha empezado esto, pero últimamente el periódico me llega acompañado de grandes cantidades de hojas

13 El autor alude aquí a los sucesos de 2002 que obligaron a dimitir al entonces presidente de TEPCO, Nobuya Minami.

publicitarias. Antes del gran terremoto estas hojas me molestaban terriblemente y me parecían un desperdicio de papel, pero ahora, cosas de la vida, las veo con otros ojos, como si mirara a un añorado amigo (creo que exagero un poco). Hace cosa de una semana, una de las hojas era de un supermercado del barrio y contenía cupones para ofertas especiales que, según se decía, supondrían un ahorro de 1.320 yenes si se usaban en su totalidad. Había cupones para 50 productos, entre ellos, un *sushi* de *natto* especial de nuestra región de Tōhoku, que salía así 50 yenes más barato.

No es que tenga intención de comprar ese *sushi*, lo que quiero decir con estas cosas es que la vida en Minamisōma está muy cerca de volver a lo que era antes del terremoto. Pero sobre nosotros pende todavía esa oscura y pesada maldición de ser una «zona de preparación para una evacuación de emergencia». Tengo ante mí un escrito dirigido al alcalde de la ciudad en el que se le pide la pronta reapertura de la Biblioteca Central y de la Biblioteca de Kashima (ambas, municipales). La remitente es Takako Kamata, líder del grupo Toshokan no Tomo Minamisōma. Cito aquí la última parte de la petición:

«Sé perfectamente que día y noche todo el personal del ayuntamiento está concentrado en las tareas de reconstrucción tras el tsunami y que están ustedes luchando por nuestra ciudad tanto dentro como fuera de la misma, pero creo que precisamente en momentos como estos es importante poner a disposición del ciudadano un lugar donde poder ofrecer información, y precisamente ahora la reapertura de las bibliotecas significaría un gran orgullo y una recarga de energía para la reconstrucción. Por ello le solicito la pronta reapertura de ambas instalaciones».

La solicitud me parece muy oportuna. Se cursó el día 29 de mayo y, aunque no sé exactamente cómo se canalizó, finalmente no ha obtenido una respuesta positiva. Al parecer, la razón alegada es la insuficiencia de personal disponible para cubrir esos servicios, pero yo creo ver en la negativa otra razón, y a los ojos de la gente la razón también es otra: la maldición de los círculos a la que me he referido varias veces. Es decir, en la zona de preparación para la evacuación de emergencia no está bien que los ciudadanos tengan demasiada vitalidad. Correos de Japón se libró hace ya tiempo de las ataduras del Ministerio de Interior y Comunicaciones, pero las administraciones provincial y local, que son las más importantes, siguen bajo los efectos del hechizo de las notificaciones del gobierno central, así que la población que dejó la ciudad y ahora ha regresado se ve obligada a vivir, como las mujeres casadas de otras épocas que tras ser repudiadas volvían cabizbajas a la casa paterna, una vida vergonzante (si es que el símil no resulta ofensivo para alguien).

Hasta ese alcalde que ante la prensa internacional se alzaba en abanderado de las denuncias contra el gobierno central se ha convertido ahora en un fiel ejecutor de esas medidas restrictivas. Ahora se dedica a ponerles la zancadilla a los ciudadanos cuando estos tratan de recobrar sus ánimos y empezar a afrontar la reconstrucción. ¿Será que intenta evitar a toda costa quedar mal con el Gobierno? Pero no te descuides, amigo, que el pueblo no olvida. La gente no te obligará a abandonar el cargo a medio ejercicio (esos abandonos son típicos de los políticos del gobierno central y no hay que imitarlos), pero para los próximos comicios cada cual sacará sus conclusiones.

Tanto el gobierno central como los órganos administrativos de nuestra ciudad están cometiendo un fatal error. Los dos tienen la costumbre de decir que estas instrucciones y órdenes se emiten para proteger las vidas de los ciudadanos. Pero no se enteran de que hay algo más importante que la vida (física)[14]. ¿Eh? ¿Algo más importante que la vida? ¿Cómo va a haber algo así?

[14] Aunque no es la primera vez que el autor trata el tema, llegados a este punto resulta obligado explicar que el idioma japonés dispone de una amplia gama de palabras para cubrir los distintos significados de la palabra española *vida* o la inglesa *life: sei, seimei* e *inochi* representan lo biológico, el principio vital, la vida como fenómeno, por oposición a materia inerte. *Jinsei, shōgai, shūsei* e *isshō,* entre otras, se refieren a la vida humana como experiencia o paso por este mundo, con todos sus posibles sentidos. *Seikatsu, kurashi* y *seikei* aluden a la vida

Pues sí, lo hay. Lo que voy a decir ahora huele un poco a clase de filosofía, pero no se trata de nada demasiado difícil. ¿Cómo se dice *vida* en inglés? *Life*, efectivamente. Pero consulten esa palabra en el diccionario y verán que tiene dos grandes áreas de significado. La vida biológica, que nosotros diríamos *inochi* en japonés, y el tiempo comprendido entre el nacimiento y la muerte, que diríamos *jinsei*. El *inochi* es algo que los humanos compartimos con el resto de los seres vivos. Pero el *jinsei*, como indica la propia palabra[15], es privativo del ser humano.

¿Por qué es tan trágica la situación en la que se encuentran los pobladores de Iitate? Porque les han robado su *jinsei*, que aquí no significa necesariamente que les hayan robado sus campos, su ganado o sus casas. Es esa vida que han disfrutado con todas esas cosas la que se encuentra ahora en una situación crítica. Son las sonrisas que alumbran todos los días vividos, la calidez que se genera entre los humanos, los recuerdos de los antepasados que transcurrieron su vida en esa tierra.

Esos políticos, esos funcionarios que no pueden entender la indignación que se siente, la tristeza que se siente cuando compruebas que te llevan de aquí para allá a empujones, como se conduce a una vaca, al ritmo de esas notificaciones del gobierno central que proclaman la importancia de la vida biológica partiendo de un pensamiento más propio de un ser unicelular que de un ser humano (por cierto, el alcalde de Iitate, ese sí que vale, me gustaría como amigo).

Esto ya lo he dicho y sé que me estoy repitiendo, pero comparado con la tragedia que se vive en las zonas que han sufrido una verdadera calamidad, lo que está pasando en Minamisōma es muy diferente. Aquí, por una parte, hay una verdadera tragedia, sí, que afecta a una parte de la gente, y por la otra, hay una incoherente y lamentable comedia, por no decir farsa, que afecta

---

cotidiana como repetición de un ciclo de actividades, principalmente económicas o de subsistencia.

15 En la palabra *jinsei* se utilizan los ideogramas de «persona» y «vida».

al resto. ¡Los ciudadanos con conciencia están enfurecidos! ¡Por aquí y por allá la gente empieza a calentarse, se ven calentadores a punto de entrar en ebullición, calentadores que empiezan a agitar silenciosamente los cuerpos de sus portadores! ¡Ándense con cuidado!

Otra vez acabo de oír aquella penosa canción de apoyo a Fukushima: «*I want you, baby, Fukushima!*». ¡Pesados, de vosotros no quiero recibir ánimos! Pero es injusto descargar la ira sobre cualquiera, de esta forma. Una noche más se levanta la sesión.

A años luz

9 de junio

Pasaba por ahí y la pantalla del televisor reflejaba a un hombre pequeño y calvo (es una mera descripción física sin mala intención) que ya había visto anteriormente (sí, también en la televisión) y que visitaba la residencia del primer ministro de Japón. Se trata del alcalde de Minamisōma. Me preguntaba a qué se debería el hecho, y resultó ser que en nuestra ciudad, en la zona de preparación para una evacuación de emergencia, se han encontrado áreas que registran niveles de radiactividad tan altos como los de Iitate. Y el alcalde se ha desplazado a Tokio para recibir instrucciones sobre qué hacer con los habitantes de esas áreas. Conque era eso... He visto la noticia completa, pero hay algo que no acaba de convencerme.

A nadie se le oculta ya que la zonificación basada en los círculos concéntricos no refleja en absoluto la realidad. Si el sentido de la visita fuera exigir que se revise esa zonificación, lo entendería. Pero que el alcalde se limite a hacer una consulta sobre el trato que ha de darse a un área en la que se han detectado niveles de radiactividad más altos sin tocar siquiera el tema principal, eso no lo entiendo. Si los niveles son altos, lo que habría que hacer es escuchar a los vecinos del área y decidir entre la permanencia y la evacuación, porque una decisión así puede confiarse perfectamente al responsable de la administración local. Y es incomprensible que deje pasar este desplazamiento a Tokio y esta entrevista personal con el primer ministro sin exigir esta revisión.

Por cierto, es muy posible que mi madre se quede en Towada aun en el supuesto de que se solucione por aquí todo el tema de la central (como no se dé la circunstancia, claro, de que a mi hermano se le asigne otro destino). Cuando pienso en mi madre, me acuerdo de aquellas ancianas de la residencia Kunimi no sato. Las llevaron a otra residencia en el monte Reizen, en un municipio colindante con el nuestro, pero las últimas mediciones han revelando que allí los niveles de radiactividad son tan altos con en Iitate. Es decir, que ha quedado sin base el único argumento racional que podía justificar su traslado a Reizen. Pues bien, las restricciones que pesan sobre Minamisōma siguen sin revisarse e impiden su regreso.

Con un 80 % de la población de vuelta ya en Minamisōma, no parece que pueda ser tan difícil conseguir personal para atenderlas. Abastecerse de alimentos y materiales tampoco es ya un problema. ¿Por qué, entonces, no reabre sus puertas la residencia? Será, seguramente, cuestión de subvenciones, de las subvenciones que se reciben del gobierno central. La razón de que estos comunicados del Gobierno tan desacordes con la realidad tengan tal poder, hablando en plata, no es otra que eso, el dinero.

Siento mucho tener que decir estas cosas ante tantas personas que, desde todos los puntos del país, siguen con preocupación lo que ocurre en Minamisōma, pero según he oído, una parte de la población de nuestra ciudad está muy descontenta en lo que respecta a estas subvenciones. Hay algunos casos que me parecen injustos, y que dan pena, como el de un conocido mío, residente en el distrito de Kashima, que se vio obligado a trasladarse a un centro de acogida al haber quedado su casa seriamente dañada por el terremoto y el posterior tsunami, y que no podrá recibir ninguna indemnización por parte de la eléctrica TEPCO al estar su casa ubicada fuera del círculo de 30 kilómetros en torno a la central.

No es ya que los impuestos recaudados de los ciudadanos no se usen de una forma apropiada a las necesidades de estos, es que se convierten incluso en causa de que su situación se agrave. ¿Qué ha pasado, entonces, con la política democrática? ¿Qué diferencia hay entre esto y la política opresiva de una dictadura?

Sin embargo, y esto lo diré tantas veces como sea necesario, ahora que estamos inmersos en un «estado de guerra» y que las autoridades locales y provinciales tienen una oportunidad de oro para demostrar que saben administrar los recursos con inteligencia y adecuación a la realidad, lo único que están demostrando con sus necias súplicas al gobierno central es que todavía estamos a años luz de poder llevar a cabo una verdadera transferencia de competencias de la administración central a la regional.

El *bentō*[16] de Saiya

10 de junio

Estos últimos días Yoshiko ha vuelto a perder movilidad. Hay veces que su pie no se posa a la primera sobre el escalón de arranque de la escalera. Su andar se ha hecho muy inseguro y si no le tiendo la mano, enseguida vacila. Si antes inclinaba el

[16] Bandejitas compartimentadas de comida preparada para comer fría o caliente, que normalmente llevan arroz blanco y diversos acompañamientos (verduras, carnes, pescados, frutas, salsas, etcétera).

cuerpo hacia la izquierda, ahora lo hace hacia la derecha. Yo me lo tomo con optimismo y hasta llego a pensar que con estos vaivenes podría recuperar la simetría perdida. Pero no es que tenga mucha confianza en ello. Es más bien resignación, porque no creo que sirva de nada atosigarse con estas cosas. Antes me irritaba mucho cuando al calzarse o al cepillarse los dientes (anoche fue ya totalmente incapaz de hacerlo por sí misma), o en cualquier otra tarea cotidiana, se manifestaba eso que los expertos denominan agnosia visuoespacial u cualquier otro de sus síntomas, pero ahora ya no pierdo la calma. En realidad, no tengo trabajos que corran prisa. Ahora me sobra la paciencia para decirle una y mil veces con el mayor cariño que, si es eso lo que quiere hacer, que lo haga, porque soy capaz de esperarla una hora.

He reducido también a dos tercios la distancia que recorremos durante nuestros paseos, de modo que para hoy he renunciado a subir la cuesta del parque Yo-no-mori y me he conformado con la orilla del río Niida. ¿Cómo estarán por aquí los niveles de radiactividad? Supongo que bajos, porque los tres operarios que cortaban las hierbas del dique de protección con segadoras no llevaban mascarilla. La verdad es que esas cosas no me preocupan, o no quiero que me preocupen, pero el otro día decían en la televisión que en la ciudad de Fukushima una escuela de primaria había medido la radiactividad en las zonas transitadas por los alumnos al ir y venir de la escuela y elaborado mapas para repartir a los padres. Imagino a los padres, mapa en mano, «mira, que no vaya por ahí, vamos a decirle que tome este otro camino, que son 0,2 *microsieverts* menos», como en el juego del laberinto.

Pero, tal como están las cosas, no sería de extrañar que por haber comparado con un juego algo tan importante me llegase alguna reclamación de la Junta de Padres. Se está creando un ambiente en el que ni la prensa ni la televisión pueden hacer un enfoque crítico de este tipo de iniciativas. Pero se mire como se mire, esto es aberrante. No tengo ninguna solución mágica, así que no me pregunten qué puede hacerse entonces, y además, por suerte para mí, tampoco se puede imponer mi forma de pensar, consistente en estar preparado para lo que venga y echarle alegría. Pero si la gente continúa así, ¿no va a ser cada vez más duro para ellos en el aspecto psicológico? Esto, por fuerza, tiene que tener una influencia muy negativa en otros muchos aspectos de la vida. Que ocurran disensiones entre marido y mujer en torno a la forma de afrontar los daños del accidente nuclear es hasta cierto punto lógico, pero que lleguen a darse casos de divorcio, tal como decía hoy el comentarista de televisión, eso indica que la situación es realmente grave. Los asuntos internos de las familias no suelen trascender, pero aun así, a mí me preocupa más toda esa faceta psicológica del problema causada por esta situación que los posibles daños directos de las radiaciones.

Dicen que últimamente ocurren muchos accidentes de tráfico en los que un coche embiste a una fila de niños que caminan entre su casa y la escuela. No vaya a ser que estos niños de Fukushima se acostumbren a caminar mirando continuamente al mapa y se olviden del peligro real, que es el de los coches. Porque la probabilidad de morir o sufrir heridas como consecuencia de un accidente de circulación es incomparablemente más alta que la de sufrir algún daño en la salud por haber quedado expuesto a las radiaciones.

Terminado nuestro paseo por el río, hemos entrado en una tienda de comestibles, un pequeño supermercado llamado Saiya. Se mantuvo cerrado durante una buena temporada después del terremoto, y es muy de agradecer que se haya reabierto, ya que nos viene muy bien a los matrimonios mayores, como nosotros, y a la gente que vive sola. ¿Y qué hora tenemos? Las 4.55 de la tarde. En unos minutos podremos comprar. Porque aquí, los *bentō* se ponen a mitad de precio a partir de las 4.00. Hoy, por ejemplo, ofrecen uno que lleva salmón, cuyo precio es normalmente de 298 yenes, y otro de cerdo agridulce al estilo chino, que cuesta 320 yenes. Rebajan a la mitad unos precios de partida más económicos que los de los grandes supermercados, por eso decía que es para estar muy agradecidos por su reapertura...

Desde el terremoto o, mejor dicho, desde que mi hijo y su familia se fueron a Towada, nosotros dos íbamos comiendo de lo que había quedado en el frigorífico y de los víveres que nos repartieron a los damnificados. Uno se acostumbra a todo y a mí ya no me costaba nada tener que cocinar todos los días. Pero desde hace unos cuatro días, venimos a por las bandejitas de esta tienda, que ya llevan el arroz cocinado, y así me evito tener que andar lavando el arroz en casa («afilándolo», como decimos en japonés) y me ahorro también el trabajo de lavar los cuencos. Pero, claro, ese arrocito que se hace uno mismo en casa, lavándolo en agua bien fría y cociéndolo luego, no tiene nada que ver con el arroz de estas bandejitas, es mucho más rico. ¿Qué hago, entonces, compro aquí lo demás y hago el arroz en casa? ¡Qué va!, ¿cómo voy a renunciar a la oferta del arroz con cerdo agridulce por solo 160 yenes? Por ahora, sobreviviremos con el *bentō* de Saiya.

La rueda de prensa que nunca dio el primer ministro

12 de junio

Entre los encartes del periódico de la mañana, había una hoja de propaganda del Partido Liberal Democrático[17] (PLD), donde

[17] El Partido Liberal Democrático, considerado de centro-derecha, fue el partido más votado en todas las elecciones celebradas entre 1958 y 2005, periodo durante el que ocupó el Gobierno casi ininterrumpidamente. Es, por tanto, el principal responsable político del desarrollo nuclear japonés. Perdió el poder en 2009 y en 2011 continuaba en la oposición.

aparecían a todo color las caras de los representantes de este partido en la Asamblea Legislativa Provincial de Fukushima, y donde se leía: «¡Vamos a proteger las vidas de los ciudadanos de nuestra provincia! ¡¡Exigiremos a TEPCO el pronto pago de las fianzas!!» con ese estilo lleno de signos de admiración tan parecido al de las ofertas de los supermercados. Pero el que se queda admirado es el que lee esto. Es indignante la cara tan dura y la desvergüenza que tiene esta gente, estos políticos que han venido promoviendo por todos los medios las centrales nucleares. La política del gobierno central, igual que la regional, va siempre un paso por detrás de los acontecimientos, sin mostrar ningún proyecto de futuro. Adjunto a continuación un escrito, una falsa rueda de prensa del primer ministro de Japón, que dejé sin terminar anoche, vencido por el sueño (duchar a Yoshiko me cansó bastante), pero que hoy he podido completar impulsado por la repugnancia que me ha producido la lectura de la hoja del PLD.

«Eh..., bueno... Esta rueda de prensa va a ser mi última oportunidad para dirigirme a ustedes como jefe del Gobierno. Viendo lo que he hecho hasta ahora, tengo que reconocer que he sido incapaz de responder al mandato que recibí de la ciudadanía y..., sí, lo voy a decir: 'me muerdo el ombligo de la rabia'. Ya saben que es una expresión que aparece en el libro chino *Shunjū Saden*[18] y el ombligo al que se refiere es el que tenemos en la tripa, así que ni el mejor contorsionista del Gran Circo Nacional Chino podría hacer una cosa así, pero de esa forma me retuerce el remordimiento. Quizás alguien que tuviera un ombligo prominente podría lograrlo, pero, bueno, no sé qué hago yo aquí hablando del ombligo. Discúlpenme, estoy tan turbado... acabo de empezar y ya me estoy yendo por las ramas. Tengo que decirles que no he preparado nada, porque lo que quería era ponerme

18 *Shunjū Saden* o *Shunjū Sashiden* (en chino *Chūnqiū Zuǒshìzhuàn o Zuǒzhuàn*) es una obra del siglo IV antes de Cristo. Desde tiempo inmemorial, los japoneses han leído y estudiado con fruición los clásicos chinos, y muchos de sus dichos y sentencias tienen su origen en alguno de ellos, como es el caso.

a mí mismo entre la espada y la pared, y obligarme a decirles a todos ustedes lo que realmente quiero decirles, así, de pronto y con toda sinceridad.

»Anoche no podía dormir pensando en esta rueda de prensa y en un penoso estado de semiinconsciencia traté de comprender por qué, desde que ocurrió el gran terremoto, todas las medidas que he venido tomando han tenido un efecto contrario al que esperaba o han llegado demasiado tarde. Y la conclusión a la que he llegado, aunque ya demasiado tarde, es muy sencilla, tan sencilla que me he quedado atónito al descubrirla: Me ha faltado convencimiento para *interpretar mi papel* como primer ministro de Japón, y por eso no he tenido fuerzas para arrastrar, para motivar a los demás.

»Permítanme ahora una digresión (murmullos en la sala). Recuerdo que había una película titulada en japonés *Robere Shōgun*[19], del director Roberto Rossellini. El protagonista es un timador interpretado por Vittorio De Sica. Resulta que es apresado por la Gestapo y obligado a hacerse pasar por un general antifascista a quien se parece físicamente. Él no es más que un timador y lo dice, pero la Gestapo quiere utilizarlo para sus fines. Ocurre entonces algo misterioso: el general encarcelado es aclamado como un héroe, como un salvador de la patria por los italianos, y eso es una pesadilla para el timador, pero este, enternecido por las esperanzas que el pueblo deposita en él, acaba asumiendo totalmente la identidad del militar y se dispone a morir por el pueblo, si es necesario. Y una mañana su figura se pierde en la niebla del cadalso... Lo que quiero decir con este ejemplo es que yo me convertí, también, en ese general, pero no tuve los arrestos ni la resolución de aquel timador.

»Por todas estas cosas y por otras muchas, ahora, rodeado de enemigos por los cuatro costados, me veo obligado a dejar la jefatura del Gobierno. Pero he decidido aprovechar por lo menos esta última rueda de prensa para decir todo lo que quería

19 *Il generale Della Rovere* (1959).

decir. Pensarán que esto es como el último pedo de la mofeta acorralada, pero les ruego que en estos momentos finales me permitan contar cuáles eran mis ilusiones. Porque a lo que iba con el asunto de la película es precisamente a eso: a que yo no he tenido valor para hacer realidad esos ideales, esos sueños que tan necesarios son en el mundo de la política. Un amigo mío me contó que el pensador español Unamuno dijo que vivir es escribir la novela de nuestra vida. ¿Por qué los políticos actuales, incluyéndome a mí mismo, nos hemos convertido en seres tan liliputienses? Me temo que es porque esos ideales románticos han desaparecido.

»Los políticos actuales tropiezan una y otra vez en realidades mezquinas, insignificantes, y han caído en un lamentable realismo. Por supuesto, la política debe estar firmemente asentada en la realidad. Pero para soportar el peso de esa realidad hay que estar dotado de un idealismo potente, resistente. Si siguen ustedes las retransmisiones que nos ofrece la televisión de las sesiones de la Dieta, enseguida comprenderán en qué se ha convertido la 'política real'. Antes, se hablaba de los sueños e ideales también en ese foro, porque los políticos tenían la capacidad de alimentar sueños. Pero hoy en día ni quienes estamos en el gobierno ni los parlamentarios de la oposición tienen ni pizca de esa ambición romántica de aventurarse a dibujar un futuro para el país. Pero, claro, yo no puedo andar diciendo estas cosas, como si fuera un comentarista o crítico (resuenan en la sala voces que dicen '¡Pues claro que no!', '¡Por supuesto que no!'). Vuelvo a toda prisa a mi tema.

«De pronto he recordado aquel eslogan que se usó hace tiempo en las campañas de seguridad vial: '¿Adónde vas tan rápido en un país tan pequeño como Japón?'. Algo así habría que decir. En un archipiélago tan pequeño como Japón, ponerse a construir centrales nucleares es una necedad, se mire como se mire. Si estuviéramos en el continente, podríamos huir más y más lejos en caso de accidente. Pero en este minúsculo país insular no hay donde refugiarse. Las noticias que he oído de las escuelas de primaria de las ciudades de Fukushima y Kōriyama me han dado mucha pena. Y se me ha ocurrido lo siguiente. Me lanzo a decirlo. Proclamo aquí la responsabilidad total e incondicional del Gobierno por todos los casos que ocurran en adelante de cáncer de tiroides y otras enfermedades que puedan haber sido ocasionadas por las radiaciones, aunque no haya podido probarse la relación de causa y efecto con el accidente nuclear. Sé perfectamente que un primer ministro dimisionario no tiene autoridad ni competencias para proclamar tal cosa. Pero espero que lo que acaba de decir este hombre todavía en su cargo de primer ministro delante de todos ustedes, del pueblo de Japón, aunque legalmente pueda no tener ningún valor, sirva de apoyo a todo el pueblo y en adelante siga surtiendo efecto discretamente (en este instante se lleva a los labios el vaso de agua y aprovecha el movimiento para, disimuladamente, retirar la humedad del ángulo de uno de los ojos).

»Para ello, deberemos reunir todo el saber existente en el Japón actual y poner toda nuestra energía en desarrollar los medios necesarios para tratar los daños causados por las radiaciones. Siento tener que decir que los gastos en desarrollo espacial, que por el momento no son necesarios, quedan congelados. Con ese dinero podremos dotarnos de los hospitales o sanatorios que sean necesarios en el futuro. Lo primero que vamos a hacer es adaptar a esos fines las tristemente famosas instalaciones de los Kanpo-no-yado[20]. Y si me preguntan qué se hará con todas esas instalaciones una vez que, afortunadamente, resulten innecesarias, pues creo que, ya que Japón se plantea ir promoviendo el turismo como nueva industria nacional, podrán ser útiles otra vez como instalaciones hoteleras.

[20] Los Kanpo-no-yado son instalaciones hoteleras construidas por el antiguo Seguro Postal, cuyo uso estaba limitado a los suscriptores. Las grandes pérdidas que producían (más de cuatro mil millones de yenes anuales) y la forma en que fueron liquidadas 70 de ellas con motivo de la privatización de los servicios postales dieron lugar a una larga controversia.

»Porque lo que ahora preocupa a la gente es saber si, en caso de que esta o la siguiente generación sufra algún daño por exposición a la radiactividad, el Estado está pensando seriamente en hacerse cargo del problema. En Japón tenemos tristes experiencias de casos en que el Estado no ha aceptado, sino tras largos procesos judiciales, pagar las lógicas indemnizaciones por los daños resultantes de actividades que él mismo había impulsado. Tenemos el ya lejano caso de envenenamiento colectivo por los vertidos de las minas de cobre de Ashio[21], el caso del mal de Minamata[22], o los juicios por el contagio del virus del sida a hemofílicos[23] y de la hepatitis B en vacunaciones masivas. Ya no vamos a repetir más estas necias actitudes. El programa nuclear japonés es indudablemente un programa impulsado por el Estado. Declaro aquí, por tanto, que el Estado tiene el deber de indemnizar de forma integral y completa, sin excepciones de ningún tipo, por todos los problemas que puedan surgir en adelante.

»Si los padres pueden estar seguros de que, en el improbable caso de que en el futuro su hijo padezca alguna enfermedad, podrá recibir tratamiento hasta su completa curación en una confortable institución que se responsabilice totalmente de él, una institución en la que exista en escuela con un pequeño pero competente equipo de profesores e instalaciones de ocio, y donde además los padres y parientes puedan quedarse a dormir

21 La mina de cobre de Ashio (Tochigi), que fue la mayor del país, causó una gravísima contaminación en la cuenca del río Watarase a finales del siglo XIX. Las justas reclamaciones de los vecinos del área y de grupos políticos y religiosos que los apoyaron fueron rechazadas por las autoridades, y las manifestaciones populares duramente reprimidas durante años. Este caso suele aparecer en los libros escolares de Historia.

22 Envenenamiento masivo por mercurio causado en la provincia de Kumamoto por la empresa Chisso, que afectó a miles de personas. Comenzó a denunciarse en 1956. Las terribles imágenes de los afectados dieron la vuelta al mundo.

23 El contagio fue causado durante el decenio de 1980 por transfusiones de sangre contaminada. Resultaron infectados cerca de mil ochocientos hemofílicos, cerca de la cuarta parte del total de enfermos de Japón.

de cuando en cuando, la ansiedad que sienten ahora se disipará en gran parte. Ya no tendrán que estar destrozándose los nervios cada día confirmando cero coma cuántos *microsieverts* indica la medición.

»Como primer ministro, prometo que el Gobierno ofrecerá una cobertura social sin agujeros para todos los daños causados por el accidente nuclear. Y prometo una cosa más: las Fuerzas de Autodefensa de Japón serán convertidas gradualmente en..., ¡oiga, déjeme terminar!, en..., ¡por favor, esto es una agresión!, ¡en un cuerpo de actuación en casos de desastre natural y en un cuerpo de socorro internacional...! ¡aaaah! (y en medio de un gran alboroto en la sala, fornidos guardaespaldas obligan al primer ministro a abandonar el estrado. La imagen comienza a sufrir interferencias y finalmente...).»

El cuarto yo (mi yo de existencia real)

13 de junio

No hará falta explicar el falso discurso del falso jefe del Gobierno, pero ya que he retomado el tema, añadiré dos pequeños comentarios.

En sus declaraciones, el falso jefe del Gobierno habla del filósofo español Unamuno, quien, para qué ocultarlo, viene a ser como el padrino de este blog titulado *Monodiálogos*. Lógicamente, no es que él impusiera ese nombre al blog (Unamuno murió en 1936), pero sí que utilizó esa palabra, de creación propia, para titular una colección de ensayos. Creo que ya he explicado su significado en varios lugares, así que evito hacerlo otra vez. Unamuno creó otras muchas palabras, la más famosa de las cuales es posiblemente «nivola», con la que definía sus propias novelas. Pretendía ser una combinación de las palabras *novela* y *niebla*.

Niebla (1914) es precisamente una de sus novelas, internacionalmente famosa, aunque en Japón no lo es tanto pese a poder leerse en nuestro idioma (ha sido traducida por Eichi Takami y publicada por la editorial de la Universidad de Hōsei). Resumiendo mucho, es una obra en la que realidad y ficción, vigilia y sueño, autor y personaje se entremezclan extrañamente, una novela atípica.

A Unamuno le llegó un momento en su vida en que tuvo que vivir al pie de la letra su propia frase: «vivir es escribir tu propia novela». Su oposición al opresivo régimen del dictador Primo de Rivera le valió el destierro en 1924 a las islas Canarias. De allí, la vida le llevó a París y a la pequeña ciudad fronteriza de Hendaya, entre Francia y España. Esta triste vida de desterrado duró cerca de seis años. En 1926 se publicó en París, en francés, su obra autobiográfica *Cómo se hace una novela*, en la que se expresa con gran claridad la estructura sobre la que se vertebran su pensamiento y su literatura. En ella, los hechos, que progresan simultáneamente a la labor de la escritura, los personajes y el autor se funden y confunden. En su ensayo «Sobre mí mismo. Pequeño ensayo cínico», anterior al libro citado, afirma lo siguiente sobre sus obras: «No faltará lector que al leer el título de este pequeño ensayo cínico se diga: pero ¡si nunca ha hecho otra cosa que hablar de sí mismo! Puede ser, pero es que mi constante esfuerzo es convertirme en categoría trascendente, universal y eterna (...) yo investigo mi yo, pero mi yo concreto, personal, viviente y sufriente. ¿Egotismo? Tal vez; pero es el tal egotismo el que me libra de caer en el egoísmo».

Quizás pueda verse en este pensamiento algún paralelismo con la idea de *jiko hon'i* que aparece en la vida de Natsume Sōseki.

Dejaré a un lado a Unamuno, ya que este no es el lugar más indicado para extenderme sobre él, pero diré también que lo que me propongo hacer en estos *Monodiálogos* no es otra cosa que un «informe de prácticas» a imitación de Unamuno (vaya, ya empieza el tipo a darse aires...). De forma que aunque la mera relación de hechos ocurridos pueda ocupar el 98 % del espacio, habrá al menos un 2 % de progreso simultáneo o incluso de anticipación, si es que soy capaz. Podría servir de metáfora un barco en avance, que deja tras de sí una estela (98 %), pero en cuya proa el mar forma también una ondulación todavía informe (2 %).

A veces la gente se maravilla, o se compadece, de que sea capaz de escribir casi todos los días mientras cuido a mi mujer, hago la comida, lavo la ropa... En realidad, escribiendo, trato por todos los medios de obtener mi fuerza vital, mi ritmo, dentro de un día a día que, si no escribiera, se derrumbaría ruidosamente ante mis ojos. Dicho de forma más aparente, el escribir como equivalente del vivir (sí, demasiado aparente ha resultado la frase).

Podría decirlo de otro modo todavía. El ser humano no es de ninguna manera un «cuerpo simple». Es un agregado de muchos yos, aunque creo que los psicólogos se refieren a otro fenómeno cuando hablan de la personalidad múltiple. Por ejemplo, en mí viven muchos yos: vive un marido, un padre, un exprofesor..., o sea, ... pero ya sabía que no sería capaz de explicarlo. Recurriré una vez más a Unamuno, aunque acabo de sacarlo de escena. Unamuno sostiene que normalmente una persona acoge tres yos: el yo que cree ser, el yo que cree ver en los ojos de los demás y el yo visto por Dios, por el ser supremo. Sí, creo que al final se trata solo de estos tres yos. Pero Unamuno defiende firmemente, por otra parte, la existencia de un yo más. Reivindica ese yo en el que quiero convertirme algún día, sea cual sea mi yo real.

Por ejemplo, pensemos en una persona que va a ser sometida al juicio definitivo (eso que el cristianismo llama «juicio particular»). Esta persona sentiría una fuerte resistencia a ser juzgada a partir de lo que ha sido cualquiera de los primeros tres yos. Porque, pongamos por caso, el haber sido mujeriego podría atribuirlo a esa misma tendencia que tenía su padre, que él heredó; aquella acción que hizo, sí, fue él quien la hizo, pero fue arrastrado a hacerla porque recibió una determinada educación y también esta sociedad que le discriminó tiene parte de responsabilidad, etcétera. En cuanto al yo visto por Dios, pues mire usted, no tengo ni idea de cómo puede verme Dios. No es muy agradable que te digan que tu verdadero ser es algo que desconoces. En cambio, si ese juicio definitivo al que voy a ser sometido se basa en el yo que quiero ser, entonces no tengo escapatoria. Porque es un yo sobre el que tenemos una responsabilidad total y absoluta.

¿Existe —habrá que preguntarse entonces— ese yo que queremos llegar a ser? No es lo mismo que querer convertirse en un famoso actor, o que querer ser rico. Es algo completamente diferente. ¿Nunca has pensado, realmente, cómo desearías ser? Si eso es verdad, entonces tú no estás vivo, en el verdadero sentido de la palabra. Eso es lo que dice Unamuno, quien sostiene que nuestro yo realmente existente es ese yo que queremos ser.

Doy un salto a la realidad, pero para decir que es precisamente eso lo que deberíamos plantearnos todos ahora, tras el gran terremoto que hemos sufrido. Tenemos una oportunidad para empezar a vivir de verdad. Para nosotros, el 11 de marzo puede ser el año inaugural de la Nueva Vida. Lo pasado, pasado está. Empieza en este instante la hora de la verdad.

El problema no afecta solo a ese primer ministro a punto de dejar su cargo. Es la hora de la verdad para todos nosotros, el momento de dar un primer paso impostergable hacia la Nueva Vida. Es un buen ejercicio pensar que te has librado por los pelos, que cuando te creías muerto, se te ha concedido otra vida (pero ¡bueno!, y este hombre, con ese brillo en los ojos, ¿a quién se estará dirigiendo, diciendo esas cosas? El tono se parece cada vez más al de un sermón. Creo que voy a dejarlo).

Innecesario comentario a un comentario innecesario

Últimamente aparecen sin cesar en la televisión los *o-kama* y los *o-nee*[24] (no los distingo muy bien). Entre ellos hay tipos

[24] Aunque los diccionarios ofrecen «maricón», «marica», «mariposón» y otras palabras como traducciones de *o-kama,* esta palabra no suena tan ofensiva como aquellas. En cuanto a *o-nee,* señala a los hombres que hablan, gesticulan o se comportan como mujeres, al margen de cuál sea su orientación sexual.

inclasificables, pero de cuando en cuando sale alguno del que puedes decir, vaya, qué tipo tan interesante, qué persona tan atractiva. Eso ocurre porque ellos (¿ellas?) en muchos casos ponen toda su alma en ser mujeres. Las mujeres «normales» no ponen el alma en serlo. Ya son mujeres y se duermen en los laureles (¿reciben también las mujeres coronas de laurel?). Se maquillan, sí, para estar guapas, pero ellas no tienen que desear fervorosamente ser mujeres. Pero estos otros sí que lo ansían, fuertemente. Tal es el yo que ellos quieren ser.

¡Ah, qué poca sensibilidad!

15 de junio

Mi calentador automático interior ha vuelto a entran en ebullición, cosa que llevaba tiempo sin hacer. En realidad, como ya se habrán dado cuenta, sus ebulliciones son mi enfermedad crónica o, más bien, mi vergüenza.

Era una zona donde el tsunami ha causado estragos, pero no he podido ver de dónde se trataba. Tampoco siento necesidad de averiguarlo, porque esta situación se estará viviendo, no, se está viviendo sin duda en muchos otros lugares y también aquí, en Minamisōma. Era un reportaje sobre personas que, tres meses después del tsunami, siguen teniendo a algún familiar desaparecido. A fin de que las personas en esta situación, siempre que así lo soliciten, puedan cobrar más rápidamente la pensión de viudedad o las indemnizaciones a familiares que prevé el seguro de accidentes laborales en caso de defunción del asegurado, se están modificando los reglamentos para acortar de 12 a 3 meses el periodo de espera estipulado en caso de desaparición. Esta medida me parece lógica, pero lo que me ha intrigado, enfurecido, debería decir, es la forma en que se atiende en los ayuntamientos a quienes se acercan para cursar las solicitudes de pago.

Para una persona con un familiar desaparecido, cuyo cadáver no ha sido hallado todavía, presentar la solicitud es un reconocimiento tácito de la muerte de ese ser querido. La solicitud debe de ir acompañada de dolorosas dudas, de un gran sufrimiento. En atención a esas circunstancias, la tramitación debería hacerse de la forma más ágil y sencilla posible. Una vez realizada la identificación del solicitante, debería darse por terminada la tramitación, sin enredarse en prolijas explicaciones ni en «investigaciones».

Por supuesto, podría ocurrir que estas solicitudes contuvieran errores e incluso irregularidades. Pero es que lo que hacen los necios funcionarios (si bien también los hay lúcidos) es elevar el nivel de exigencia como si dieran por supuesto que el solicitante siempre va a cometer tales irregularidades. Es lo mismo que ocurre en esas escuelas donde se endurece el reglamento para hacer frente a los alumnos más violentos o díscolos, que no son más que una parte. Así, lo único que se consigue es que los buenos alumnos pierdan la ilusión y se maleen.

Tendría sentido que se hicieran muchas preguntas en la policía, o en los bomberos, para tratar de obtener más datos que facilitasen la búsqueda del cadáver, pero ponerse a hacer «investigaciones» durante la tramitación de un subsidio es absurdo. Porque la identidad del solicitante está a la vista y aunque la supuesta irregularidad sea descubierta después de otorgado el subsidio, todo se soluciona exigiéndole que devuelva la cantidad. Además, para una persona que trama una irregularidad, engañar a uno de estos improvisados «detectives» es coser y cantar. Hasta una persona extremadamente buena, como yo (¡¿?!), podría urdir mil engaños.

—¿Eh? ¿Que cuándo vi a mi mujer por última vez? Sí, de eso sí que me acuerdo. Íbamos a trasladarnos al refugio, acabábamos de salir los dos de casa cuando de pronto dice que se ha dejado una cosa muy importante dentro. Le pregunto qué y me dice que mi dentadura postiza, que estaba sobre el aparador del té. Entonces me di cuenta de que no llevaba los dientes. Claro, salimos de casa a toda prisa y es lógico que no me acordara de cogerlos. Le dije que se olvidara de eso, que no importaba, pero ella insistió. ¡Tú sigue, tú sigue, enseguida te alcanzo! Y cuando había dado solo unos pasos..., aquella fue la última vez que la vi (se seca las lágrimas)..., sí, si hablo mal es por eso, porque no llevo la dentadura.

¿Que con solo mirarles a la cara mientras hablan sabes si mienten o si dicen la verdad? ¿Qué pretendes ser, un detective? Pero ¿tú no eras un servidor público (término ya en desuso) dedicado a satisfacer al ciudadano?

En cualquier caso, odio ese ojo que mira suspicaz, por principio, al prójimo. Y ya que he dicho eso, diré también esto: Odio el momento en que tengo que mostrar en correos el paquete que quiero enviar. «Contiene solo libros, ¿verdad? ¿No habrá dentro alguna carta o alguna cosa así?» «No, no hay cartas. Mira, ahí tienes una ventanita para que lo compruebes.»

Pero, en confianza: y si en realidad, por una casualidad, digamos, el paquete contuviese una carta, una larguísima carta de amor, ¿eso iba a hacer daño a alguien, iba a causar un daño al Estado?¿No es una bendición que fulanito, ciudadano de este país, ame profundamente a menganita, una ciudadana? ¿No encierra esa carta de amor la posibilidad de dar vida a un nuevo y adorable ciudadano en un país como el nuestro, afectado por la baja natalidad? ¡Ah, que Correos de Japón es ahora una empresa privada! ¡Pues nadie lo diría, vuestro comportamiento después del tsunami fue clavadito al de una empresa pública!

Sea lo que sea, pensad que este es el año inicial de la Nueva Vida para Japón y ocupaos del ciudadano como Dios manda.

Diversas visitas

16 de junio

Después del gran terremoto tenía la sensación de que no estábamos en ninguna estación en concreto, pero estos últimos días tenemos un tiempo primaveral, como si mayo hubiera llegado este año con retraso.

Ahora reparo en que todos estos días he mantenido mi pensamiento bien lejos de la central nuclear. Y eso que en Minamisōma ha habido mucha discusión sobre qué hacer con los lugares comprendidos en el área de los 30 kilómetros donde se habían detectado altos índices de radiactividad. Hasta ahora nunca he pretendido convertirme en reportero de guerra y ahora tampoco me apetece demasiado enviarles un reportaje del tema.

En realidad, nunca he tenido un conocimiento preciso de cuál ha sido la magnitud del accidente nuclear ni de su verdadera naturaleza. Y sigo sin ganas de ponerme a indagar. Lo único que he hecho es obrar lo mejor que he podido a partir de mis exiguos conocimientos. Así que no creo que el lector pueda sacar de este blog informaciones prácticas ni provechosas sobre medidas concretas para atajar el problema, ni sobre el proceso de estabilización de la planta siniestrada.

Aun así, este blog, que antes del accidente era prácticamente desconocido, registra todos los días una considerable cantidad de visitas. Esa oleada empezó cuando la imagen de nuestra familia se difundió por todo el país gracias a un artículo con fotografía aparecido el 22 de marzo en el *Asahi Shimbun* y, sobre todo, cuando la periodista Naoko Satō publicó en el *Tōkyō Shimbun* un largo artículo sobre nosotros, también ilustrado. No es que el asunto estuviese preparado para causar efecto, pero, por lo visto, la imagen de mi anciana madre y de mi nietecita, que aparecían junto a mí, hicieron llegar al lector un diáfano mensaje. Pero cuando me pregunto por qué un blog como este, en el que no pueden obtenerse informaciones prácticas, sigue teniendo tantas visitas (¡vaya, de repente al viejales le da por el autoanálisis!), doy en pensar que será porque alrededor de este blog se va creando un nuevo vínculo de solidaridad, un fuerte dolor por la situación del país y también una fuerte indignación, un *hot spot* como el de los lugares con alto nivel radiactivo detectados en Minamisōma, aunque de signo completamente diferente. Y no son solo las visitas al blog. Muy diversas personas han llegado a este lejano lugar recorriendo algunos tramos por ferrocarril, otros tramos por carretera, y han visitado el epicentro de este otro *hot spot*, mi choza, o dicho más exactamente, el pequeño cuarto de estar de este viejo matrimonio, sito en el segundo piso de una destartalada casona formada uniendo dos, un cuarto de estar que todavía no he adecentado tras el terremoto y que está, por cierto, bastante sucio (hágase extensivo este adjetivo también a sus ocupantes). Ya no sé muy bien quién vino antes y quién después, pero aquí estuvo, con su familia, mi exalumna Miyako Nihei, quien me trajo provisiones; estuvo también, con motivo de un proyecto de apoyo a Minamisōma a largo plazo que está creando, el segundo hijo de mi gran maestro Keizō Kanki, llamado Nozomi, que vino con su esposa y con varios profesores de la universidad donde actualmente trabaja. Me visitaron igualmente la periodista del *Tōkyō Shimbun* Naoko Satō y el miembro del Consejo Editorial del *Asahi Shimbun* Yōtarō Hamada, quien me abrumó dedicándole a mi blog su sección «Mado». Vino este último acompañado del encargado de cubrir la actualidad de Minamisōma, el periodista Takeshi Kawasaki y su esposa. Estuvieron también el documentalista Hideo Tabuchi, el reportero independiente Kuniyuki Oka y, hace unos pocos días, Jun Hirobe, periodista de la revista semanal *Shūkan Gendai*, que llegó con su compañero Toshitaka Mizushina y el fotógrafo Shōichi Nakamura. Este fin de semana está previsto que venga un equipo de la NHK encabezado por el director de programas Hideya Kamakura y el escritor Suh Kyungsik, con quien, al parecer, voy a entablar un diálogo para el programa. Espero también a Jōki

Gotō, de la Universidad Nacional Autónoma de México, que leyó mi blog estando en ese país.

Son lazos que no hubieran existido de ninguna manera si no fuera por aquel gran terremoto, y por el accidente nuclear. ¡Qué misteriosa es la vida! ¡Qué inextricables hilos guían nuestros encuentros!

Me dirán que soy un aprovechado, consiguiendo que todo el mundo venga aquí sin dar yo mismo un paso (mi mujer, donde más a gusto está es en su sofá de siempre), pero aun así me gustaría invitar a todos los que se han acercado a este blog a que, una vez la ferroviaria Jōban (¿por qué se retrasa tanto?, ¡ah, claro, es que la línea pasa muy cerca de la central nuclear!) reabra su línea, si aciertan a pasar por aquí, se acerquen a esta choza. Es un furtivo sueño que me da fuerzas en mi opresivo atrincheramiento (¡con el tiempo tan bueno que hace!).

Un receso

17 de junio

Compruebo una vez más que dejar de escribir me desarbola y desasosiega. No es que estuviera mal físicamente, es que he pasado el tiempo de una forma que no es la habitual. Por ejemplo, hoy hemos grabado en casa para el programa *Kokoro no jidai*[25] de NHK mi conversación con el escritor y crítico coreano residente en Japón Suh Kyungsik, a cuya amable petición accedí, por supuesto, encantado, ya que es una gran oportunidad. Fueron casi tres horas de grabación, de una gran intensidad. Yo apenas tenía información sobre él (recordaba vagamente que él y su hermano

25 Podría traducirse como «La época íntima», o «La época que guardamos en el corazón».

mayor fueron acusados de espionaje) y Suh, por supuesto, tampoco sabía de mí nada más que lo que el referido Hamada escribió sobre mí en el periódico *Asahi Shimbun*. Acudíamos, pues, al diálogo, sin saber apenas nada el uno del otro y sin ninguna idea preconcebida, pese a lo cual desde el momento en que ha entrado en el recibidor de mi casa nos hemos hablado con la misma naturalidad con que se hablarían dos viejos amigos.

Hemos sintonizado tan plenamente en tantas cosas, que apenas he sido consciente del paso del tiempo, porque, además, el diálogo ha sido muy estimulante para mí. Creo que han tomado imágenes de toda la casa, desde sus exteriores hasta un dibujito que me envió mi nieta Ai y que teníamos pegado en el frigorífico, de modo que si ven el programa, van a tener la sensación de haberme visitado.

Todavía ha habido otra cosa más. De la revista semanal *Shūkan Gendai* me han enviado por correo electrónico el borrador del artículo que han escrito a partir de la entrevista que me hicieron el otro día. Una vez, en un periódico, apareció un artículo escrito a partir de una entrevista que me habían hecho y lo que podía leerse ahí era, sí, lo que yo había dicho, pero empalmado de tal manera que acababa significando algo muy diferente de lo que yo quería decir, así que he leído la entrevista de *Shūkan Gendai* con no poco miedo. Pero era un miedo totalmente injustificado. Porque lo que podía leerse ahí no solo era lo que yo había dicho, sino que además estaba empalmado de tal manera que mi verdadera intención se transmitía de una forma mucho mejor. Así, con todas estas cosas, estos dos días los he pasado de un modo que me ha hecho sentir que estaba continuamente escribiendo en el blog. Probablemente, mañana habré vuelto ya a la normalidad.

De la diáspora a la estación de Ueno

19 de junio

¿Por qué, como ya he explicado en otro lugar, Suh Kyungsik y yo fuimos capaces de conducir nuestro encuentro hacia una conversación propia de dos viejos amigos, si era la primera vez que conversábamos y además no sabíamos casi nada el uno del otro?

En el primer mensaje de correo electrónico que dirigí a Suh Kyungsik dije algo que, según cómo se mire, podría resultar una impertinencia o una incorrección. Le dije que tenía la sensación de que iba a encontrarme con un hermano de diferente padre, o de diferente madre (también se dice «hermano de madre» o «hermano de padre», y aún hay otra palabra que no uso porque me desagrada). Tengo que confesar que yo nunca he tenido amigos *zainichi*[26], ni ha habido personas de ese origen a mi alrededor. Tampoco tengo conocimientos muy precisos sobre la historia de estas personas. Pero hacia ellos, por alguna razón que se me escapa, siento una especial familiaridad, algo parecido a una añoranza. Hasta diría que he vivido con el sentimiento de haber sido un joven oriundo de algún poblado coreano de Japón. Lo cual, por supuesto, no es más que una ilusión.

La intimidad que he sentido con Suh Kyungsik desde que lo recibí en casa puede explicarse, creo, por lo que pueda haber en común entre la situación en la que actualmente me encuentro y la de los *zainichi*. El gran terremoto y, sobre todo, el accidente nuclear nos han puesto en una condición espiritual muy parecida a la de los *zainichi*, y de ahí debe de proceder la simpatía o familiaridad que siento. Suh Kyungsik coloca *diáspora* entre las palabras clave de su pensamiento. Se refiere a los desarraigados (*déraciné*).

[26] *Zainichi,* cuyo significado es «residencia (residente) en Japón»se usa para designar a los chinos y coreanos que por circunstancias históricas (colonización, pobreza, traslados forzosos, etcétera) emigraron y echaron raíces en Japón.

Yo, ni que decir tiene, me he opuesto siempre a esa diáspora, a convertirme en un *déraciné*. Pero es una resistencia que se circunscribe al pequeño ámbito de mis circunstancias personales, porque desde otro ángulo, mirándome a vista de pájaro, yo soy también parte de una diáspora. Cuando, anteriormente, de forma un poco afectada, decía que estaba en «el fondo del abismo», me refería también a esto.

Y si ampliamos todavía más el enfoque para abarcar toda nuestra región de Tōhoku, veremos que dentro de la historia del desarrollo del Japón moderno, puede decirse que Tōhoku siempre ha ocupado una posición de diáspora. Durante la época en que el lema era «Enriquecer el país y reforzar el Ejército» se utilizaron a veces auténticos traficantes de personas para obtener de aquí mano de obra; luego, durante la guerra del Pacífico, fuimos cantera de soldados de vanguardia para el frente, y cuando, tras la guerra, se impulsaron planes desarrollistas como el que algún político llamó «remodelación del archipiélago japonés»[27], y que dieron como fruto la «era de alto crecimiento»[28], volvieron a realizarse en Tōhoku las levas de trabajadores que llamaban «contrataciones colectivas». Finalmente, en la época en que Japón se convirtió en el segundo país del mundo por su producto interior bruto, Tōhoku fue visto como una base de aprovisionamiento de energía eléctrica. Tōhoku siempre ha sido objeto de expolio.

Deben de ser imaginaciones mías, pero me ha parecido oír aquella canción de Hachirō Izawa titulada *Aa, Ueno eki!* (letra de Yoshiaki Sekiguchi, música de Eiichi Arai):

Doko ka ni kokyō no
kaori wo nosete

27 Ambicioso plan del no menos ambicioso primer ministro Kakuei Tanaka (en el cargo entre 1972 y 1974), con el que pretendía hacer participar a las regiones, mediante grandes obras de infraestructuras, del gran desarrollo que estaban teniendo Tokio, Osaka y otras zonas urbanas.

28 Equivale a lo que en muchos países se conoce como «milagro japonés».

hairu ressha no
natsukashisa.
Ueno wa oira no
kokoro no eki da
kujikecha naranai
jinsei ga.
Ano hi koko kara
hajimatta.[29]

Duelos con *katana* a lo samurái

20 de junio

Para celebrar el gran éxito que ha tenido el concierto de solidaridad de ayer por la tarde, y la bonita sonrisa que muestra Yoshiko en la fotografía del artículo de la revista semanal *Shūkan Gendai*, que ha salido hoy y hemos comprado en la tienda de 24 horas, esta noche hemos cenado con una lata de 350 mililitros de cerveza Orion (una marca de Okinawa) para los dos, y por primera vez en algunos días hemos pasado un rato muy entretenido. El contenido del artículo lo conocía ya, pero me preocupaba un poco cuál de las muchas fotografías que nos habían tomado saldría publicada. Yo estaba preparado para verme en la foto un poco gordo (¿solo un poco?) y lo único que me inquietaba era saber si Yoshiko iba a salir guapa. Y ha salido muy bien, con su mejor cara. Cuando la vean mis hijos y sus familias, que viven lejos de aquí, se van a quedar muy tranquilos.

[29] «Portando aromas de la aldea, entra el tren. ¡Qué añoranzas! Ueno es la estación de nuestro corazón. ¡No vamos a dejarnos vencer en la vida! Todo empezó aquí, aquel día.»

Muy bien, ¿y después de la canción de Izawa, qué otras cosas hay que decir sobre el tema? Al final de nuestra conversación, le lancé a Suh Kyungsik una petición muy poco razonable. «Suh Kyungsik, te voy a pedir algo un poco raro: tienes que seguir siendo *zainichi* para siempre, hazlo por Japón.» Ahora me sigue pareciendo una petición bastante extraña. Suh Kyungsik es bastantes años más joven que yo, pero eso no quiere decir que vaya a vivir para siempre. Lo que quería decirle es que para que Japón y los japoneses seamos como debemos ser, mejor dicho, para que lo que llamamos Japón no sea, o nosotros los japoneses no seamos excluyentes, ni pretendamos estar siempre en posesión de la verdad, sino que seamos abiertos al otro, tolerantes y generosos, es muy importante tener siempre un espejo —los *zainichi* en este caso— que nos permita ver cosas que, de otra manera, no veríamos.

Con la excusa del gran terremoto, se ha levantado el viento del *ishin*[30], un viento que huele a chamusquina. La propia idea de utilizar la palabra *ishin* en el nombre del partido resulta un tanto extemporánea. Esto va poniéndose de una forma que me entran ganas de decirle a ese señor, si se me permite la mordacidad, que ve demasiadas películas y que se deje de esos duelos con *katana* a lo samurái. Porque desde la perspectiva de alguien que, en este gran terremoto, ha quedado desarraigado, ha sido arrastrado a esa condición vital de diáspora, mirando con el «ojo terminal»[31] (una expresión que yo he utilizado anteriormente

30 El autor se ha referido a la formación política Ishin no Kai, impulsada por el entonces gobernador de Osaka Tōru Hashimoto, en su anotación del 15 de mayo. *Ishin* significa «renovación» y tiene un matiz conservador. La Renovación Meiji (aproximadamente desde 1867) es más conocida como Restauración Meiji.

31 La expresión *makki no me,* que ha sido traducida aquí literalmente, da título a un ensayo del escritor Yasunari Kawabata (1899-1972). Como el propio Kawabata explicó en su discurso de recepción del Premio Nobel de Literatura (1968), la expresión proviene de un relato del novelista Ryūnosuke Akutagawa, en el que un suicida explica a su amigo en una carta que, precisamente por sentir próximo el momento de su muerte, la naturaleza le parece bella. El título del ensayo de Kawabata ha sido traducido al inglés como *Eyes in their Last Extremity.*

aun sin haberla digerido bien), contemplándolo desde el ángulo de eso que definí caricaturescamente como «punto de vista escatológico» (palabras no le faltan a este hombre...), tanto la Renovación Meiji como la pretendida Renovación Heisei[32] son de escala más bien pequeña.

En una anotación previa saqué a colación el hecho de que, como hombre de Tōhoku, mis antepasados pudieron haber formado parte del pueblo ainu y, remontándonos más en el tiempo, de aquel otro pueblo que creó la cultura prehistórica Jōmon. Hablo de eso pero también de cosas más actuales; ya he citado antes (aunque no sé mucho sobre ninguno de los dos) a la famosa Benishia-san, protagonista del programa de la cadena televisiva NHK *Neko no shippo, kaeru no te* y residente en Ōhara (Kioto), y al futbolista e internacional japonés de origen coreano Tadanari Lee. Me gustaría que todos compartiéramos una imagen de lo que es ser japonés que fuese lo suficientemente amplia como para abarcar también toda esa historia e incluir a personas como estas.

Muy a propósito, el periódico *Asahi Shimbun* de esta mañana traía un anuncio a toda página en el que se veía la famosa frase *Nihonjin ni kaere!*[33], en ideogramas escritos a mano por su creador, Sazō Idemitsu. Desconozco los antecedentes personales y el pensamiento de este señor, pero el hecho es que, después del terremoto, se ha producido una avalancha de este tipo de eslóganes. Y de lo que quiero alertar aquí es que hay una tendencia a aportar una visión muy reduccionista de lo que es ser japonés. Sakamoto Ryōma[34] podrá ser, quién lo duda, un gran hombre, pero si el

32 Heisei es el nombre de la actual era de Japón. 2011 correspondió al año 23 de la Era Heisei.

33 «¡Vuelve a ser japonés!» Según la explicación aparecida en el sitio web de la compañía petrolera Idemitsu, de la que Sazō Idemitsu (1885-1981) fue fundador, el sentido de la frase es no olvidar el espíritu de armonía, transigencia y mutua ayuda, y evitar perseguir únicamente el beneficio propio.

34 (1836-1867) Valeroso samurái, comerciante y activista político que medió entre los feudos enfrentados de Satsuma y Chōshū. Superadas sus diferencias, estos

Japón venidero en el que puso su mirada era esa nación, paladín de las naciones asiáticas, que rivaliza con las potencias occidentales, habrá que concluir que tampoco él pudo sustraerse a la corriente que, con el tiempo, llevara al expansionismo militar y a la guerra del Pacífico. En todo caso, el Japón que queremos mostrar a nuestros hijos no puede reducirse a una «edad de oro» del pasado, por muy brillante que pueda haber sido.

Incontables muertos emergen de las olas

23 de junio

Dos muchachos se acercaban andando por la vía del tren que conduce a la estación de Odaka. Todavía no tenían edad para incorporarse a filas. Creo recordar que iban de manga corta, así que debía de ser verano. Vi la fotografía en la casa del escritor Kureo Manabe[35]. Uno de los jóvenes, que era de Odaka y en su juventud volvía al pueblo cada vez que tenía oportunidad para visitar la casa de sus abuelos maternos, se convertiría con el tiempo en el escritor Toshio Shimao. El otro era su compañero de la Universidad Imperial de Kyūshū Kureo Manabe, escritor también, como he dicho. La fotografía habría sido tomada en

---

dos feudos protagonizaron la Renovación o Restauración Meiji, derribando al *bakufu* o gobierno militar de los shogunes y estableciendo un nuevo sistema político en torno a la figura del emperador.

[35] Escritor conocido principalmente como autor de haikus. Se movió en círculos literarios desde su juventud. Fue candidato dos veces al Premio Akutagawa (el premio literario más popular de Japón), recibiendo una de sus obras una gran valoración de Yasunari Kawabata, entonces miembro del jurado. Además de los reconocimientos que señala el autor, hay que recordar que su colección de haikus *Yukionna* le valió el Premio Tōson Kinen Rekiteishō en 1992 y el Yomiuri Bungakushō un año después.

1941 o 1942. Los raíles de acero se habrán desgastado y habrán sido cambiados varias veces a lo largo de todo este tiempo, pero la vía en sí ha permanecido ahí sin cambios decenas de años, soportando el incesante paso de trenes de mercancías y pasajeros. Sin embargo, ahora, esa misma vía está fríamente tendida ahí, sin que ningún tren la haya recorrido durante ya más de tres meses. Por el día vagan sobre ella insectos y pequeños mamíferos. Por la noche la imaginamos expuesta a los rayos de la luna, atacada ya por el óxido.

Si me doy a estas fantasías, es por una razón. Ayer me decidí por fin a telefonear y pude compartir lo que habían sido estos meses con Manabe, de quien no sabía nada desde hacía mucho, aunque su situación me preocupaba. Una postal de su hija Yū me había informado de que a finales de septiembre del año pasado, Manabe fue hospitalizado después de haberse fracturado la columna, y que estaba convaleciente, ya de vuelta en su casa. Al telefonear supuse que sería la hija la que atendería la llamada, pero fue el *sensei*[36] quien lo hizo. Ya parece que está usted bien, le dije, a lo que me respondió que solo su voz era saludable.

También hay una razón para el hecho de llamarle *sensei*, aunque el término *sōshō*[37] resultaría todavía más apropiado. Tengo que remontarme bastante en el tiempo. En el verano de 1991, mi mujer y yo participamos en algunas de las muchas reuniones de lectura de haikus encadenados que se realizaban bajo la dirección de Manabe en el Sekiguchi Bashō-an[38] de Tokio. No me extenderé aquí sobre aquellos encuentros, pues ya los traté en dos

36 «Profesor o maestro». Es la palabra con la que los alumnos de todas las edades se dirigen a sus profesores, pero también se usa en otros muchos ámbitos (arte, artesanía, música, literatura, política, religión, etcétera) en señal de reconocimiento a una trayectoria o a una dignidad alcanzada.

37 «Profesor o maestro», especialmente en campos artísticos tradicionales, como la poesía, la ceremonia del té o el ikebana.

38 Edificio histórico ligado al famoso compositor de haikus Matsuo Bashō, que actualmente se utiliza para actos culturales.

pequeños ensayos que he incluido en *Shimao Toshio no shūhen*[39], un volumen que encuaderné yo mismo. Yo nunca he cultivado el haiku ni otras formas poéticas y para mí, aquellas reuniones significaron un encuentro con lo desconocido, además de una experiencia muy enriquecedora. Pese a ello, una vez terminadas, regresé a una vida ajena a los versos. Pero aun así, no me gustaría morirme sin antes haber disfrutado de otra de esas reuniones y de sus intensas vivencias literarias.

Y hablando del asunto, hay un par de libros que he buscado y no he encontrado, dos libros que tenía en casa. Me pongo a buscarlos una y otra vez, pero enseguida me doy por vencido. Así como al subir las escaleras con Yoshiko vamos escalón a escalón, descansando cada vez y sin prisas, lo mismo voy a tener que hacer con los libros, ordenarlos volumen a volumen, destinando a esta operación todo el tiempo necesario.

Por cierto, como escribí en uno de esos ensayitos a los que me he referido, en aquellas reuniones, mis poemas no fueron tan valorados como los de Yoshiko. Uno de ellos, que fue elegido por Manabe como el más destacado de la velada, decía:

Michite
taoreru
ika no tokkuri.[40]

Yo traté de restarle importancia diciendo que había sido la suerte del principiante, pero la verdad es que me dio mucha rabia perder. Ahora siento nostalgia al recordar todo aquello.

39 «El entorno de Toshio Shimao».

40 «*Tokkuri* de calamar, que cae una vez lleno.» Existe en el norte de Japón la divertida costumbre de utilizar un cierto tipo de calamar como *tokkuri* (pequeña botella de cerámica para servir sake), vaciándole las tripas, dándole forma con un molde y poniéndolo a secar. Primero se bebe el sake, previamente calentado, con el peculiar olor y sabor del calamar, y luego se consume este, impregnado en sake.

En cualquier caso, hay algo de lo que me enteré (¡qué vergüenza, siendo yo su «discípulo») gracias a la postal de Yū, y es que el *sōshō* ganó nada menos que dos premios el año pasado: el Dakotsushō, que es el más prestigioso del país en el campo del haiku, y el Nihon Ichigyōshishō, ambos con la misma obra, la colección de haikus *Tsukishiro*[41] (editorial Yūshorin, 2009). Ese era precisamente uno de los dos libros que he buscado sin suerte en mi casa. El otro es otra obra de Manabe que me gustaría que todos ustedes conocieran, la colección titulada *Teihon yukionna*[42] (Yūshorin, 1998).

Pero en el sitio de internet donde aparecen los ganadores del Premio Dakotsushō he encontrado otro poema de Manabe que tampoco está nada mal. El argentino Roberto H. E. Oest, que además de ser un gran amigo es un gran experto en haikus (de hecho, fue uno de los participantes en aquellas reuniones), me ha servido una magnífica traducción que consigno también aquí:

Shisha amata
unami yori araware
jōrikusu

Incontables muertos
Emergen de
Las olas de abril

Como bien recuerda Oest, se trata del mes de abril del calendario lunar japonés, equivalente al mes de mayo del calendario gregoriano.

Entre los haikus de Manabe hay algunos como «*Ware shachi to / narite kujira wo / ou tsukiyo*»[43], de cierta grandiosidad. La comparación quizás resulte algo violenta, pero lo tremendo de este

41 Resplandor blanquecino que precede a la salida de la luna por el este.

42 «La mujer de las nieves, versión definitiva».

43 «Conviértome en orca, / ballenas persigo, / noche de luna.»

haiku es que me hace pensar en la escena inicial de la película de Akira Kurosawa *Yōjinbō (Yojimbo)*, en la que un perro callejero cruza una polvorienta calle con un brazo humano entre los dientes. La palabra *unami* que aparece en el haiku anterior, es el oleaje que se levanta hacia el cuarto mes del calendario antiguo (entre mayo y junio del calendario solar actual). Quizás en el libro que contiene este poema se explique por qué en ese cuarto mes del calendario antiguo el mar devuelve cadáveres a la tierra, pero si piensa uno en las cantidades de cadáveres que han llegado después del gran tsunami a las playas de Murakami y Shibusa, en Minamisōma, justo por esas fechas, eso que he llamado «lo tremendo» se ve todavía más potenciado en este poema, que resulta así aún más inolvidable. Yo siento una ligera desconfianza hacia los autores de haikus y los poetas en general, desconfianza que posiblemente se deba a los celos que me produce el no poseer yo mismo ese talento poético. No me gusta esa forma que tienen de interrumpir por cualquier sitio el duro trabajo de luchar con las palabras, alineándolas en cortas filas y dejándolo todo en manos del lector y de su capacidad de profundizar en el texto, un estilo que me recuerda a esos métodos con los que aseguran que se puede correr con un gasto mínimo de energía. Pero en el caso de Manabe siento en sus haikus una condensación de innumerables palabras acumuladas, un formidable vigor que hace sentir que cada palabra tiene vida propia.

¡Vaya sorpresa!

25 de junio

Me ha asustado lo que he leído esta mañana en la primera página del periódico. Han hecho una encuesta entre los desplazados por el accidente nuclear preguntándoles su opinión sobre el uso de esa energía. Un 70 % se ha manifestado en contra y un 26 % a favor. El otro 4 % corresponde a quienes dan otras respuestas o prefieren no responder. Me ha asustado, digo. A juzgar por como está escrito, no parece que el periodista que ha resumido y presentado los resultados esté particularmente sorprendido, pero yo sí que lo estoy. Mi previsión era: en contra, 85 %; no sabe, no contesta, 15 %. Porque no podía imaginarme que hubiera entre ellos alguien a favor.

Si la encuesta hubiera dado los resultados que yo preveía, un gobernador, para qué andarse con tapujos, el gobernador de Tokio Shintarō Ishihara, ¡ah, no, perdón!, era su hijo, su hijo Nobuteru, jefe del aparato del Partido Liberal Democrático, ese quizás habría dicho que ya estamos ante una nueva histeria colectiva. No sé cómo habrá sido su reacción a los resultados que en realidad se han dado. Tal vez le hayan parecido comprensibles. Quizás haya hecho un comentario al estilo del de aquel miembro del Consejo Editorial del *Asahi Shimbun*, que consideraba las cifras de otra encuesta indicadoras del grado de madurez que ha alcanzado este pueblo.

A decir verdad, ante unos resultados como estos hay que emplearse con dureza y yo había pensado seguir en mi línea de falsos personajes (falso director de escuela, falso alcalde, falso primer ministro) sacándome de la manga aquí a una falsa desplazada (aunque también podría ser un hombre) a quien dirigiría una carta. Pero no acabo de darle forma al personaje. Había pensado que ella podría ser alguna de mis antiguas alumnas, casada con un empleado de alguna de las empresas que trabajan para TEPCO, y que podía tener dos hijos: el mayor en el instituto y el menor cursando la secundaria. Pero no consigo hacerme una imagen precisa de cómo podría ser ella. Por supuesto, yo no soy novelista, de modo que voy a desistir resueltamente de mi idea y a limitarme a plantear los puntos problemáticos.

Veamos, pues. En un recuadro del periódico en el que se transmitía la actual situación de los desplazados había algunos casos que..., en fin, para qué comentar... Me refiero, por ejemplo, a las personas cuyas casas no sufren graves daños y tienen además electricidad y agua corriente, como ocurre por esta zona de Haramachi, pero que, como viene siendo la norma, han dejado sus casas y están viviendo en centros de acogida de la ciudad de Fukushima. Como me da mucho miedo la radiactividad, llevo ya tres meses sin poder regresar a mi casa, dicen estas personas, todo lo cual a mí no me encaja. Si fueran mis parientes, les diría que dejaran de jugar a los refugiados y que volvieran de una vez a sus casas.

Lo del miedo a la radiactividad será cierto, pero más que eso debe influir la inexplicable seguridad que sienten al saberse protagonistas del tema informativo más candente del momento, el que aparece todos los días en periódicos y canales de televisión. Es la única explicación que le veo. Es la mentalidad que sirve de base a ese dicho que tenemos aquí de «Cruzando todos a la vez, el semáforo en rojo no da miedo». Por supuesto, la calidez humana de quienes ayudan a los desplazados o la misteriosa solidaridad que se crea entre personas que hasta ese momento no se habían tratado nunca son cosas maravillosas. Pero es igualmente cierto que estas personas tienen que ponerse en pie y echar a andar por sus propias fuerzas tan pronto como puedan. No sé cuántas decenas de miles de personas están todavía en estos refugios, pero yo calculo que al menos una de cada 10 será «falso refugiado».

No tengo la menor intención de meterme con ellos, porque en un sentido amplio son, indudablemente, desplazados y víctimas. Pero —lo digo también por ellos mismos— me gustaría que se pusieran en pie cuanto antes y echasen a andar por su cuenta.

La sociedad (incluyendo aquí a los medios de comunicación, por supuesto) parece amable y compasiva a primera vista, pero en el fondo mira las cosas con indiferencia y nunca se siente responsable de nada. Es lo que ocurre con los locutores de televisión, que los ves con rostro lúgubre, leyendo una noticia sobre la dura situación de los desplazados, y de pronto dicen «¡Y pasamos a la siguiente noticia!», desconectan de lo anterior y hasta llegan a mostrar, a veces, una bonita sonrisa. Son gente que con la mayor sangre fría pasa al siguiente tema como si nada absolutamente hubiera ocurrido (por supuesto, esto es fruto de la formación que han recibido como profesionales).

A veces vemos a madres jóvenes que, con rostro lloroso, expresan su temor a que sus hijas, en el futuro, puedan sufrir algún tipo de discriminación, a la hora de casarse, por ejemplo, si llega a saberse que fueron «refugiadas nucleares»[44]. Sobre esto nadie habla abiertamente, pero creo que estas madres deberían ser lo suficientemente madres y tener el suficiente orgullo como tales para entender que no pueden entregar a su hija a una persona capaz de discriminar a otra por bulos de esa calaña. Mucho más importante que disipar esos temores es conseguir que esos niños y niñas crezcan y se hagan fuertes y atractivos como personas, para que en ellos no hagan mella ni los bulos ni la indiferencia de la sociedad.

Cosas de este estilo diría un montón, como suelen hacer las viejas (y este viejo). Pero hoy prefiero volver al asunto que me ocupa y poner ya punto final. Esto se lo digo a quienes, habiendo abandonado su casa por culpa del accidente nuclear, creen, sin embargo, que las centrales deberían seguir funcionando. Esto lo he dicho ya en otro lugar, cuando comentaba una película sobre mineros del carbón titulada *¡Qué verde era mi valle!* Aquellos mineros, para dar de comer a su familia, tenían que meterse en las galerías de la mina todos los días, aguantándose el miedo a los derrumbamientos que se estaban produciendo. Los empleados de TEPCO que trabajan en la planta nuclear lo hacen a sabiendas del peligro que entraña, porque en su ciudad no hay otros trabajos. Pero entre estos dos casos hay una diferencia determinante: mientras que en el caso de los mineros el peligro de

[44] No hay que olvidar que Japón tiene las dramáticas experiencias de Hiroshima y Nagasaki. El problema de las mujeres que sufrieron esta discriminación sigue apareciendo de cuando en cuando en los medios de comunicación y en las conversaciones privadas.

muerte les afecta a ellos mismos o a sus compañeros, el peligro que afrontan los empleados de TEPCO (bueno, en realidad, parece que quienes hacen las labores peligrosas son los empleados de las empresas que «colaboran» con TEPCO), no es solo un peligro de muerte para ellos en caso de accidente, sino un peligro que, como hemos visto en el reciente accidente, puede extenderse hasta afectar la subsistencia física y marcar para siempre la vida de un gran número de personas sin relación directa ellos mismos.

Para decirlo con sinceridad, los resultados de la presente encuesta no solo me han sorprendido, me han dejado una tristeza cargada de enfado. ¿Será para tanto lo que estas personas tienen que agradecer a TEPCO? ¿Hasta ese punto les han lavado el cerebro? Dicho más agriamente, ¿hasta ese punto no piensan más que en su propia estabilidad económica? A ese enfado me refiero.

¿Es que no hay nadie que diga estas cosas tan duras y tan tristes? ¿Es que nadie puede decirlas?

Nada menos que tres cosas buenas

26 de junio

Hoy han ocurrido nada menos que tres cosas buenas. La primera tiene que ver con mi amigo Nishiuchi. Digo su nombre porque es una gran alegría, una cosa para felicitarse. Hace cuatro días, durante una de sus acostumbradas visitas a mi casa, mientras hablábamos sobre las consultas y los preparativos previos al miniconcierto que darán en agosto el pianista Suga y otros músicos, Nishiuchi dejó caer que en julio sería hospitalizado. ¿Hospitalizado? Y por primera vez me contó lo de su enfermedad. Se trataba de un cáncer. Iba a operarse para extirpar completamente el órgano afectado, pero le preocupaba la posibilidad de una metástasis. Lo único que fui capaz de decirle fue que había que echarle valor, pero en cuanto se marchó, me puse a llorar, cosa que no hacía en algún tiempo. Cuando ocurrió el accidente, como el pájaro lleva la comida al nido, él me traía a casa todas aquellas cosas que repartían a los afectados e incluso otras cosas que pagaba de su propio bolsillo. Por si fuera poco, Nishiuchi se hacía cargo voluntariamente de enseñar la ciudad a las personas que venían desde Tokio para entrevistarme, incluso las llevaba en su coche hasta la ciudad de Fukushima, ya de noche. Lloré porque de pronto me di cuenta de que todas estas cosas que hacía de forma tan abnegada, las hacía además sabiendo que estaba gravemente enfermo.

Y aquí viene la primera buena noticia. Hoy, después de un exhaustivo examen, ha resultado que lo suyo no es cáncer. Además, aunque deberá hospitalizarse para ser intervenido, no será necesario extirpar el órgano. Por lo visto, el otro día, cuando el médico le explicaba su problema, él llegó a la apresurada conclusión de que lo que tenía era cáncer. Sea lo que fuere, no cabe imaginar nada tan digno de celebración. Enfermedades como mi diabetes o lo que él sufre (por cierto, con el alegrón de saber que no era cáncer se me ha olvidado preguntarle qué es), a nuestras edades no puede pretenderse curarlas completamente, lo que hay que hacer es aprender a convivir con ellas y, si se ponen pesadas, ofrecerles incluso un poco de amistad.

La segunda buena noticia es que mi tío de Obihiro[45] y mi primo de Kamishihoro, también en Hokkaidō, igual que hicieron el mes pasado, han ido hasta Towada para visitar a mi madre. Ayer por la tarde se reunieron en Obihiro, fueron por la carretera de Hidaka hasta Hakodate, pasaron allí la noche, hoy por la mañana han embarcado con su coche el *ferry* que lleva hasta Aomori, y de ahí han conducido hasta Towada. Justo cuando pasaban por uno de los túneles de ese último tramo, mi tío me ha llamado con una voz enérgica que no es la de una persona de noventa y cuatro años. Y hoy se han ido a comer todos a un

45 El autor se ha referido a él en la anotación del 21 de abril.

restaurante italiano. Cuando estaban ya de regreso, camino de Aomori, mi tío me ha vuelto a llamar con esa misma voz, y me ha dicho que se lo había pasado muy bien y que ya podía morirse tranquilo. Para el cumpleaños de mi madre, que es también el de mi tío, tiene previsto visitarla de nuevo.

Y ahora la tercera. Algo un poco tonto (también un poco escatológico), pues tiene que ver con el hecho de que el inodoro del segundo piso se ha atascado, debido a que Yoshiko a veces utiliza el papel higiénico en grandes cantidades. No hemos pasado apuros porque hay otro en el piso bajo, pero tenía que arreglarlo de todos modos y he estado probando con una percha metálica, torciendo el alambre y dándole forma de palo para meterlo por el tragadero, pero nada. En casos parecidos suelo mirar en el buscador de Yahoo!, a ver si hay alguna solución. Y sí, la hay: la *tsūsui kappu*, que se vende incluso en las tiendas de todo a 100 yenes.

El nombre está basado en *rabā kappu* (*rubber cup*), y viene a significar «desatascador». Aquí en Japón estos objetos reciben muchos nombres, unos dicen *gyuppon*, otros *bonten*, otros *gappon*, otros *suppon*, todos ellos más bien onomatopéyicos, y además hay otros nombres, también onomatopéyicos, regionales, como *zukkon*, *pakkon*, *bakkon*, *hepushi*, *kappon*, o *kyuppon-kyuppon*.

Hepushi recuerda a *pepushi* (Pepsi), espero que no se lo tome a mal la multinacional. Pero hay que ver la cantidad de nombres que le dan a un instrumento tan simple. Será que la gente, cuando va a comprar uno a la tienda, no sabe cómo pedirlo y va formando sus propias palabras onomatopéyicas. Pero que haya esta cantidad..., yo creo recordar haber oído *suppon*, pero, no sé, todos son originales...

Bueno, pues nada más volver a casa lo he probado. Y el efecto ha sido fulminante. *¡¡Zukkon, pakkon!!* Han bastado tres o cuatro aplicaciones para que sonase un fuerte ruido y el *agua contaminada* se fuese por el agujero. Y ahora, con uno de esos «*pakkones*» vamos a ver si aspiramos toda esa otra *agua contaminada* de las centrales nucleares. Me está empezado a gustar el *zukkon, pakkon*. ¡Vamos, repitan todos conmigo!: *¡Zukkon, pakkon, zukkon, pakkon...!*

Tirando del hilo del recuerdo

27 de junio

El otro día, mientras escribía sobre Kureo Manabe, quería haberles dado una idea de su aspecto diciendo que es un perfecto punto medio entre dos famosos actores ya fallecidos, pero fui incapaz de recordar los nombres de los actores. Después de grandes esfuerzos, logré recordar el de uno de ellos: Seiji Miyaguchi, el silencioso maestro de la espada que aparece en la película *Los siete samuráis*. Sobre el otro, a lo más que llegué fue a recordar que su apellido comenzaban por Mitsu..., pero no conseguía avanzar más. Es un actor insuperable cuando se trata de interpretar a un borracho.

Siempre he tenido mala memoria, pero últimamente los nombres propios se me resisten especialmente. Al hacer cualquier pequeño movimiento u operación cotidiana, me cuesta mucho tiempo transmitirle a Yoshiko lo que tiene que hacer, pero es que me parece que si una de esas conexiones se corta, luego resultará muy difícil repararla, así que le repito una y otra vez, sin desfallecer, la misma palabra. De igual manera, cuando hay algo que no logro recordar, tengo la sensación de que si dejo que la conexión se pierda, luego me va a costar mucho tiempo restaurarla. Aunque ayer no había forma de recordar y al final me di por vencido. Pero entonces ocurrió algo inesperado, porque la conexión se restauró sola. El apellido del segundo actor es Mitsui y su nombre, Kōji.

Que Manabe, físicamente, es un perfecto punto medio entre estos dos actores pude comprobarlo en internet. Recordé también que la esposa del hijo de Miyaguchi fue compañera de estudios de mi mujer en la Seisen International School y que cuando se casaron, se fueron a vivir a Australia. Me ha costado tiempo, pero parece que la memoria todavía me responde.

En cuanto a los libros de Manabe que buscaba en mi casa, todavía no he dado con *Tsukishiro*, pero el otro, *Yukionna*[46] (ed. Meisōsha, 1992), ha resultado estar mucho más cerca de lo que pensaba. Y el otro día dije que los versos de Manabe recordaban a la escena inicial de la película *Yōjinbō*, bueno, pues he aquí el haiku concreto al que me refería, con traducción de mi amigo Robert H. E. Oest:

Hitsugi outa mama de shito suru fubuki kana

Cargando el féretro
se pone a orinar
¡La ventisca!

Un haiku tremendo donde los haya. En aquella película, el papel del enterrador (¿el carpintero que hacía los ataúdes?) lo interpretaba Kamatari Fujiwara* (ver la nota al final de este texto). Vaya, todos los actores de los que me acuerdo han pasado a mejor vida, eso significa que yo también voy cargándome de años. Puede que ahora ya nadie conozca a Kamatari Fujiwara. Iba a decir que era aquel viejecito que cantaba con unos niños lo de «*Zubizubaa!*», pero no, aquel era Hidari Bokuzen. En fin, Fujiwara se casó con Sadako Sawamura, pero ahora me entero de que 10 años después se divorció de ella. Bueno, y a nosotros qué nos importa. Y ya que estoy en la labor, reproduciré aquí algunos otros haikus de los recogidos en la colección *Yukionna*, de Manabe, igualmente tremendos. Traduce Oest:

Gekkō ni hirakishimama no oobasami

Tijeras
totalmente abiertas
al claro de luna

46 «La mujer de las nieves».

Bishonure no K ga kaette kita tsukiyo

Empapado
regresa K
noche de luna

Ensan no bin de hinotama kau shōjo

En el frasco
de ácido clorhídrico
cría la joven
bola de fuego

Kuchi sueba hana wa hikari wo hiite ochi

La boca chupa
la flor absorbe la luz
y cae

Kuchi yori mo atsuki Danae no tsuchifumazu

Más ardientes que sus labios
son las plantas de los pies
de Danae

(*Danae*: Personaje de la mitología griega. Encerrada por su padre, el rey Argos, en una celda de bronce, recibió la visita de Zeus, que penetró en la celda convertido en una lluvia dorada. El fruto de esta unión fue el héroe Perseo.)

No solo es eso que vengo llamando «tremendo». Es también el intenso erotismo que exhalan muchos de sus haikus. Manabe se mueve en una dimensión que a mí me resulta inaccesible. Si empiezo a reproducir aquí los haikus que me gustan, no voy a terminar nunca, así que me doy por satisfecho con esto. Pero pondré punto final con este poema, en recuerdo de los niños que murieron en el último gran tsunami. Traducción y explicación anexa de Oest.

Shinda ko no hashagu koe shite kaze no bon

Brisa de Obón
trae la voz alegre
del niño muerto

(*Obon*: En sánscrito, Ullam-bana. Fiesta budista de los Difuntos que se celebra en décimo quinto día del séptimo mes del calendario lunar.)

*Nota: He recibido el siguiente comentario del señor Motoyuki Kawashima, visitante de mi blog: «El autor que interpreta al carpintero de los ataúdes en *Yōjinbō* no es Kamatari Fujiwara, sino Atsushi Watanabe (no el actor todavía en activo, sino el otro, el que falleció. Es el mismo actor que da vida en *Los siete samuráis* al vendedor ambulante que ofrece torta de arroz a unos agricultores). Por cierto, en *Yōjinbō*, el papel que interpreta Fujiwara es el del rico hacendado que termina volviéndose loco». Mi agradecimiento para el señor Kawashima. Tendré que corregir también mi recuerdo.

Anulación del contrato, ya

28 de junio

Nos ha llegado una comunicación de la Sección de Planificación del ayuntamiento de Minamisōma titulada «Papeleta para la encuesta sobre la disposición ciudadana en torno a la reconstrucción tras el terremoto». Es una encuesta de cuatro hojas. Hay preguntas sobre el grado de destrucción que ha sufrido cada vivienda, sobre la forma en que debería planificarse a partir de ahora la ciudad, etcétera. Al final hay algunas preguntas también sobre las medidas de seguridad contra las radiaciones. A mi amigo Nishiuchi no le ha llegado, así que deben de haberla enviado solo a una parte de los vecinos, tras hacer una selección aleatoria. Les perdono el error que han cometido al enviar esta encuesta no a mi casa, sino a Towada, donde vive mi hijo. Pero lo que no puedo pasar por alto de ninguna manera es que, siendo la primera vez que se dirigen a la ciudadanía, no pregunten nada sobre el punto clave, fundamental.

Mientras no se aclare eso, no siente uno ganas de responder a cosas como «¿Cuál sería la imagen de futuro deseable para nuestra ciudad?». Esa imagen de lo que será nuestra ciudad dentro de 20 o de 30 años solo se nos perfilará claramente una vez hayamos resuelto ese otro tema. ¿A qué me refiero?

Como dejé dicho en la entrevista que me hizo el otro día la revista *Shūkan Gendai*, cuando se formó la ciudad de Minamisōma, con Haramachi como núcleo, a la que se unieron Kashima por el norte y Odaka por el sur, no se trasladó a los ciudadanos el debate sobre el asunto que, en realidad, era el fundamental. Porque Odaka, junto al municipio de Namie, situado más al sur, había firmado ya un contrato con la Compañía Eléctrica de Tōhoku para la construcción de otra central nuclear, pese a lo cual se procedió a la fusión sin que hasta el día de hoy se haya debatido el asunto. Hoy he hablado por teléfono con un concejal de la ciudad y le he preguntado sobre este tema. Me ha respondido que no es que hubieran dejado el asunto en términos imprecisos, pues, como reflejaban las actas de las reuniones de la Asamblea Municipal, se habían asegurado de que sería debatido una vez más cuando la construcción de la central cobrara visos de realidad. Pero eso tampoco es normal. Podrá ser acorde a las reglas de la democracia representativa, pero la cuestión es mucho más básica, porque algo tan problemático como esto no puede mantenerse de esta forma lejos de los ojos del ciudadano.

De todas formas, no voy a entretenerme aquí con cosas que pertenecen al pasado. Porque en aquella época, tanto entre los que nos administraban como entre los administrados, las personas que se daban cuenta de la importancia que tenía el asunto podían contarse con los dedos de una mano. Lo que quiero plantear ahora es algo que va a ejercer una influencia decisiva sobre el futuro de nuestro municipio.

Son rumores que trae y lleva el viento, pero se habla de una supuesta declaración de «desnuclearización de Fukushima» que podría estar preparando el gobernador provincial, Yūhei Satō. Si se me permite, yo le diría a este hombre aquello de «¡A buenas horas, mangas verdes!». Porque fue él quien, hace apenas dos años, en canje por los 6.000 millones de yenes que recibió de los fondos oficiales para el reciclaje del combustible nuclear, aceptó aplicar el proyecto Pluthermal[47] al tercer reactor de la central que ahora ha sufrido el accidente, Fukushima Daiichi. Si hasta ahora no ha hecho tal declaración pública, es precisamente porque tiene ese pasado. Y maldita la gracia que nos hace todo esto a quienes vivimos en Fukushima.

Hacer la declaración sería en todo caso mejor que no hacerla, aunque el encargado tuviera que ser este gobernador tan poco firme (en la tele adoptaba la pose de ser plenamente consciente de lo trascendental de lo que está ocurriendo y siempre aparece con su mono de trabajo). Pero aunque así lo hiciera, tengo serias dudas sobre el efecto vinculante que podría tener una declaración tan tardía del gobernador de Fukushima. Quiero decir que el contrato que firmaron con la Compañía Eléctrica de Tōhoku el antiguo municipio de Odaka (hoy integrado en Minamisōma) y su vecino Namie legalmente sigue en vigor y, por consiguiente, en tanto las tres partes implicadas, que hoy son la citada compañía, Namie y Minamisōma, no vuelvan a sentarse para discutir el

[47] El autor se refiere a este proyecto en su anotación del 15 de abril.

asunto y decidir si continúan con el proyecto o lo dejan sin efecto, nuestra ciudad continuará siendo el eterno candidato a alojar una nueva instalación nuclear

Puede que la compañía eléctrica se proponga dejar pasar el tiempo hasta que se enfríen los ánimos y luego, disimuladamente, presionar para que se cumplan los compromisos adquiridos en el contrato. La Compañía Eléctrica de Tōhoku, como TEPCO y como el resto de las gigantes eléctricas del país, fueron fundadas en 1951 con aportaciones de capital de eléctricas regionales preexistentes y de la Compañía de Generación y Transmisión Eléctrica de Japón (*Nippon Hassōden*, en japonés). La que enlaza todas ellas es, pues, esta última compañía, conocida desde hace tiempo por el acrónimo Nippatsu, que fue una compañía expresamente creada por el Estado para controlar la generación y distribución de electricidad durante la guerra. En una palabra, todas las compañías eléctricas que tenemos en Japón son hijas de un mismo padre o de una misma madre, hermanastras (esta fea palabra les sienta muy bien). Y ya se sabe, de casta le viene al galgo el ser rabilargo y todas estas compañías son, al menos en su mitad, empresas de iniciativa estatal.

Por eso decía que una supuesta declaración de desnuclearización de Fukushima por parte de este gobernador tan amante de los gestos no nos garantiza nada. Aquí, si no volvemos a la esencia de la democracia, que consiste en que el pueblo, sin desmayo, plantee los problemas existentes y muestre su voluntad de forma explícita, hasta conseguir que los responsables políticos dejen sin efecto el contrato para la construcción de esa otra central nuclear, la película de terror se va a repetir una y otra vez. Por suerte, ahora Minamisōma está en el centro de las miradas de todo el país, recibiendo apoyos, y esta es una oportunidad que no debemos perder para mostrar cuál es la verdadera voluntad de los ciudadanos. Así pues, reclamo el apoyo de todos ustedes para que nuestra apenas audible petición de que se deje sin efecto el contrato para la construcción de una nueva central nuclear vaya cobrando fuerza.

¡Demasiado tarde!

29 de junio

Esta mañana de calor más propio de otros meses (¿cómo?, ¿que no se aleja tanto del promedio estadístico?) he sentido algo que, dicho con insolencia algo sacrílega, quedaría así: ¿Será que las proporciones de este desastre nuclear son insuficientes para hacer despertar a este país? Así de negro veo el futuro. ¡Demasiado tarde!

Para tratar de expresar mi dolor, me he valido de una palabra que no suelo usar, que ni siquiera puedo pronunciar bien, para mi vergüenza. Tampoco sé muy bien con qué ideogramas hay que escribirla: estaba dudando entre dos, así que he cogido la lupa y he mirado en el diccionario para enterarme de que el correcto es... un tercero.

Pero qué importancia tendrá todo esto. Desde hace un par de días, será por este tiempo tan revuelto, o por el cansancio acumulado, me duelen las caderas y lo estoy pasando mal. No es uno de esos lumbagos que te impiden andar, andar sí que ando, pero imagínense ustedes lo que es arrastrar a mi mujer hasta el supermercado: parecemos una pareja de cangrejos avanzando de lado, una pareja de cangrejos viejos, eso es lo que parecemos. Pero voy a dejar de atormentarme diciéndome estas cosas.

Y entre estas cosas y las que voy a explicar ahora, en mi «calentador automático interior» no parece que vaya a hervir el agua, pero sí que hace *gudo-gudo* (¿no existe esa onomatopeya?).

Sí, me refiero a las juntas generales de accionistas que están celebrando las grandes empresas eléctricas regionales del país. Ya decía yo que eso de «¡Un solo Japón!, ¡ánimo todos juntos!» y el resto de los llamamientos que se hacen ahora no tienen ningún sentido. Porque no es algo exclusivo de los accionistas: muchas otras personas en Japón solo ven nuestro país y el mundo con ojos de especulador. Además, por desgracia, no son solo los japoneses. Un elevado porcentaje de la gente en todo el mundo mira las cosas como si fuera un accionista, un especulador. Esa mentalidad sirve de base. Sobre esa base se construye «lo religioso», «lo educativo», «lo cultural», cosas todas ellas que no vienen a ser más que el *topping* del pastel, la guinda. Y entre todas esas cosas la perla es «lo pacífico», ese es el *topping* más dulzón de todos. Ahora, esas «negociaciones pacíficas» que se desarrollan en todos los rincones del mundo consisten precisamente en eso, en pensar como especuladores. El significado de la palabra *tōki*[48], originariamente era «Correcta disposición del asceta para captar el verdadero espíritu del zen, comunión espiritual entre el maestro y su discípulo»; pero el mundo ha degenerado.

En realidad, antes de que se difundieran las noticias sobre las juntas generales de accionistas, o sea, ayer, llamó a la puerta el señor del puesto de reparto de periódicos de este barrio. Venía a renovar la suscripción. Con mis dolientes caderas me he acercado al recibidor y, cuando he visto que el hombre traía el acostumbrado jabón en polvo, detergente, quiero decir, que nos regalan siempre a los suscriptores, he estado a punto de imprimir mi sello en el contrato. Pero he ahí que mi boca dice: «Esta vez permítame que me lo piense un poquito»[49]. Yo he sido el primer sorprendido. Es el periódico más honrado y ecuánime en su manera de informar, o al menos a mí así me lo parecía. Además tengo amigos que trabajan ahí, amigos en los que confío. Pero, últimamente, ya no sé qué pensar. Me está empezando a recordar a esos reporteros de televisión que a falta de cabeza alardean de físico, porque cada vez que ocurre algo, este periódico nos obsequia con artículos desprovistos de todo contenido, que parecen escritos por alguien que hubiera acudido a todo correr al lugar de los hechos sin pensar absolutamente nada. Así que ya no veo la diferencia con el resto de los periódicos.

[48] Especulación.

[49] Reacios siempre a mostrar su negativa, los japoneses suelen recurrir a frases como esta.

Muchos amables seguidores de este blog que me hacen llegar sus comentarios han vertido similares críticas contra los periódicos, aunque por encima de los afanes críticos, predomina un sentimiento de desengaño. Es realmente deplorable lo que está ocurriendo con la prensa.

¿En qué consistirá la objetividad de la información? Un periodista no es ni un muñequito equilibrista ni una veleta. Se supone de él que es una persona que mira con sus propios ojos, piensa con su cabeza y siente con su corazón. Supongamos, por ejemplo, que le encargan una entrevista a un famoso personaje con cuyas creencias o pensamiento choca frontalmente. El personaje en cuestión lee el artículo resultante. Sí, esto lo dije, esto otro también lo dije —piensa—, pero hay algo raro..., sí, siente algo raro, pero su cerebro no le da para desentrañar el misterio. Mas el lector inteligente, o simplemente un lector con más fundamento que el entrevistado, se dará cuenta de que el periodista está desbaratando todos sus argumentos.

Claro que no de todos los periodistas cabrá esperar esa pericia. Pero aunque sean pocos, yo creo en ellos, así que me reservo mi decisión final sobre la suscripción hasta el mes de agosto, cuando expira mi contrato. Aquí es donde el señor Sawai, uno de los comentaristas del blog, podría decir, como esos gritones de gallinero, en el teatro, que para un gran periódico no significa nada que una persona, yo, deje de comprar.

Y mientras escribo, parece que se me ha quitado el dolor de las caderas. Qué cosas, qué cosas...

JULIO DE 2011

¡Un relato para el renacimiento de nuestra región!

1 de julio

Hasta ahora he llevado siempre a mis invitados, aunque vinieran para entrevistarme, hasta el cuarto de estar donde me siento habitualmente con mi mujer, que está muy desordenado. Lo hago porque es el mejor sitio para que se imaginen en qué entorno estábamos nosotros dos cuando ocurrió el gran terremoto y porque, además, es nuestro «hábitat». Pero con este insufrible calor de hoy, ese cuarto de estar del primer piso más bien parece una sauna. Imposible llevar ahí a un invitado. Por suerte, en la mitad nueva de la casa hay otro cuarto de estar con aire acondicionado, aunque bastante viejo ya, en el piso bajo, así que por la mañana he empezado por poner a salvo a Yoshiko llevándola ahí.

La entrevista de hoy ha sido con el periodista Gonzalo Robledo, un productor de una cadena de televisión española. El otro día envió un saludo al blog. Pero la entrevista no se realizó en español, sino en japonés. Y es que él, que ha vivido en Japón y en China largos años, domina nuestro idioma. Durante el transcurso de la entrevista se ha sumado al grupo mi amigo Nishiuchi, que tantas veces ha hecho de guía para mis visitas, y la conversación ha abarcado muy diversos temas. La filmación va a ser mañana, de modo que hoy íbamos a hacer solo los preparativos para la misma, pero esto no ha sido óbice para que nos hayamos contado muchas cosas.

No sabemos cuál será la historia, el hilo que conduzca el programa cuando esté terminado y se emita en el canal público de televisión de España. Pero el misterio acrecienta nuestro interés. En todo caso, es muy probable que sea la primera vez que Minamisōma aparezca en una televisión de un país de habla hispana. Creo que esto tiene un hondo significado, ya que, si nuestros jóvenes son conscientes de que la gente de ese ámbito cultural muestra interés en ellos, puede ser una buena ocasión para que ellos abran sus ojos hacia el mundo.

He citado la palabra historia[1], en el sentido de narración o relato, que tiene mucho que ver con el tema de la vida que traté el otro día[2]. Ya que el otro día aprendieron la palabra castellana *tonto*, les propongo que aprendan también esta otra, *vida*, pronunciada con una *v* que no es la inglesa, sino más parecida a una *b*. Porque en español no se distingue entre estas dos letras al pronunciarlas. Algunos, cuando transcriben el nombre del gran Cervantes al silabario japonés *katakana,* usan el signo correspondiente a la *v* inglesa, lo cual es un error. Pero al margen de todo eso, lo que quería decir es que hay una vida puramente biológica y una vida biográfica, y que la esencial al ser humano es, por supuesto, esta última.

Creo que con lo anterior se comprenderá a qué me refiero cuando hablo de una relación entre vida e historia (narración, relato). Para el ser humano, vivir es, según el pensador Unamuno, escribir su propia novela, construir su propia narración. Y lo que se dice del individuo puede decirse también sobre una ciudad o un país. Es decir, que la verdadera reconstrucción de Minamisōma no es una reconstrucción puramente económica, es también la creación de un relato para esta ciudad. Si tuviera talento, aptitudes para la novela, creo que escribiría la historia de un niño o de una niña que viviera su niñez y su adolescencia

1 El autor utiliza la palabra *monogatari,* de hondas resonancias culturales y literarias, que también puede y suele traducirse por «cuento», «narración» o «relato».

2 8 de junio.

después del gran terremoto. Esto es mucho más importante que la reconstrucción de la economía local, porque nos hablaría de una reconstrucción interior.

Las historias de los países suelen comenzar por la construcción de ese país. De pequeño, mi «biblia» era la novela *Jirō Monogatari*[3], de Kojin Shimomura[4]. Por cierto, eso que tanto se decía en aquella época de «la imagen ideal de persona» fue una idea que suscitó un gran interés tanto en círculos educativos como en la sociedad en general. Sin embargo, de pronto dejó de hablarse de ello, tal vez porque era una imagen demasiado ideal (en esta palabra se juntan algunos sentidos diferentes), porque no era la imagen de una persona concreta, «de carne y hueso», por usar una expresión que utilizaba mucho Unamuno.

En ese sentido, los antiguos libros de la asignatura de *Shūshin*[5] —de los que estoy hablando sin haberlos leído— ofrecían figuras humanas concretas y en eso acertaban. Claro que aquellos libros también tenían aspectos muy tendenciosos, lo cual se ve en el hecho de que entre las historias que se proponían hubiera algunas, como la de Kusunoki Masashige[6], elegidas con un criterio propio de una ideología nacionalista con pretensiones de superioridad moral y una gran estrechez de miras.

Lo que pretende Robledo con este trabajo es conseguir que los jóvenes que se han criado en esta ciudad, pasados 10 o 20

[3] La «Historia de Jirō», escrita y publicada a lo largo de 18 años hasta 1954, es una *bildungsroman* de fuerte carácter autobiográfico que describe, sobre el telón de fondo del ascenso del militarismo japonés, el crecimiento y tribulaciones del muchacho Jirō Honda. Quedó inconclusa al agravarse la enfermedad del autor. Pese a ser tildada en un primer momento de «antieducativa» y «liberal», pronto alcanzó gran popularidad. Ha sido llevada al cine y a la televisión.

[4] (1884-1955) Novelista y educador social.

[5] El autor ha hablado de ella en su anotación del 16 de abril.

[6] (1294-1336). Samurái famoso por su lealtad al emperador Go-Daigo, en el más importante cisma ocurrido en la casa imperial japonesa en toda su historia. Aunque sus enemigos, triunfantes en la contienda, lo descalificaron, su figura fue rehabilitada y ensalzada, hasta el punto de ser elegido por los libros de Shūshin como vasallo ideal y modelo de hombres.

años, vean esas imágenes documentales y reconozcan su itinerario vital dentro de estas experiencias vividas. Es decir, que encuentren ahí la historia o narración de sus vidas.

Carpe diem (¡Vive el momento!)

2 de julio

Desde hace un par de días, el disco duro de mi ordenador está funcionando mal, y eso que me lo miró Y., el que siempre cuida de él. He tenido también la entrevista para la cadena de televisión española, con este calor (aunque el segundo día remitió un poco y pudimos hacer la filmación en el cuarto de estar del primer piso). Cuando ya pensaba que todo había pasado, me ha llegado a casa el escáner que pedí, así que desde la mañana he estado enfrascado en la operación de conectarlo correctamente a mi ordenador. No tenía que habérmelo tomado tan a pecho, pero el caso es que no había forma de hacerlo funcionar. Se ha llevado todas mis fuerzas físicas y psíquicas. He hecho la instalación valiéndome del CD y he enchufado al ordenador el cable que venía con el aparato, pero en la pantalla salían avisos cuyo contenido no recuerdo bien, algo sobre el *driver*, que no funcionaba, o algo así creo que decían. Y ahí seguía el escáner, más callado que un muerto.

Pensaba que podía ser un problema de conexión del cable USB, así que he pasado al balcón con este pesado cuerpo (así dicho parece que hablo de algún cuerpo ajeno), este cuerpo de menguada movilidad que acaba de pasar fuertes dolores lumbares, para desde ahí, doblando las rodillas y el espinazo, acceder mejor a la parte trasera del ordenador, comprobar la conexión y conectarlo de nuevo. En vano. Al final he llamado al centro de atención al cliente, pero, aunque el muchacho que me ha atendido era amabilísimo, no había ningún truco que aplicar y lo único que cabía hacer era seguir las instrucciones, así que también esta consulta ha terminado en fracaso. Y entre unas cosas y otras ha volado la mañana.

¿Que de qué me quejo? Pues me quejo de que estas operaciones, que hasta ahora conseguía hacer sin sufrir tanto, a mi edad se han convertido en labores pesadísimas, hasta el punto de sentir que he llegado ya al límite y no quiero hacer más. Antes..., pero, no, voy a dejar las quejas. Pues resulta, pese a todo lo anterior, que después de comer, ya sin hacerme ilusiones, pruebo a conectar una vez más y veo de pronto en la pantalla el menú cuya aparición había estado esperando toda la mañana. No me lo explico, sería algún problema de conexión, pero no he hecho nada que no hubiera hecho previamente. Acaba uno pensando que hasta en las máquinas hay perversidad.

Así que, asunto resuelto. Hacia las 3.00 hemos salido hacia el parque Yo-no-mori a fin de reanudar nuestros postergados paseos. Poco a poco hemos subido la cuesta, sudorosos con este calor, y hemos llegado hasta arriba, donde se disfrutaba una temperatura un tanto más fresca. Descansamos en nuestro habitual banco de piedra. Siguen sin volver al pedestal que ocupa el centro del parque aquellas figuras de bronce —presuntamente en reparación— que representaban a dos hermanitos. Todo está más triste sin ellos. Al otro lado del parque se ve a dos ancianos sentados en otro banco y, ante ellos, a dos mujeres acompañadas por una niña pequeña que parlotean amenamente. No se ve bien desde aquí, pero parece que entre los dos ancianos sentados hay un perro.

Hacía mucho que no oía las risas de una niña. En el rostro de Yoshiko se siente también una imperceptible sonrisa. Las dos mujeres y la niña van acercándose, dando toda la vuelta al parque, y comienzan a bajar la cuesta que hemos subido, a nuestra derecha. Entonces la niña, que debe de ser un año menor que mi nieta Ai, comienza sonriente un baile, y marcando graciosas posturas con los bracitos, se acerca y ensaya un giro al estilo de una bailarina de ballet. Por lo visto, nos lo estaba mostrando a nosotros. Pero ¡qué bien bailas, oye!, le he dicho, y la pequeña, con su carita siempre vuelta hacia aquí, se ha inclinado tomando una pose también muy de bailarina. Un instante después, el vestidito rosa se había girado y corría en dirección a las que serían, supongo, su madre y una amiga de esta, desapareciendo de nuestra vista.

Eso es. Diviértete a gusto, sin preocuparte por las radiaciones. Tu madre probablemente lo tenga ya muy claro. Si es imposible alejarse de la radiactividad, entonces lo mejor es dejar de preocuparse por eso y disfrutar del presente, de esta estación del año, de este vientecillo, de este instante. Ha venido a mi mente —¡cuánto haría que no me visitaba!— aquella famosa frase del poeta de Roma, Horacio: *Carpe diem*. Claro que sí: disfruta el día de hoy, disfruta tu tiempo, este momento. Y luego, que sea lo que Dios quiera. Ha ocurrido lo que ha ocurrido; hemos sufrido. Pero quién sabe cómo será el futuro. Así pues, en vez de angustiarnos por lo que ha de venir, disfrutemos con todo nuestro ser cada uno de estos instantes que fluyen y se van. ¿Un canto a la fugacidad? Si quieren decirlo así, díganlo así. Pero ¿y si este fugaz instante encierra la eternidad?

La infantil vocecilla va alejándose cuesta abajo. De repente veo las cosas borrosas y siento la cara acalorada. Aquella niña, ¿se acordará de aquella pareja de ancianos que, sentados en un banco del parque un día de cielo nublado, contemplaron su baile? Aquellos ancianos que, libres ya de toda angustia, atisbaron la eternidad en un instante. Comenzaba el verano del año del gran terremoto y en los arriates que rodean el parque se veían, aquella tarde, hortensias moradas, lila y rosa pálido.

Los tres Takashi

3 de julio

En nuestra ciudad, Minamisōma, había un hombre que se llamaba y apellidaba igual que yo. Pronto comprenderán por qué lo digo en tiempo pasado.

Hace mucho vi la película titulada *Yo ni mo keiki na monogatari*[7] (1968), una adaptación al cine de varios cuentos de misterio y fantasía de Edgar Allan Poe a cargo de dos prominentes directores franceses y uno italiano. La primera historia, «*Kurouma no inanaku yakata*»[8] está dirigida por Roger Vadim y protagonizada por Jane Fonda. Se centra en una mujer a quien un caballo negro, poseído por un espíritu humano, conduce a la muerte. La segunda es «*Kage wo koroshita otoko*»[9], dirigida por Louis Malle y protagonizada por Alain Delon. Su tema es el fin que espera a William Wilson, un hombre intimidado por su doble y tocayo. La tercera narración, «*Akuma no kubikazari*»[10] quedó a cargo de Federico Fellini. En ella, una misteriosa jovencita se le aparece a un actor que ha echado a perder su vida por culpa del alcohol.

Todas las historias son relatos de Poe convertidos en magníficas obras audiovisuales y tienen un gran interés. Pero la que más me impresionó fue la segunda, que describe el horror que despierta el *doppelgänger* (en alemán, «doble»). El desgraciado que se encuentre con su *doppelgänger* morirá. No quiero decir

7 Su título en español es *Historias extraordinarias.*

8 «Metzengerstein» (basada en el relato homónimo de Poe). El título japonés dice «La mansión en la que relinchaba el caballo negro».

9 «William Wilson» (basada en el relato homónimo de Poe). El título japonés dice «El hombre que mató a su sombra».

10 «Toby Damnit» (basada en el relato de Poe «*Never Bet the Devil Your Head*»). El título japonés dice «El collar del diablo».

que esta haya sido la razón, pero cuando, una vez que hojeaba la guía telefónica de Minamisōma, descubrí la existencia de otra persona con un nombre exactamente igual[11] al mío, no puedo quitarme esa coincidencia de la cabeza. Por supuesto, no sé nada sobre ese hombre y nunca me he propuesto investigarlo.

Y he ahí que hoy se me ocurre introducir mi nombre en un buscador de internet —algo que no he hecho prácticamente nunca— para descubrir que entre las víctimas del gran tsunami había una persona con un nombre idéntico al mío. Aparecía como residente del barrio de Kaihama-Aihara, así que no hay ninguna duda de que era el hombre cuyo nombre había visto en el listín. Tenía ochenta y nueve años. Ni siquiera nos conocíamos de vista, pero no podrá negarse que llevar un mismo nombre supone un vínculo muy especial. ¿Cómo sería aquel anciano? ¿Y su familia? ¿Cómo habrían sido sus últimos momentos? En vida fue un perfecto desconocido para mí, pero tras su muerte se ha ganado un puesto en mi «registro de difuntos», con asiento en el día 11 de marzo. Y así será recordado mientras yo viva.

Y siguiendo mis pesquisas en internet he descubierto que en esta misma ciudad de Minamisōma hay un tercer Takashi Sasaki. Este no aparece en la guía telefónica, pero según el periódico digital de la unión de cooperativas agrícolas, *JA com*, ha sido nombrado monitor en alguna actividad de la Cámara de Comercio e Industria local (¿sería alguno de los antiguos subordinados de mi amigo Nishiuchi?). Nació en el año 35 de la Era Shōwa, lo que quiere decir que tiene cincuenta y un años. Tenía, pues, once años cuando comenzó a funcionar la central nuclear. Pertenece a una generación que se ha educado todavía en la naturaleza, entre el ancho mar y los extensos campos de arroz. Tras el desastre, mi tocayo instruye a los tenderos de la ciudad y

[11] Los japoneses solo consideran que dos nombres son iguales cuando, además de coincidir su pronunciación, coinciden también los ideogramas que los componen. Un nombre como Takashi puede escribirse de más de 10 formas.

les transmite cosas como esta: «Ahora, ese paisaje está plagado de escombros y jalonado de las embarcaciones que ha varado el tsunami. Yo creo que es el momento de plantearse qué país queremos tener».

Este otro Takashi Sasaki charla con los tenderos de lo importante que es no delegar en la Administración cómo ha de ser la ciudad que queremos, y tener una visión personal. Y estar dispuestos a encontrar entre todos «lo que queremos, para continuar aquí nuestras vidas».

Así, de los tres Takashi Sasaki de esta ciudad, uno, de ochenta y nueve años, fue desafortunadamente engullido por el tsunami; otro, de setenta y uno, pasa los días emitiendo uno tras otro mensajes llenos de rabia desde la enigmática zona de preparación para la evacuación de emergencia; y el otro, de cincuenta y uno (según mis cálculos) lucha día y noche por la reconstrucción de la ciudad. Al primero le hago llegar una oración para que descanse en paz y a los otros dos un cordial mensaje de aliento.

Si tuviera un tercer tocayo que fuera un niño, tendría continuidad la saga de los Takashi Sasaki de Minamisōma, pero...

El gran terremoto y los dioses (y su lugar)

6 de julio

Me he despertado de repente. Era de madrugada. Por lo visto, en sueños, cavilaba insistentemente sobre los grandes terremotos y su relación con lo religioso. Se percibía ya alguna luz, pero el reloj de mi móvil marca las 4.30. Después de acompañar a Yoshiko al baño, me he dormido otra vez. Y, por extraño que parezca, he entrado en lo que parecía la continuación de ese sueño. Y he despertado otra vez, ya cerca de las 9.00. Últimamente no suele suceder que me levante de la cama tan tarde.

¿Será una «secuela» de mis dolores lumbares? Por cierto, no he sido capaz de recordar casi nada sobre el sueño. Apenas que estuve lidiando con un arduo problema.

Hubo una prefiguración, una manifestación previa, porque durante la conversación que mantuve el otro día con Robledo, tocamos el tema. Si los españoles tuvieran que afrontar un desastre similar, la religión, naturalmente, pasaría a primer plano. Algunos pensarían, como dijo el gobernador de Tokio, Shintarō Ishihara, que el desastre era un castigo divino, pero la mayoría de los españoles rezaría a Dios, buscando salvarse del infortunio que le hubiera caído en suerte. Y tras el terremoto, se vería por aquí y por allá a sacerdotes y monjas consolando a los afectados.

También los japoneses, hasta hace algún tiempo, rezaban a los *kami*[12] y a los *hotoke*[13] ante situaciones catastróficas derivadas de fenómenos naturales o de la acción humana (un incendio, una guerra), ante escenas tan terribles como la de una gigantesca ola engullendo a sus seres queridos. Por supuesto, habría quien, ante desastres así, gritaría que no puede haber dioses ni budas, pero eso no sería más que la otra cara de la confianza o imploración a lo divino, de la fe.

Sin embargo, con ocasión de este último gran terremoto, al menos por lo que yo sé, poca gente ha hecho una interpretación religiosa, y tampoco hemos visto a religiosos que asumieran la labor de asistir, por el lado espiritual, a las víctimas. En las ciudades y pueblos de nuestra región de Tōhoku, en situaciones de normalidad, suelen verse por ahí, por ejemplo, carteles de Monomi-no-tō[14], o personas de esa religión que visitan las casas,

12 Deidades sintoístas y, por extensión, cualquier otra deidad, incluido el Dios cristiano.

13 Buda o imagen de Buda. También sirve para referirse a las almas de los muertos en general.

14 *Monomi-no-tō* o *The Watchtower* («La Atalaya», en español) es el título de la revista bimensual publicada por los Testigos de Jehóva. En Japón el título sirve para referirse también a la organización religiosa.

pero esta vez puede que la gravedad de la situación les haya impedido ponerse a hablar de la ira de Dios, no lo sé, parece que se han abstenido de desplegar actividades demasiado notorias.

A las preguntas de Robledo no tuve otra opción que responder que, en este último desastre, la religión no ha encontrado ningún resquicio para colarse, o, dicho de otro modo, no ha habido lugar para los dioses. Las estampas de esas personas inmóviles, aturdidas, que soportaban su tristeza en silencio, sin maldecir a nadie (ni a ningún dios), habrán parecido a los occidentales de una gran serenidad y autodominio, les habrán transmitido la imagen de un pueblo con mucho aguante.

Como dejé dicho previamente a modo de preámbulo un tanto privado (¿?), es probable que si las monjas que fueron mis compañeras de trabajo ven el programa y me oyen decir esto, se entristezcan. Pero, desde mi perspectiva actual crítica con las religiones establecidas, creo que, aunque no me admira particularmente esa cómoda confianza en lo divino, sería muy preocupante que los japoneses de hoy en día hubieran perdido totalmente el respeto, no ya a los dioses o budas de las religiones establecidas, sino incluso a la insondable providencia de la naturaleza, o el temor a un orden que supera ampliamente algo tan superficial como la sabiduría humana. Es a lo que me refería cuando hablaba de la licuefacción del alma.

Dicho con más acritud, si los dioses de los japoneses de hoy en día son dioses de tercera categoría, tan diminutos, circunstanciales e indignos de confianza como el Gobierno o una gran empresa, las comodidades o la estabilidad de la vida diaria, entonces no es que el asunto sea preocupante, es que debemos temer que hayamos degenerado hasta aproximarnos al escatológico fin del mundo.

Quién sabe si esta situación no será, en realidad, más grave que el desastre producido por el accidente nuclear.

(Anotación en el blog del día 11 de marzo de 2012, primer aniversario del terremoto)

¡Aquí no hay punto final!

Se han sucedido unos días de tiempo muy inestable. A ver si es solo que la primavera está cargando pilas. En medio de la llovizna, cuando me dirigía en coche a la casa de mi amigo Nishiuchi por un asunto, he visto que la gente se aglomeraba alrededor del salón de actos municipal, un edificio que llamamos Yumehatto. Intrigado por este hecho, tras resolver el asunto con Nishiuchi y ya de regreso a casa he vuelto a mirar hacia el edificio. Había un letrero que decía algo del «Gran Terremoto del este de Japón» y de unos «Servicios fúnebres por las víctimas». Sabía que se acercaba el aniversario, pero hasta que he leído el letrero, no me he dado cuenta de que precisamente hoy se cumple un año. Y no me he enterado porque hace unos días la televisión me estaba sacando de quicio y desde entonces no la había encendido.

Ya sé que sonará a excusa si digo que mi olvido no se debe a una falta de consideración hacia el aniversario de las víctimas, pero lo que ocurre es que creo que organizar una ceremonia en uno de estos grandes salones o cualquier otro local similar, y condolerse en lo más íntimo, como individuo, por la muerte de tantas personas, sin poder olvidar jamás lo sucedido, son dos hechos casi totalmente distintos.

Explicarlo es muy difícil, así que primero les pediría que leyeran este texto que escribí hace algún tiempo sobre lo que me pasó con motivo de la muerte de un buen amigo.

Ceremonia de Ruptura Unilateral un Día del Padre

No suelo recibir regalos por el Día del Padre, pero este año me han hecho un «humilde presente», aunque esa expresión no quede bien en boca de quien lo recibe. El detalle debe de ser, supongo, para «compensarnos» por no haber estado con nosotros cuando celebramos el Día de la Madre. Me refiero a mi nuera, que esos días regresó a China, su país, para estar con su familia. Hasta ahora el papel que se me asignaba era el de sentarme y ver cómo mis hijos felicitaban a su madre cuando llegaba su día, de modo que me he llevado una gran alegría (y no estoy presionando para que se repita el año que viene).

Al margen de todo esto, hay un hecho muy triste del que suelo acordarme cuando llega el Día del Padre. Fue en junio de 1997, el tercer domingo. El cielo amenazaba lluvia y las hortensias comenzaban a florecer en el jardín.

A finales de marzo de aquel año había fallecido, tras más de seis meses de luchar contra una enfermedad, el señor Satoru Nagao, que había trabajado muchos años atendiendo las consultas de las estudiantes en las oficinas de la Universidad Femenina J., donde por aquella época yo enseñaba. Acudieron a las honras fúnebres muchos alumnos y exalumnos, no creo que el más prestigioso profesor en activo ni el responsable de más alto nivel de la universidad hubieran sido capaces de congregar a tanta gente en su funeral. Fue una afluencia espontánea, en reconocimiento a la abnegación que había demostrado Nagao a lo largo de sus muchos años de servicio, durante los cuales, como la cosa más natural del mundo, sacrificaba domingos y festivos para apoyar a las alumnas en sus actividades de búsqueda de primer empleo.

El año anterior, Nagao se había visto obligado a jubilarse, en cumplimiento de una norma que en realidad era inexistente, o que se aplicaba a ciertas personas y no se aplicaba a otras, sin que nunca se hicieran públicos los criterios que regían el sistema. Y como las desgracias nunca vienen solas, inmediatamente después de quedarse sin trabajo, se le diagnosticó un cáncer terminal de pulmón con un pronóstico de seis meses de vida.

Mis visitas al hospital tenían el efecto inverso al pretendido, pues era yo el que salía reconfortado por sus ánimos, pese a lo cual su lucha por la vida resultó vana y un día en que la ventana de su habitación del hospital mostraba floridos cerezos en lontananza, Nagao nos dejó para siempre.

Su hospitalización había supuesto un duro golpe para la economía familiar y se rumoreaba que su esposa había tenido que ponerse a trabajar en un hotel de Shinjuku, haciendo camas. Estaban haciéndose los preparativos para el funeral cuando, sin muchas esperanzas de tener éxito, me dirigí a uno de los administradores de la universidad, con quien mi esposa tenía amistad, para preguntarle si no sería posible contratar a la viuda de Nagao para que se encargara, por ejemplo, de la limpieza. Y en contra de mis previsiones recibí del administrador una alentadora respuesta: la idea era perfectamente realizable.

Sin embargo, el tiempo fue pasando sin que la universidad mostrase la menor intención de llevar a cabo la idea. Incapaz de hace frente al pago del crédito hipotecario, la familia de Nagao tuvo que renunciar a su casa y comenzar a vivir en una vivienda municipal. Fue en esos momentos cuando sucedió el hecho que suelo recordar con tristeza. A finales de junio, repentinamente, la universidad se puso en contacto conmigo para decirme que el Día del Padre se celebraría una misa en recuerdo de Nagao, a la que, además de los familiares del difunto, quedábamos invitados mi mujer y yo. Así se hizo. Después de una deprimente misa, nos pasaron a algún otro lugar (no recuerdo, debía de ser alguna de las aulas), nos sirvieron unos *sushi* de reparto a domicilio y nos despidieron con unos estereotipados saludos. La familia de Nagao no salía del apuro.

Una misa de réquiem para unos familiares que ni siquiera son creyentes. Luego, un «refrigerio» a base de *sushi*. Mientras bajaba la cuesta de la universidad cavilando y cavilando sobre el significado de tan enigmático agasajo, se me encendió de pronto la lucecita. Pero era una sospecha que de ninguna forma habría sido capaz de compartir con la familia de Nagao. La misa y el agasajo de aquel día eran la bonita manera elegida por la universidad para romper unilateralmente con ellos. Era una velada forma de decir: En adelante, esta casa no mantendrá ningún tipo de relación con la familia, si acaso alguna misa de vez en cuando, en recuerdo de vuestro esposo y padre, que pasa así a formar parte del elenco de entregados benefactores que esta institución ha tenido.

Desde entonces, siempre he recibido con la mayor incredulidad todos los actos en los que se celebra a los difuntos, todas las oraciones que se les elevan, sea como finados o como benefactores. Este rezar sin obrar, estas oraciones de pacotilla, por mí se las puede llevar el diablo. Quizás se pregunten ustedes a qué viene esto cuando han pasado ya más de diez años. Considero ese periodo un prudencial plazo de «prescripción del delito», al cabo del cual resulta ya difícil hacer indiscretas pesquisas sobre la identidad de quienes estuvieron envueltos en el asunto.

Finalizo con algo que podría parecer contradictorio con lo anterior. Y es que si he sentido la necesidad de consignar aquí esto, ha sido precisamente animado por un fuerte sentimiento de indignación y por la voluntad de que aquel hecho, lo que pasó, no sea nunca condenado al olvido. (28 de junio de 2009)

No llegaré al extremo de pretender que aquellos hechos que narré hace ahora tres años y las concentraciones en recuerdo de las víctimas del terremoto que, supongo, estarán celebrándose en todo los rincones del país, vengan a ser lo mismo. Pero en ambos casos se aprecia un deseo de poner, mediante una ceremonia conmemorativa, un «punto final», de sellar o dar por acabado algo, y en ese sentido no son tan diferentes.

Por eso me entran ganas de mandar al diablo estos pretendidos «puntos finales». Estas cosas no pueden sellarse de esta forma. A los muertos no se los puede mandar al otro mundo y olvidarse de ellos hasta el próximo aniversario. Estas personas que siempre están a nuestro lado, mejor dicho, esas almas que viven dentro de la nuestra, no podemos olvidarlas ni por un instante.

Siguen humedeciéndoseme los ojos cada vez que pienso en esos ancianos, decenas, cientos de ancianos que no debían haber muerto, pero que murieron después del terremoto y del accidente nuclear como consecuencia de las estúpidas instrucciones que se recibían, de las necias decisiones tomadas. ¿Cómo van a descansar en paz sus almas? No querían escapar, no querían dejar sus casas, pero fueron sacados a la fuerza y obligados a soportar las privaciones de la huida, en la oscuridad, en el frío de la noche.

Quienes tenían familiares a su lado pudieron soportarlo, pero... ¿y el desconcierto, y la tristeza, y el disgusto de los ancianos solitarios, arrastrados fuera de los hospitales o de las instituciones? ¿Qué salvación va a haber, qué consuelo podría encontrarse en estos iluminados locales primorosamente adornados con crisantemos, donde importantes personajes leen sus postizas condolencias ante enlutados familiares de grave gesto?

Sí, también mi madre desearía haber muerto en Sōma, ¡qué rabia!, no lo había dicho hasta ahora, pero la verdad es que me dio mucha, mucha rabia. Por lo demás, los aniversarios se pueden ir al diablo.

Epílogo
Sobre la expresión «centro de gravedad del alma» — A modo de comentario

por Suh Kyungsik[1]

Desde que ocurrieron el gran terremoto y el accidente nuclear del 11 de marzo de 2011 (en adelante, 11–3) he pensado mucho sobre cómo deberíamos entender esta experiencia y de qué palabras podríamos valernos para expresarla. Sentía que, si alguna imaginación o capacidad de reflexión había en mí, debía dedicarlas íntegramente a encontrarle un sentido a esa experiencia y a verterla de alguna forma en palabras. Y si acepté sin pensármelo dos veces cuando el director de televisión Hideya Kamakura me propuso salir en la serie «Mi 11-3» dentro del programa *Kokoro no Jidai*, de la cadena pública NHK, fue precisamente por eso.

El contenido del programa no estaba definido apenas, pues, a excepción de una visita a una escuela para niños coreanos, no se había decidido ni adónde ir ni con quién hablar. Personalmente, yo tenía muy claro que no podía limitarme a hacer una visita corta y superficial a los lugares afectados y luego ponerme a hablar con cara de haber confirmado lo que ya sabía desde el principio.

Entre las muchas cosas que se oyen decir después del terremoto, una de las que se me antojan más vacuas y frívolas es esa

1 Suh Kyungsik es escritor y profesor de la Tokyo Keizai University.

de «los afectados me han contagiado su ánimo»[2]. A mí me parece una forma de privar a esas personas sumidas en un profundo dolor del derecho a afligirse, a la desesperanza. Cuando lo obligado sería tratar de compartir su profunda aflicción. Pensé que ni por equivocación me gustaría servirme de los afectados para conseguir de ellos ánimo.

Me encontraba en un atolladero pensando cómo podría hacerlo, cuando mis ojos se posaron en una pequeña columna de un periódico (la sección «Mado» del *Asahi Shimbun* del 2 de junio, edición vespertina). Más exactamente, fue la expresión «centro de gravedad del alma» lo que me cautivó. El significado que encierra esta peculiar expresión queda explicado en la «Conversación de un día de lluvia» del día 20 de abril.

Después del 11-3 no he topado con muchas palabras directas y sencillas. Lo que se prodigaban eran palabras y acciones carentes, precisamente, de centro de gravedad. Y yo no era una excepción. Hubo momentos en que estuve a punto de caer en esa actitud consolatoria tan barata. Pero resulta que ahí, a un paso de la central nuclear accidentada, había una mente pensante que había decidido no moverse de donde estaba, mantener bajo el centro de gravedad de su alma, ver con sus propios ojos, pensar con su propia cabeza y sentir con su propio corazón. Lo sentí como un aldabonazo en nuestra conciencia. Rápidamente le propuse a Kamakura que entrevistásemos a esa persona.

A ambos lados de la carretera que va de Kōriyama a Iitate, los árboles crecían enhiestos y frondosos, hinchados por las abundantes lluvias de junio. Pero cuando paramos el coche y salimos fuera con nuestro detector de radiactividad, vimos que en un instante este se situaba en niveles varias decenas de veces superiores a los que son normales en Tokio. En los campos de arroz no se veía a nadie y las malas hierbas crecían a sus anchas por

2 Podría decirla, por ejemplo, una reportera en ciernes o un actor ejerciendo de reportero a la vuelta de un viaje por las zonas afectadas, dentro de un programa informativo informal, o de variedades.

todas partes. Continuamos nuestro camino hasta Minamisōma, donde vimos una iglesia de aspecto sencillo y limpio. En su tejado se dejaban ver todavía los efectos del pasado terremoto. La iglesia tiene también una guardería anexa, pero los niños no se veían por ninguna parte.

La entrevista la teníamos pactada de antemano, pero yo me sentía un poco tenso mientras nos aproximábamos a la casa del profesor Sasaki. Y es que me había imaginado a un silencioso y obstinado buscador de la Verdad, o a un filósofo que sigue su camino lejos de los honores y reconocimientos oficiales. Me dije a mí mismo que, por mucho que se torcieran las cosas, adoptaría una actitud humilde y trataría de aprender algo.

El profesor Sasaki, que nos esperaba en el recibidor, era diametralmente opuesto a lo que yo imaginaba. Nos guio al cuarto de estar del primer piso, donde su esposa permanecía sentada en una silla. Tras unas rápidas presentaciones, el profesor comenzó a hablar. El Estado y el individuo, la libertad y la dignidad humanas, considerar estas cosas en profundidad, en su radicalidad...; me identifiqué plenamente con casi todo lo que decía. Pronto olvidé mis nervios iniciales y experimenté el alivio de quien, tras una larga peregrinación por tierras extrañas, encuentra por fin a alguien que habla su idioma.

Mientras asentía con torpes monosílabos a las afirmaciones del profesor, me fui quedando impresionado por su espíritu asombrosamente servicial. Un botón de muestra lo encontrará el lector en su anotación del día 11 de abril, titulada «Escatología». La erudición que demuestra al relacionar la escatología (creencias sobre el destino último del ser humano) en el seno del pensamiento judío y cristiano con la otra escatología (tratado de cosas excrementicias) es de por sí notable, pero, por encima de eso, me pregunto cómo una persona que se encuentra en una situación tan sumamente difícil como la suya es capaz de hacer pasar esos buenos ratos al lector demostrando tanta finura y sencillez al mismo tiempo. Quizás sea esa la médula de lo que él mismo llama ser un «optimista pesimista». Quienes no somos más que simples optimistas no podemos pretender estar a su altura.

Pero si se me permite aventurar lo que solo es una suposición, diría que aunque el orden que parece colegirse del texto de Sasaki es el de una escatología del fin último que viene seguida por la otra, la excrementicia, el verdadero orden sería en realidad el opuesto. Es decir, que para el profesor y su esposa, afectada por una demencia precoz, la dura tarea diaria de la evacuación cobra un cariz escatológico en el primer sentido de la palabra. Lo penoso de ese día a día aparece en este libro solo de una forma muy discreta (véase, por ejemplo, la anotación del 5 de mayo, titulada «El martillo de juguete»). Sentir algo punzante, doloroso en lo que el profesor nos cuenta con tan fina sencillez puede que sea una impresión o una deformación mía, pero, en todo caso, extraer de ahí únicamente «ánimo» o «alivio» sería un empleo vergonzoso.

Quería recalcar eso antes de decir lo que sigue. Cuando dejé el lugar donde viven el profesor y su esposa, en mi cerebro resonaba una expresión de lo más inapropiada al caso: «nido de amor». Pero es que la habitación donde el profesor dice estar atrincherado me sigue pareciendo ahora eso, un hondo y entrañable nido de amor.

El 11 de junio, tres meses después de ocurrir el accidente nuclear, fue descubierto en una granja lechera de Sōma el cadáver de su propietario, que se había suicidado dejando escrito con tiza en la pared: «Si no hubiera estado ahí la central nuclear...». Dejó en este mundo a su esposa, filipina y a un hijo de dos años. El 22 de junio, una anciana de noventa y tres años que vivía en la zona de preparación para una evacuación de emergencia de Minamisōma apareció ahorcada en su jardín. Concluyó un sencillo mensaje de despedida con esta frase: «Yo iré a refugiarme a mi tumba». Fue prácticamente la única indicación expresa de su voluntad que, al final de una vida de noventa y tres años, dejó esta mujer. Es también una mordaz recapitulación de la historia contemporánea de Japón. Dicen que, después del terremoto, el índice de suicidios en la provincia de Fukushima sobrepasa ampliamente el promedio histórico. Queda fuera de toda duda que estos fallecidos son víctimas de ese desastre causado por el ser humano que ha sido el accidente nuclear. ¿Se habrá dignado alguno de los responsables de las empresas implicadas, o de la Administración, acudir a presentar sus condolencias?

A estas alturas todo el mundo sabe, sin necesidad de ser un vulgar pesimista como yo, que el desastre nuclear se prolongará varios años, varias decenas de años. Este escatológico suceso del 11-3 no es ninguna epopeya romántica. Se nos viene encima en forma de adversidades cotidianas que desgastan día a día a cada uno de los afectados. Y que continúan incluso después de que mucha gente haya empezado a olvidar o a mirar con indiferencia este problema. Parece ser que ya está decidido que este libro se publique bajo el título de *Vivir el desastre nuclear*. ¡Hasta qué punto es eso difícil! Yo no tengo fe, pero pido literalmente lo siguiente con el sentimiento de quien reza: Que el profesor Sasaki y su esposa sobrevivan de la mejor manera a todas las difíciles situaciones que deberán seguir soportando. Y que las palabras que en tan servicial espíritu envuelve el profesor se conviertan, para nosotros, en un «centro de gravedad» para nuestra alma.

1 de agosto de 2011, en el oeste de Tokio

Apéndices

Biografía del autor

Takashi Sasaki. Nacido en Obihiro (Hokkaido) en 1939. En 1941, la familia (padre, madre, hermano mayor, hermana mayor y él) emigró a Manchuria, donde los japoneses habían erigido un estado nominalmente independiente. Su padre tenía un cargo como funcionario en una apartada aldea cercana a la Gran Muralla China, pero murió de una enfermedad dos años antes del fin de la guerra. Al finalizar la guerra, la familia huyó de Manchuria (todos los colonos había sido abandonados a su suerte y fueron masacrados o hechos prisioneros por los rusos) y pudo regresar a Obihiro. Su madre, que era maestra, tuvo que sacar adelante a los tres hijos. En 1950 la familia se trasladó a lo que hoy en día es la ciudad de Minamisoma (Fukushima), que era la tierra del abuelo materno. Luego, Takashi logró ingresar en la Universidad Sophia (Jochi Daigaku), en Tokio, una de las más prestigiosas del país. Justo cuando se graduaba, ingresó en la Compañía de Jesús. Pasados tres años de noviciado en Hiroshima, regresó a Tokio y estudió Filosofía durante dos años. Tras una profunda reflexión, decidió abandonar la Compañía de Jesús. Volvió a su pueblo y se casó. Sin tener un trabajo fijo, fue padre de gemelos (chico y chica). Finalmente, comenzó a impartir clases en la Seisen Joshi Daigaku (Seisen University), donde enseñó Español y Pensamiento Español. Más tarde trabajó en la Tokoha Gakuen Daigaku (Tokoha University) de Shizuoka, y en la Tokyo Junshin Joshi Daigaku (Tokyo Junshin Women's College), en Hachioji (Tokio), entre otros lugares. Según él mismo explica, le tocó una época que se puede calificar de «el invierno de las universidades». El caso es que se desengañó de la educación universitaria, perdió la ilusión (¿la esperanza?) y lo dejó poco antes de llegar a la edad del retiro. Volvió a Minamisoma, desde donde escribe su blog Monodiálogos (del que el libro que traemos entre manos es una parte).

Obra como traductor (algunas son co-traducciones):

- *Autobiografía y Diario Espiritual de San Ignacio de Loyola.*
- *Meditaciones del Quijote*, *En torno a Galileo*, *El hombre y la gente*, *Guillermo Dilthey y la idea de vida*, de José Ortega y Gasset.
- *La agonía del cristianismo*, *En torno al casticismo*, *El sentimiento trágico de la vida*, *Vida de Don Quijote y Sancho* y *San Manuel Bueno, Mártir*, de Miguel de Unamuno.
- *Prólogo a la Historia Espiritual de España.*
- *Los españoles en la historia*, de Ramón Menéndez Pidal.
- *La Generación del 98*, de Pedro Laín Entralgo.
- *De la edad conflictiva*, de Américo Castro.
- *Ingleses, franceses, españoles*, de Salvador de Madariaga.
- *El carnaval*, de Julio Caro Baroja.
- *Relectio de indis recenti inventis*, de Francisco de Vitoria.

Autorretrato

De joven sentí la necesidad de acceder a espacios más amplios que el pequeño mundo que me rodeaba. Soñaba con el extranjero. Los primeros países que se le ocurren a uno son Estados Unidos, Reino Unido..., para un joven aficionado a la literatura habría que sumarles Francia o Rusia, para alguien aficionado a las artes en general, Italia y otros... Pero yo, por alguna razón, me sentí atraído por España. Quizás mi elección estuviese influenciada por una película americana que vi, *Por quién doblan las campanas*, o por *Marcelino, pan y vino*, una de las raras películas españolas que proyectaron en el Japón de la época. Al ir a la universidad, me pareció lo más lógico especializarme en el idioma español. Cuando estaba en mi tercer año de carrera comencé a considerar la posibilidad de elegir la vida monacal y un año después pedí el ingreso en la Compañía de Jesús. Me gradué e ingresé en el noviciado de Hiroshima. Pero con la misma rapidez con que decidí entrar, lo dejé al quinto año. Alguna vez he dicho que los cinco años de noviciado para mí fueron una especie de «servicio militar espiritual», pero tengo que confesar que incluso ahora esa época sigue siendo un misterio para mí. Y quizás siga siendo eso, un misterio que nunca pueda llegar a desvelar. Luego me casé, tuve dos hijos y enseñé en la universidad Humanidades y Pensamiento Español. Mi especialidad era el pensamiento contemporáneo (Unamuno, Ortega...) pero estudié también sus orígenes, que son el Humanismo español de Vitoria y de Vives. Los estudié con mucha ilusión pero mi «innata pereza» me ha impedido hasta ahora seguir profundizando hasta el final. Con el reciente gran terremoto con tsunami, con el accidente nuclear, desde el fondo del abismo, he vuelto a sentir otra vez con fuerza que la lógica de mi visión de la vida y del mundo, de mi orden de valores, al final y a la postre, se ha formado en ese diálogo que yo he sostenido con el pensamiento español que he venido estudiando. Así que, para mí, la traducción y publicación de mi diario en español viene a ser un viaje de retorno a esa otra aldea natal que es para mí lo español, y también un «viaje de gratitud» hacia todo ello.

Álbum de fotografías

Takashi Sasaki en su lugar de trabajo.

Abuelo y nieta a la entrada de su casa.

En campo de girasoles cultivados para rebajar los cesios.

Detrás: el fotógrafo coreano Sr. Chug Ju-ha (izquierda) y su amigo Sr. Nichiuchi (derecha). Su hijo Jun, con Ai en brazos, el profesor Sasaki y Yoshiko.

Inmediatamente después del desastre, con su madre y su nieta.

Yoshiko en el parque de Yo-no-mori.

La familia Sasaki con el traductor Javier de Esteban.

La primera edición de
Fukushima: vivir el desastre
se terminó de imprimir en Gijón
el 20 de mayo de 2013